Cavalos Partidos

JEANNETTE
WALLS

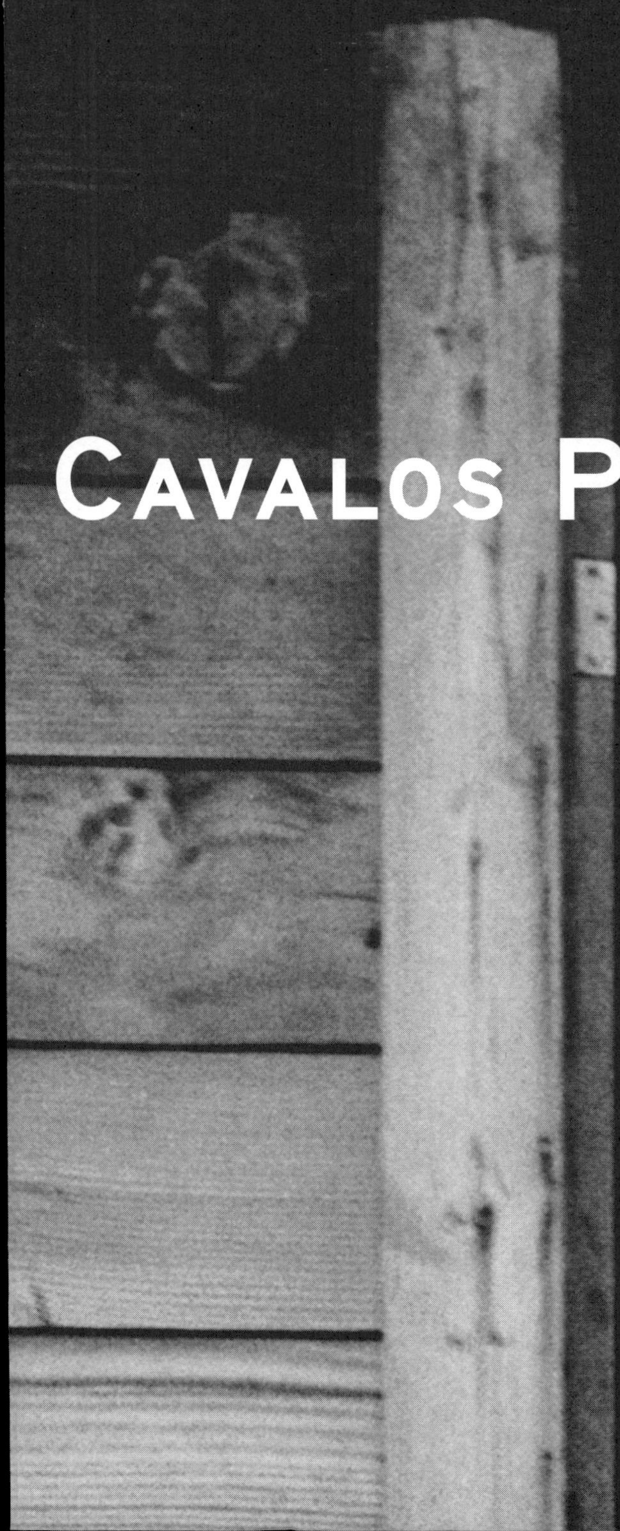

Cavalos Partidos

Tradução
Luciana Persice Nogueira

Título original: Half Broke Horses

EDITORA NOVA FRONTEIRA PARTICIPAÇÕES S.A.
Rua Nova Jerusalém, 345 – Bonsucesso – 21042-235
Rio de Janeiro – RJ – Brasil
Tel.: (21) 3882-8200 – Fax: (21) 3882-8212/8313
http://www.novafronteira.com.br
e -mail: sac@novafronteira.com.br

Texto revisto pelo novo Acordo Ortográfico

CIP-BRASIL. CATALOGAÇÃO NA FONTE
SINDICATO NACIONAL DOS EDITORES DE LIVROS, RJ

W187c Walls, Jeannette
Cavalos partidos / Jeannette Walls ; tradução de Luciana Persice Nogueira. - Rio de Janeiro : Nova Fronteira, 2010.

Tradução de: Half broke horses
ISBN 978-85-209-2351-1

1. Romance americano. I. Título.

CDD: 813
CDU: 018382

Também de Jeannette Walls

O Castelo de Vidro

Lily Casey Smith, Ashfork, Arizona, 1934

Esse livro é dedicado
a todos os professores,
especialmente a

Rose Mary Walls,
Phyllis Owens e
Esther Fuchs.

E em memória de
Jeannette Bivens e
Lily Casey Smith.

AGRADECIMENTOS

MEUS MAIS PROFUNDOS AGRADECIMENTOS à minha mãe, Rose Mary Smith Walls. Durante centenas de horas, mamãe foi de uma generosidade sem falha, com suas histórias, memórias e observações, jamais recusando-se a responder a uma pergunta, por mais pessoal que fosse, e nunca tentando restringir ou controlar o que eu escrevia.

Eu também gostaria de agradecer aos meus irmãos Brian, Lori e Maureen, assim como aos membros de minha outra família — o clã dos Taylor. Minha gratidão estende-se à minha tia Diane Moody e aos meus primos Smith, sobretudo Shelly Smith Dunlop, que me apresentou a um manancial de fotografias que mostravam pessoas, lugares, bichos e um tempo que eu só conhecia de ouvir falar.

Agradeço também a Jennifer Rudolph Walsh, que é uma boa amiga, antes de ser minha agente. Na Scribner, Nan Graham trouxe para meu texto sua precisão com as palavras e os pensamentos; e o trabalho incansável de Kate Bittman assim como o apoio entusiástico de Susan Moldow foram dádivas preciosas.

Por seu conhecimento sobre cavalos e sua sensibilidade no trato com esses animais, também sou grata a Joe Kindcheloe, Dick Bickel e, particularmente, Susan Homan.

Jamais terei palavras suficientes para agradecer a meu marido, John Taylor, que tanto me ensinou, inclusive sobre quando puxar ou largar as rédeas.

Foi o grande vento do norte que criou os vikings.

Antigo provérbio norueguês

I

SALT DRAW

Rancho KC, no rio Hondo

AQUELAS VACAS VELHAS SABIAM, antes de nós, quando ia haver encrenca.

Era um fim de tarde em agosto, o ar estava quente e pesado como costumava ficar na estação das chuvas. Mais cedo, tínhamos visto umas nuvens carregadíssimas perto das colinas Burnt Spring, mas elas foram levadas para o norte. Tinha praticamente terminado as tarefas do dia e estava caminhando na direção do pasto com meu irmão, Buster, e minha irmã, Helen, para levar as vacas para a ordenha. Mas, ao chegarmos lá, aquelas meninas estavam agitadas. Em vez de zanzar em torno da porteira, como sempre faziam na hora da ordenha, elas estavam paradas, de pernas crispadas, rabos esticados, balançando nervosamente as cabeças, tentando ouvir.

Buster e Helen olharam para mim, e, sem uma palavra, ajoelhei no chão e encostei meu ouvido na terra batida. Dava para ouvir um rugido, tão baixo e indistinto que era mais sentido que ouvido. Foi aí que entendi o que as vacas já sabiam: uma enxurrada estava se aproximando.

Assim que me levantei, as vacas saíram em disparada, rumando para a barreira sul da cerca. Quando atingiram a altura do arame farpado, pularam por cima — mais alto e com mais precisão do que jamais tinha visto vacas pulando — e saíram desembestadas na direção de terras mais altas.

Achei que seria melhor que saíssemos em disparada também e puxei Helen e Buster pela mão. A essa altura, já podia sentir o chão tremendo através dos sapatos. Vi um primeiro jato d'água escorrendo pela parte mais baixa do pasto e entendi que não teríamos tempo suficiente para chegar a alguma elevação do descampado. No meio do terreno, havia um velho álamo de galhos amplos e torcidos, e corremos para ele.

Helen tropeçou, então Buster pegou sua outra mão e juntos a levantamos do chão, suspendendo-a entre nós dois enquanto corríamos. Quando chegamos ao álamo, empurrei Buster até o galho mais baixo, e ele puxou Helen para cima, atrás de si. Subi esgueirando-me, bem agarrada, e abracei Helen com força no exato momento em que uma muralha d'água, de mais ou menos dois metros de altura, que vinha arrastando galhos e pedras, chocou-se contra a árvore, encharcando nós três. O álamo estremeceu e arqueou de uma tal forma que pudemos ouvir o estalar da madeira, e alguns dos galhos mais baixos foram arrancados. Tive medo de que a árvore fosse arrancada pela raiz, mas ela aguentou firme, e nós também, com os braços bem agarrados, enquanto o grande fluxo d'água de cor caramelo, cheio de pedaços de galhos, um ou outro roedor embolado e um emaranhado de cobras surgiam debaixo de nós, espalhando-se pela planície, em busca de terra firme.

Ficamos lá parados, no álamo, olhando, por mais ou menos uma hora. O sol começou a se pôr sobre as colinas Burnt Springs, dando às nuvens altas um tom carmesim e projetando longas sombras roxas na direção do leste. A água continuava a correr debaixo de nós, e Helen disse que seus braços estavam ficando cansados. Ela estava com apenas sete anos e temia não aguentar por muito mais tempo.

Buster, que tinha nove anos, estava pendurado na bifurcação da árvore. Eu tinha dez, era a mais velha, e assumi o comando, dizendo a Buster que trocasse de lugar com Helen para que ela pudesse se sentar de forma ereta, sem ter de se agarrar com tanta força. Pouco tempo depois, escureceu, mas uma lua clara despontou, e conseguíamos enxergar sem dificuldade. De tempos em tempos, trocávamos de lugar para que nossos braços não ficassem completamente exaustos. A casca da árvore espetava minhas coxas e as da Helen, e, quando precisávamos fazer xixi, tínhamos de, simplesmente, deixar que escorresse pelas pernas. Lá pelo meio da noite, a voz da Helen começou a ficar fraca.

— Não consigo mais me segurar — disse ela.

— Consegue, sim — respondi. — Consegue porque não tem outro jeito.

Eu disse-lhes que conseguiríamos sair dali. Sabia disso porque podia ver a cena na minha mente: a gente subindo colina acima, até em casa, pela manhã, e avistando mamãe e papai, que correriam para fora da casa. Ia acontecer, mas cabia a nós tornar isso possível.

Para evitar que os dois acabassem adormecendo e caíssem da árvore, fiz com que revisassem a tabuada. Quando terminamos, começamos a lista dos presidentes e das capitais dos estados, e, então, definições de palavras, rimas e qualquer outra coisa que me viesse à cabeça, gritando com eles se suas vozes fraquejavam. E foi assim que mantive Helen e Buster acordados durante toda a noite.

Com a primeira luz do dia, foi possível ver que a água ainda cobria todo o chão. Na maioria dos lugares, uma inundação era drenada depois de poucas horas, mas o pasto ficava em um terreno baixo, perto do rio, e, algumas vezes, a água ainda demorava dias para baixar. Mas ela estava parada e tinha começado a infiltrar nas frestas do solo e no mangue.

— Conseguimos — falei.

Achei que seria seguro caminhar com cautela pela água, e, por isso, descemos da árvore vagarosamente. Estávamos tão duros de ficar agarrados à árvore a noite toda que nossas juntas quase não se mexiam, e a lama sugava nossos sapatos. Chegamos, no entanto, à terra seca no momento em que o sol estava surgindo e subimos a colina até nossa casa, do jeitinho que tinha previsto.

Papai estava na varanda, andando de um lado para o outro em seu passo desigual, por causa da perna manca. Quando nos viu, deu um grito de alegria e começou a cambalear pelos degraus da escada. Mamãe saiu correndo de casa. Caiu de joelhos no chão, juntou as palmas das mãos diante do corpo e começou a rezar olhando para o céu, agradecendo a Deus por salvar seus filhos da enxurrada.

Fora ela quem nos salvara, disse mamãe, ao ficar acordada durante toda a noite, rezando.

— Vocês se ajoelhem todos e agradeçam a seus anjos da guarda — disse ela. — E agradeçam a mim também.

Helen e Buster se ajoelharam e começaram a rezar com mamãe, mas fiquei só olhando para eles. Na minha opinião, eu havia salvado todos, não mamãe ou um anjo da guarda qualquer. Não tinha ninguém trepado naquele álamo, a não ser nós três. Papai chegou até onde estávamos e colocou seu braço em volta do meu ombro.

— Não tinha nenhum anjo da guarda, papai — falei.

E comecei a explicar como tinha levado todos até a árvore, a tempo, pensado em trocar de lugar quando nossos braços estavam cansados e feito com que os dois ficassem acordados noite adentro, testando seus conhecimentos.

Papai apertou meu ombro.

— Bem, minha querida — disse ele —, talvez o anjo fosse você.

TÍNHAMOS UMA FAZENDA À beira do rio Salt Draw, que desaguava no rio Pecos, nas pradarias extensas e arenosas no oeste do Texas. O céu era limpo, azul-claro, a terra, seca, gasta, cinzenta e de todos os tons de areia. Às vezes, o vento soprava por vários dias, sem trégua, mas, em outras ocasiões, o ar ficava tão parado que dava para ouvir um cão latindo no rancho Dinger, a três quilômetros rio acima, e, quando um veículo vinha pela estrada, a poeira que levantava pairava no ar por muito tempo, até se reassentar no chão.

Quando se olhava à distância, quase tudo o que se via — horizonte, rio, cercas, valas, vegetação rasteira — era esparramado e rasteiro, e as pessoas, o gado, os cavalos, os lagartos e a água, tudo se movia lentamente, preservando-se.

Era uma região rude. O chão parecia de pedra — a não ser quando uma enxurrada transformava tudo em lama —, os animais eram magricelos e resistentes, e até as plantas eram espinhentas e raras, embora, de tempos em tempos, as tempestades gerassem surpreendentes florações de plantas silvestres. Papai dizia que High Lonesome, como a região era conhecida, não era lugar para quem tinha cabeça fraca ou coração mole, e que era por isso que ele e eu nos dávamos tão bem ali: ambos éramos duros na queda.

Nossa fazenda tinha apenas 160 acres — o que não era muita terra para aquela parte do Texas, que é tão seca que se precisa de, pelo menos, cinco acres para criar uma única cabeça de gado. Mas ficava à beira do vale, e era, por isso mesmo, dez vezes mais valiosa do que terras sem água; e tínhamos como manter os cavalos de charrete que papai treinava, as vacas leiteiras, dúzias de galinhas, alguns porcos e os pavões.

Os pavões fizeram parte de um dos esquemas de papai para ganhar dinheiro que não deram muito certo. Papai tinha investido alto na importação de pavões reprodutores de uma fazenda no Leste. Estava convencido de que os pavões eram um sinal evidente de elegância e estilo e que as pessoas que compravam seus cavalos de charrete também estariam dispostas a desembolsar cinquenta paus por um daqueles pássaros classudos. Tinha imaginado só vender os machos para que fôssemos os únicos criadores de pavões deste lado do Pecos.

Infelizmente, papai superestimou a demanda de pássaros ornamentais no oeste do Texas — até mesmo entre os compradores de charretes —, e, em poucos anos, nosso rancho ficou abarrotado de pavões. Eles avançavam lentamente, piando, guinchando, bicando nossos joelhos, assustando os cavalos, matando os filhotes e atacando os porcos, embora eu tenha de admitir que fosse lindo ver, de vez em quando, aqueles pavões fazerem uma trégua em sua campanha de terror e espalharem as penas para se enfeitar.

Os pavões eram apenas uma atividade secundária. A principal ocupação de papai era criar e treinar os cavalos de charrete. Ele os adorava, apesar do acidente. Quando papai era menino, aos três anos, atravessou um estábulo correndo e levou um coice de um cavalo, na cabeça, praticamente afundando sua caixa craniana. Papai ficou em coma por vários dias, e ninguém acreditava que ele fosse sobreviver. Acabou sobrevivendo, mas o lado direito do corpo ficou um pouco atrofiado. Ele arrastava a perna direita, e o braço direito era meio cotó, como uma asa de galinha. Além disso, quando era rapaz, passara muitas horas trabalhando no moinho do rancho da família, o que o deixou um tanto surdo. Por isso, papai falava meio esquisito, e, se você não convivesse algum tempo com ele, teria dificuldade em entender o que ele dizia.

Papai nunca culpou o cavalo por lhe ter dado um coice. Gostava de dizer que o cavalo pensara que uma criatura do tamanho de um leão da montanha estava atacando-o por trás. Os cavalos jamais se enganavam. Sempre agiam por algum motivo, e tinha-se de entender esse motivo. E, embora tenha sido um cavalo que quase afundou o crânio do papai, ele adorava os cavalos porque, diferentemente das pessoas, esses animais sempre o entendiam e nunca sentiam pena dele. Foi assim que, apesar de papai não conseguir sentar sobre uma sela, por causa do acidente, tornou-se um especialista na criação de cavalos de charrete. Podia até não montá-los, mas os guiava.

Nasci numa casa escavada no barranco, à beira do rio Salt Draw, em 1901, um ano depois de papai ter saído da cadeia, onde ficou uns tempos por causa daquela falsa acusação de assassinato.

Papai cresceu num rancho no vale Hondo, no Novo México. O pai dele, que construiu o rancho, foi um dos primeiros colonos de origem saxônica no vale, tendo chegado em 1868. Mas, quando papai era um rapaz, novos colonos já tinham se instalado na região, mais do que cabiam ao longo do rio. Sempre havia brigas por causa das demarcações das terras e, sobretudo, pelos direitos sobre a água — gente que reclamava que os vizinhos moradores rio acima estavam usando mais água do que tinham direito, enquanto os que moravam rio abaixo reclamavam da mesma coisa. Essas discussões geralmente levavam a confusões, processos na justiça e tiroteios. O pai de papai, Robert Casey, foi assassinado numa dessas brigas. Papai tinha 14 anos e teve de tocar o rancho com a mãe, mas aquelas discussões continuavam irrompendo e, vinte anos depois, quando outro colono foi morto depois de outra briga, papai foi acusado do assassinato.

Papai sempre repetiu que lhe tinham armado uma cilada, e escreveu longas cartas a congressistas e editores de jornais clamando inocência, e, depois de passar três anos na prisão, foi solto. Pouco depois de ser liberado, ele conheceu e se casou com mamãe. O procurador estava pensando em levar o caso novamente ao tribunal, por isso papai achou que devia dar uma sumida; então, o casal deixou o vale Hondo e foi para High Lonesome, onde se instalou à beira do Salt Draw.

Muitas das pessoas que estavam assentadas em High Lonesome moravam em casas escavadas, porque a madeira era rara naquela parte do Texas. Papai fez a nossa casa cavando com uma pá, abrindo um buraco mais ou menos grande no barranco de uma das margens do rio, usando galhos de cedro como viga e cobrindo-os com tufos de capim. A casa tinha um cômodo, chão de terra batida, uma porta de madeira e um fogão de ferro maciço com uma chaminé que atravessava o telhado de capim.

A melhor coisa, quando se mora numa casa escavada, é que ela é fresca no verão e não muito fria no inverno. A pior é que, de vez em quando, escorpiões, lagartos, cobras, ratos, centopeias e toupeiras conseguem entrar pelas frestas das paredes e do teto. Certa vez, no meio da ceia de Páscoa, uma cascavel caiu bem em cima da mesa. Papai, que estava cortando o presunto, enfiou a faca bem atrás da cabeça dela.

Além disso, quando chovia, o teto e as paredes da casa viravam lama. Às vezes, nacos de lama caíam do teto, e tínhamos de recolocar no lugar. E, mais raramente, os bodes que pastavam no telhado ficavam com uma pata atravessada para dentro de casa, e precisávamos empurrá-los para fora.

Outro problema de morar numa casa escavada eram os mosquitos. Eram tantos que, às vezes, a gente sentia como se estivesse nadando em meio a eles. Mamãe era particularmente sensível às mordidas — por vezes as feridas ficavam inchadas por vários dias —, mas fui eu quem pegou febre amarela.

Tinha sete anos na ocasião, e, desde o primeiro dia, contorcia-me na cama, tremia e vomitava. Mamãe ficou com medo de que os outros também ficassem doentes, e, apesar de papai repetir que a doença era transmitida por mosquitos, e insistir nisso, prendeu um cobertor no teto e me isolou de quarentena. Papai era o único com permissão de passar para o outro lado do cobertor pendurado e ficou sentado ao meu lado dias a fio, salpicando-me de loções misturadas com álcool, tentando fazer com que a febre baixasse. No meu delírio, visitei lugares luminosos e brancos, num outro mundo, vi animais verdes e roxos, que aumentavam e diminuíam de tamanho a cada batida do meu coração.

Quando a febre finalmente cedeu, estava pesando uns cinco quilos a menos, e minha pele estava toda amarela. Papai brincou comigo dizendo que minha testa tinha ficado tão quente que quase queimara a mão nas vezes em que me tocou. Mamãe enfiou a cabeça pelo outro lado do cobertor para me ver.

— Uma febre alta desse jeito pode cozinhar os miolos e causar danos irreversíveis — disse ela. — Então, não conte a ninguém que você passou por isso. Se contar, talvez tenha dificuldade para arrumar um marido.

MAMÃE SE PREOCUPAVA COM coisas como essa, arranjar um bom partido para suas filhas. Eram coisas que ela denominava "conveniências". Ela tinha mobiliado nossa casa com verdadeiras preciosidades, incluindo um tapete oriental, uma *chaise longue* decorada com paninhos rendados, cortinas de veludo que penduramos na parede para fazer parecer que tínhamos mais janelas, talheres de prata e uma cabeceira de cama feita de nogueira entalhada, que seus pais tinham trazido lá do Leste, quando se mudaram para a Califórnia. Mamãe adorava aquela cabeceira e dizia que era a única coisa que permitia que dormisse à noite, porque a fazia pensar no mundo civilizado.

O pai de mamãe era um mineiro que encontrou ouro ao norte de São Francisco e tornou-se bastante próspero. Embora sua família vivesse em cidades mineiras que cresciam e prosperavam rápido, mamãe — cujo nome de nascença era Daisy Mae Peacock — foi criada em um ambiente de fidalguia. Tinha uma pele branca e macia que ficava logo vermelha e queimada com o sol. Quando menina, sua mãe mandava que usasse uma máscara de linho se tivesse que passar algum tempo exposta ao sol, amarrada aos cachinhos dourados que balançavam de cada lado do rosto. No oeste do Texas, mamãe sempre usava chapéu, luvas e um véu cobrindo o rosto quando saía de casa — o que ela fazia o mais raramente possível.

Mamãe cuidava da casa, mas se recusava a fazer tarefas como pegar água no rio ou carregar lenha. "Sua mãe é uma dama", dizia papai, tentando explicar seu desdém por trabalhos braçais. Papai fazia a maior parte das tarefas externas com a ajuda de nosso auxiliar, o Apache. Apache não era um índio de verdade, mas tinha sido capturado pelos apaches quando tinha seis anos de idade e foi mantido por eles até se tornar rapaz, quando a cavalaria americana — e o pai de papai na função de batedor — atacou o acampamento, e Apache saiu correndo, berrando "*Soy blanco! Soy blanco!*".

Apache foi para casa com meu avô e morou com a família desde então. A essa altura, Apache já era um velho, com uma barba branca tão comprida que ele a enfiava dentro da calça. Era um solitário, e, às vezes, passava horas a fio olhando para o horizonte ou para a parede do celeiro; também desaparecia, de vez em quando, por vários dias, mas sempre voltava. As pessoas achavam o Apache meio esquisito, mas tinham a mesma opinião sobre papai, e os dois se davam muito bem.

Para cozinhar e lavar a roupa, mamãe contava com a ajuda de nossa empregada, a Lupe, que ficou grávida e foi obrigada a deixar sua cidadezinha, perto de Juarez, depois que o bebê nasceu, porque envergonhou a família e ninguém mais se casaria com ela. Era baixinha e gorduchinha que nem um barril, e até mais devotamente católica do que mamãe. Buster a chamava de louca, mas eu gostava dela. Apesar de seus pais terem tirado o filho de seus braços e de ela dormir em cima de uma coberta navaja no chão lá de casa, Lupe nunca sentia pena de si mesma, e isso era uma coisa que eu admirava acima de tudo nas pessoas.

Mesmo com a assistência da Lupe, mamãe não gostava muito da vida em Salt Draw. Não fora essa vida que imaginou que teria. Quando se casou com Adam Casey, mamãe achou que tinha feito um bom casamento, apesar de ele ser manco e falar com dificuldade. O pai de papai tinha vindo da Irlanda durante a praga da batata, alistara-se na Segunda Unidade dos Dragões — uma das primeiras unidades da cavalaria americana —, onde serviu sob o comando do coronel Robert E. Lee, e foi destacado para a fronteira do Texas, lutando contra comanches, apaches e kiowas. Depois de deixar o Exército, tornou-se fazendeiro, primeiro no Texas, depois no vale Hondo, e, quando foi assassinado, tinha um dos maiores rebanhos da região.

Robert Casey levou um tiro quando andava pela rua principal de Lincoln, no Novo México. Uma das versões da história conta que ele e seu assassino tiveram uma divergência sobre uma dívida de oito dólares. Por anos e anos, o enforcamento do assassino foi motivo de falatório no vale porque, uma vez enforcado, declarado morto, descido da corda e colocado num caixão de pinho, as pessoas viram-no se mexer; então, eles o tiraram do caixão e o enforcaram de novo.

Depois da morte de Robert Casey, os filhos começaram a brigar sobre como deveriam repartir o rebanho, gerando desentendimentos que duraram enquanto papai viveu. Papai herdou o rancho do vale Hondo, mas achou que o irmão mais velho, que tinha levado o rebanho para o Texas, tinha ficado com uma parte maior, e vivia entrando com processos e apelos na justiça. Ele continuou os processos até depois de se mudar para o oeste do Texas, assim como estava sempre em litígio com outros fazendeiros no vale Hondo, e sempre voltava para o Novo México a fim de dar entrada num interminável rio de queixas e retaliações.

Um detalhe sobre papai: tinha um gênio terrível. Geralmente voltava dessas viagens tremendo de raiva. Em parte, por causa do sangue irlandês, e em parte, pela impaciência com as pessoas que tinham dificuldade em entender o que dizia. Papai achava que elas pensavam que ele tinha algum problema na cabeça e que estavam sempre tentando passar-lhe a perna — fossem seus irmãos, seus advogados, caixeiros-viajantes ou comerciantes de cavalos mestiços. Começava, então, a lançar perdigotos e xingamentos e, de vez em quando, ficava tão alterado que sacava a pistola e atirava a esmo, tentando não acertar nas pessoas — na maioria das vezes.

Uma vez, ele entrou numa briga com um funileiro que cobrou caro demais para consertar uma chaleira. Quando o homem começou a debochar da sua maneira de falar, papai correu para pegar a arma em casa, mas Lupe viu o que ia acontecer e a escondeu debaixo de sua coberta navaja. Papai teve um ataque de nervos, berrando por causa do sumiço da arma, mas acho que Lupe salvou a vida do funileiro. E a do papai também, porque, se ele tivesse matado o funileiro, talvez também acabasse balançando na ponta de uma corda, que nem o sujeito que matou seu pai.

Papai costumava dizer que a vida seria mais fácil assim que recebêssemos o que nos era devido. Porém, só conseguiríamos isso se lutássemos. Papai estava envolvido em processos judiciários, mas, para o resto da família, a luta constante em Salt Draw era um verdadeiro combate contra a natureza. A inundação-relâmpago que nos levou álamo acima não foi a única que quase acabou conosco. As enchentes eram bastante comuns naquela parte do Texas — tinha uma a cada dois anos — e, quando eu tinha oito anos, fomos surpreendidos por outra. Papai estava fora, em Austin, entrando com outro processo por conta da herança, quando, certa noite, o Salt Draw transbordou e inundou nossa casa. O barulho trovejante me acordou, e, quando me levantei, meus pés afundaram em água lodosa até os calcanhares. Mamãe levou Helen e Buster para uma colina, para rezar, mas fiquei em casa com o Apache e a Lupe. Bloqueamos a porta com o tapete e começamos a jogar a água para fora, com baldes e panelas, pela janela. Mamãe voltou e implorou para que fôssemos rezar com ela no topo da colina.

— Dane-se a reza! Não parem de jogar essa droga de água pra fora! — berrei.

Mamãe me olhou horrorizada. Dava para ver que naquele momento pensava que eu prejudicaria a todos com minha blasfêmia, e até fiquei meio chocada com a coisa, mas com a água subindo tão rapidamente a situação se tornava crítica. Acendemos a lamparina de querosene e pudemos ver que as paredes da casa estavam começando a ceder. Se mamãe tivesse se juntado a nós e ajudado, talvez teríamos conseguido salvar a casa — não era provável, mas possível. Mas Apache, Lupe e eu não conseguíamos sozinhos e, quando o teto começou a desabar, pegamos a cabeceira de nogueira da mamãe e a puxamos pela porta, bem no instante em que a casa desmoronou, enterrando tudo.

Depois, fiquei muito chateada com a mamãe. Ela ficou dizendo que a inundação fora um desígnio de Deus, e que tínhamos que aceitar os acontecimentos. Mas não era assim que eu via as coisas. Para mim, aceitar parecia muito com desistir. Se Deus nos deu força para jogar baldes d'água e garra para nos salvar, não era isso que ele queria que fizéssemos?

Mas a enchente acabou sendo uma bênção disfarçada. Aquilo tudo tinha sido demais para o recém-chegado Senhor McClurg, que vivia rio acima, numa casa de madeira de dois cômodos, que construíra com a madeira que ele mesmo trouxera do Novo México. A enchente escavou as fundações da casa, e as paredes desabaram. Ele disse que já tinha tido sua dose daquela parte do mundo esquecida por Deus e resolveu voltar para Cleveland. Assim que papai retornou de Austin, fez-nos entrar correndo na carroça e, rapidamente, antes que outro em High Lonesome tivesse a mesma ideia, fomos até a casa de Seu McClurg para recolher a madeira. Pegamos tudo: tapumes, caibros, vigas, portais, tábuas de assoalho. Antes de terminado o verão, tínhamos construído uma casa de madeira novinha em folha e, depois de caiada, quase não dava para ver que tinha sido feita com a madeira velha de outra pessoa.

Enquanto estávamos lá, admirando nossa casa, no dia em que terminamos de construir, mamãe virou-se para mim e perguntou:

— Então, foi ou não foi o desígnio de Deus?

Eu não tinha resposta para dar. Depois do fato consumado, mamãe até podia dizer que era, mas eu achava que, quando se estava no meio dos acontecimentos, era muito difícil saber o que era ou não desígnio de Deus.

Perguntei ao papai se achava que tudo o que acontecia era por vontade de Deus.

— Sim e não — disse ele. — Deus dá a cada um de nós um grupo diferente de cartas. E o jogo que a gente faz com elas é coisa nossa.

Fiquei imaginando se papai achava que Deus lhe tinha dado um grupo de cartas ruins, mas não me achei no direito de perguntar. De vez em quando, ele mencionava o coice de cavalo na cabeça, mas nenhum de nós jamais falava de sua perna manca ou da dificuldade em falar.

A pronúncia de papai soava como se ele estivesse falando debaixo d'água. Quando dizia "atrela a carroça", para a maioria das pessoas, parecia que estava dizendo "afrela a rarrofa", e, quando dizia "mamãe precisa descansar", parecia com "rarrãe prefifa tiscanfá".

Toyah, a cidadezinha mais próxima, ficava a seis quilômetros de distância, e, às vezes, quando íamos até lá, umas crianças seguiam papai pelas ruas, imitando seu jeito de falar, o que me dava vontade de dar uma sova nelas. Muitas das vezes, sobretudo quando mamãe vinha junto, Buster, Helen e eu podíamos apenas olhar para elas com raiva. Papai conseguia fazer de conta que aquelas crianças não existiam — afinal de contas, ele não podia correr até em casa para pegar a arma e atirar nelas, como ele fez com aquele funileiro —, mas, certa vez, no estábulo de Toyah, quando duas crianças estavam berrando atrás dele, eu o vi olhar para elas com um ar magoado. Enquanto ele e Buster carregavam a carroça, voltei até o estábulo e tentei explicar àquelas crianças que estavam ferindo os sentimentos de alguém, mas elas não pararam de debochar, então empurrei as duas para um monte de estrume e saí correndo. Nunca tinha feito uma coisa feia que tivesse me deixado tão contente. Só lamentei não poder contar a papai o que tinha feito.

O que aquelas crianças não entendiam sobre papai era que, embora o jeito de falar fosse meio enrolado mesmo, ele era inteligente. Tivera aulas com uma governanta, estava sempre lendo livros sobre filosofia e escrevendo cartas compridas para políticos como William Taft, William Jennings Bryan e Frederick William Seward — que foi secretário de Estado de Abraham Lincoln. O Seward até respondeu, e papai guardava essas cartas como um tesouro, a sete chaves, numa caixa de metal.

Em se tratando de palavras escritas, ninguém conseguia alinhavar as frases como papai. Sua caligrafia era elegante, até meio torneada, e as frases eram longas e extravagantes, cheias de palavras como "falacioso" e "abstruso", que a maioria das pessoas em Toyah precisaria consultar o dicionário para entender. Duas das maiores preocupações de papai em suas cartas eram a industrialização e a mecanização, que considerava a destruição da alma humana. Também era obcecado pela Proibição e pela ortografia fonética — que via como as curas para a tendência humana ao comportamento irracional.

Papai cresceu cercado por gente de cara cheia, dando tiros a torto e a direito. O pai dele vendia bebida numa loja que ficava no rancho do rio Hondo, e também teve de dar um tiro num sujeito bêbado que ia atirar nele. Papai dizia que o álcool deixava índios e irlandeses loucos. Depois que o pai dele foi morto, papai destruiu os barris de pinga a machadadas e, para grande tristeza do Apache, nunca mais deixou que, no rancho, se bebesse nada mais forte do que chá.

A ortografia confusa da língua inglesa também deixava papai indignado. Ficava furioso com dígrafos, como "sh" e "ph", e triste com as letras mudas. Achava que, se as palavras fossem simplesmente escritas da maneira como eram pronunciadas, quase todo mundo que tivesse aprendido o alfabeto poderia ler, e isso praticamente eliminaria o analfabetismo.

Toyah tinha uma escola com uma única sala, e papai pensava que o ensino lá era de segunda categoria e que seria melhor se ele mesmo me desse aulas. Todos os dias, depois do almoço, quando o sol estava quente demais para se trabalhar do lado de fora, tínhamos aulas — gramática, história, matemática, ciências e moral e cívica — e, quando terminávamos, eu dava aulas para Buster e Helen. A matéria preferida dele era história, mas, sem sombra de dúvida, o ensino tinha uma perspectiva de pra-lá-do-oeste-de-Pecos. Como bom e orgulhoso filho de irlandeses, ele odiava os peregrinos ingleses, a quem chamava de *Poms*, inglesinhos, e também a maioria dos colonos originais. Eram um bando de devotos hipócritas, segundo ele, que declaravam que todos os homens eram iguais, mas tinham escravos e massacravam índios pacíficos. Ficou do lado dos mexicanos durante a guerra entre o México e os Estados Unidos e acreditava que os Estados Unidos tinham roubado toda a terra ao norte do rio Grande. Também achava que os estados sulistas deviam ter tido o mesmo direito de separar-se da União que as colônias tiveram em relação ao Império Britânico.

— A diferença entre um traidor e um patriota é mera questão de perspectiva — dizia ele.

Eu adorava as minhas aulas, sobretudo ciência e geometria; sentia um enorme prazer em aprender que essas leis invisíveis explicavam os mistérios do mundo em que vivemos. Por mais que isso me fizesse sentir inteligente, mamãe e papai viviam dizendo que, apesar de eu estar recebendo uma educação melhor do que qualquer criança de Toyah, teria de terminar a escola lá quando fizesse 13 anos, tanto para adquirir traquejo social, quanto para receber um diploma.

— Porque nesse mundo — dizia papai — não basta ter boa educação. É preciso um pedaço de papel para provar que se tem.

MAMÃE FAZIA O MELHOR que podia para nos dar ares aristocráticos. Enquanto eu dava aulas para Buster e Helen, ela escovava meus cabelos com cem escovadas, sempre com o cuidado de puxar da raiz às pontas, colocando tutano de boi e lanolina nos fios para aumentar o brilho. À noite, ela os enrolava em cachinhos, amarrando com pedacinhos de papel que chamava de *papillotes*.

— Os cabelos de uma dama são o coroamento de sua glória — dizia ela.

E vivia repetindo que meu bico de viúva era meu traço mais belo, mas, quando eu me olhava no espelho, aquele "v" cheio de cabelo no meio da testa não me parecia um grande atrativo.

Embora morássemos a seis quilômetros de Toyah, e passassem-se dias e dias sem que víssemos alguém que não fosse da família, mamãe se esforçava muito para ser uma dama. Era graciosa, com apenas 1,40m de altura, e seus pés eram tão pequenos que ela tinha que usar botinas de menina, com fecho de presilhas, em vez de cadarço. A fim de deixar suas mãos elegantemente brancas, ela as esfregava com unguentos à base de mel, suco de limão e borato de sódio. Vestia espartilhos apertados, que lhe davam uma cintura fininha — eu ajudava a amarrá-los —, mas que tinham por efeito provocar desmaios. Mamãe chamava isso de "seus vapores" e dizia que eram um sinal de sua alta estirpe e frágil compleição. Eu achava que eram sinal de que o espartilho dificultava a respiração. Sempre que caía ajoelhada, eu tinha de reanimá-la com sais aromáticos, os quais ela guardava em um frasco de cristal que pendurava ao redor do pescoço, amarrado com uma fita cor-de-rosa.

Mamãe era mais chegada a Helen, que tinha herdado suas mãos e pés pequeninos e a constituição delicada. Às vezes, elas liam poesia uma para a outra e, no calor abafado do meio da tarde, simplesmente ficavam deitadas, juntas, na *chaise longue* da mamãe. Mas se ela era mais próxima de Helen, por outro lado, idolatrava Buster, que considerava o futuro da família. Buster era um garotinho sapeca, mas tinha um sorriso irresistível, e, talvez para compensar a dificuldade de fala do papai, era um dos mais rápidos e hábeis falastrões da região. Mamãe gostava de dizer que Buster conseguia tirar leite de pedra só com a lábia. Ela sempre dizia-lhe que não havia limites para suas possibilidades futuras: magnata da estrada de ferro, barão do gado ou até governador do Texas.

Mamãe não sabia muito bem o que pensar de mim. Temia que eu tivesse problemas para me casar, porque não tinha porte de dama. Para começar, eu tinha pernas arqueadas. Além disso, era meio dentuça, e, por isso, ela comprou um leque de seda vermelha para cobrir minha boca. Sempre que eu sorria com a boca muito aberta, ela falava:

— Lily, querida. O leque.

Como mamãe não era exatamente a pessoa mais prestativa do mundo, uma das lições que aprendi cedo na vida foi como conseguir realizar as coisas, e isso era fonte tanto de admiração quanto de preocupação para ela, que achava meu comportamento pouco fino, mas que, também, contava comigo para fazer tudo. E dizia:

— Nunca conheci uma menina com tanta garra. Mas não estou certa de que isso é uma boa coisa.

Do ponto de vista dela, as mulheres deviam deixar os homens realizarem o trabalho pesado, porque isso fazia com que se sentissem mais másculos. Essa noção só fazia sentido se você tivesse um homem forte disposto a realizar o que precisasse ser feito, e, entre o capengar de papai, as desculpas esfarrapadas de Buster e a tendência a desaparecer de Apache, costumava caber a mim a tarefa de evitar que as coisas desmoronassem ao nosso redor. Mas mesmo quando todos colaboravam, nunca dávamos conta de todo o trabalho a fazer. Eu adorava aquele rancho, mas, no fundo, parecia que, em vez de nós o possuirmos, era ele que nos possuía.

Tínhamos ouvido falar em energia elétrica e em como algumas cidades grandes no Leste tinham tantas lâmpadas ligadas ou acesas, que parecia ser luz do dia mesmo depois do pôr do sol. Mas a fiação elétrica ainda teria de chegar ao oeste do Texas, e, por isso, tudo tinha que ser feito à mão: esquentar os ferros no fogão para passar as blusas da mamãe; cozinhar caldeirões cheios de soda cáustica e potássio para fazer sabão; tirar água com a bomba; carregar a água limpa até a casa para lavar a louça e a água suja para regar a horta.

Também tínhamos ouvido falar em sistemas de encanamento, como os que estavam sendo instalados em casas chiques no Leste, mas ninguém no Texas tinha aquilo, e a maioria das pessoas, inclusive mamãe e papai, achavam a ideia de um banheiro dentro de casa escabrosa e nojenta.

— Mas quem, em sã consciência, vai querer uma privada dentro de casa? — perguntava papai.

Como cresci ouvindo papai, sempre o compreendi perfeitamente e, quando fiz cinco anos, ele me fez começar a ajudá-lo a treinar os cavalos. Ele levava seis anos para treinar adequadamente um par de cavalos de carruagem e sempre tinha seis parelhas sendo adestradas de cada vez, vendendo uma por ano — o que era o bastante para cobrir as despesas. Cada par tinha de ser exatamente igual em tamanho e cor, sem quaisquer irregularidades, e, se um cavalo tivesse patas brancas, o outro também tinha de ter.

Das seis parelhas de cavalos que tínhamos, papai deixava os potros de até os dois anos de idade correrem livres no pasto. Gostava de dizer que a primeira coisa que um cavalo precisava aprender era a ser cavalo. Eu trabalhava com os de três anos, ensinando-lhes a se comportar perto de pessoas desmontadas e a aceitar certos comandos, e depois ajudava papai a atrelar e a desatrelar as três parelhas mais velhas. Eu guiava cada parelha dentro de um círculo, enquanto papai ficava parado no centro, usando um chicote para ensiná-los a levantar as patas bem alto, mudar de trote em sincronia e envergar os pescoços com elegância.

Papai gostava de dizer que qualquer pessoa que passasse um tempo com cavalos precisava aprender a pensar como um deles. Sempre repetia:

— Pense como um cavalo.

E a chave para isso, continuava, era entender que os cavalos sempre sentiam medo. A única maneira que tinham de se defender contra leões da montanha e lobos era dando coices e correndo; assim, eles corriam como o vento, apostando corrida uns contra os outros, porque o cavalo mais lento da manada era pego pelo predador. Estavam sempre procurando por um protetor, e, se você conseguisse convencer um cavalo de que o protegeria, ele faria qualquer coisa por você.

Papai tinha todo um vocabulário de grunhidos, murmúrios, estalos de língua, beijos e assovios que usava para conversar com os cavalos. Era como uma linguagem particular. Nunca castigava seus lombos com força; usava o chicote somente para fazer um barulho de estalido perto de cada orelha, fazendo-lhes sinais, sem os machucar ou assustar.

Papai também construía as rédeas e os arreios dos cavalos e parecia estar no auge da felicidade quando ficava sentado sozinho, cantarolando baixinho diante da máquina de costura, pisando no pedal, rodeado de recortes de couro, tufos de lã, latas de óleo amaciante para couro, carretéis de linha e enormes agulhas de costurar couro, sem ninguém o importunando, ninguém sentindo pena dele, ninguém coçando a cabeça e tentando entender o que estava querendo dizer.

Eu era encarregada de amansar os cavalos. Não era nada como domar mustangues xucros, porque nossos cavalos tinham estado conosco desde que eram potrinhos. Na maioria das vezes, eu só montava no cavalo em pelo. Se ele fosse magricelo, sua espinha dorsal podia se esfregar contra o meu traseiro até fazer uma pelada na altura das vértebras. Agarrava um punhado de crina, dava uma cutucada com os calcanhares, e lá íamos nós. No começo com solavancos esquisitos, dando paradas e aceleradas, virando para um lado e para o outro, enquanto o animal se perguntava o que aquele raio de garota estava fazendo montada em suas costas; mas logo o cavalo costumava aceitar seu fado e seguíamos tranquilamente. Depois disso, era uma questão de habituá-lo à sela e de encontrar os melhores arreios. Só então era possível começar a treiná-lo.

Ainda assim, sobretudo com um cavalo inexperiente, nunca se sabia o que poderia acontecer. Assim, fui jogada no chão muitas vezes, o que aterrorizava mamãe, mas papai fazia um gesto com a mão para que ela ficasse calma e me ajudava a levantar.

— A coisa mais importante na vida é aprender a cair — dizia papai sempre.

Às vezes eu caía lentamente. O cavalo tropeçava ou empinava, meu peso era atirado para frente, eu acabava agarrando o pescoço do animal e os pés saíam do encaixe dos estribos. Se não desse para endireitar o corpo, a melhor coisa a fazer era deixar-se desabar, rolar para o lado e continuar rolando depois de atingir o chão. As quedas perigosas eram as que aconteciam tão rapidamente que não se tinha tempo para reagir.

Certa vez, papai comprou um *gray gelding* por uma pechincha. O animal estivera na cavalaria americana e, como era propriedade do governo, papai deu-lhe o nome de Roosevelt. Talvez porque Roosevelt tivesse comido grãos demais ou ouvido clarins e disparos de canhão além da conta, ou talvez porque tivesse nascido nervoso, qualquer que fosse a razão, o fato é que era um cavalo muito assustado. Roosevelt era lindo de se ver, com a parte traseira malhada e as patas escuras, mas ruídos e movimentos repentinos o faziam saltar como uma lebre selvagem.

Pouco tempo depois de comprarmos Roosevelt, estava montada nele, ao voltar para o celeiro, quando um falcão deu um voo rasante à nossa frente. Roosevelt deu um giro completo, e fui atirada para longe, como uma pedra de estilingue. Tentei aparar a queda com o braço, mas acabei quebrando o antebraço em duas partes. As pontas partidas do osso ficaram espetadas para fora, fazendo um calombo debaixo da pele. Papai vivia dizendo que eu era dura na queda, mas, com o braço torto e dependurado daquele jeito, abri um berreiro danado.

Papai me levou até a cozinha e, quando mamãe me viu, ficou tão nervosa que começou a ficar com falta de ar, dizendo a papai, quando conseguiu falar alguma coisa, que uma garotinha como eu não tinha nada que estar amansando cavalos. Papai respondeu-lhe que seria melhor conversar depois que ela se acalmasse; e mamãe foi até o quarto, fechando a porta atrás de si. Papai ajeitou o osso e mandou Lupe cortar umas tiras de linho, enquanto ele fazia uma mistura pastosa de giz, goma, ovos e farinha de trigo. Então, amarrou as tiras de linho ao redor de meu braço e as besuntou com a maçaroca.

Papai me pegou nos braços, e fomos para a varanda contemplar as montanhas distantes. Depois de algum tempo, parei de chorar porque, simplesmente, àquela altura não tinha mais lágrimas. Fiquei lá sentada, com a cabeça inclinada sobre o ombro, como um passarinho com a asa quebrada.

— Cavalo burro — falei, por fim.

— Nunca culpe o cavalo — retrucou papai. — Foi só uma coisa que ele aprendeu a fazer ao longo do caminho. E eles não são burros. Sabem o que precisam saber. Aliás, sempre suspeitei que fossem mais inteligentes do que deixam transparecer. Mais ou menos que nem os índios que fingem que não falam inglês porque nunca lhes aconteceu nada de bom depois de terem conversado com quem sabe inglês.

Papai disse que eu estaria sobre uma sela em quatro semanas. E completou:

— Da próxima vez, não tente aparar a queda.

— Da próxima vez? — perguntou mamãe. — Acho que não haverá uma próxima vez.

— Espere pelo melhor e se prepare para o pior — disse ele. — De qualquer forma — virando-se para mim —, quando você estiver caindo, aceite e deixe seu traseiro levar o castigo. Seu corpo sabe como cair.

Enquanto isso, papai matriculou Roosevelt no que ele chamava Escola para Cavalos Arredios do Adam Casey. Amarrou a cabeça do Roosevelt a seu próprio rabo e deixou-o parado numa baia até que aprendesse a ter paciência. Encheu latas vazias com pedrinhas e pendurou-as na crina e no rabo, até que ele se acostumasse com a agitação ao seu redor.

Assim que Roosevelt foi reeducado — pelo menos em parte —, papai vendeu-o com uma boa margem de lucro a um pessoal do Leste que estava indo para a Califórnia. Se, por um lado, não culpava os cavalos de nada, por outro, não era dado a sentimentalismos. E costumava dizer que se não se pudesse controlar um cavalo, então que ele fosse vendido. Se não se conseguisse vendê-lo, então que fosse sacrificado.

Também era minha tarefa alimentar as galinhas e recolher os ovos. Tínhamos em torno de duas dúzias de galinhas e alguns galos. Cedinho jogava um punhado de grãos de milho e migalhas de sobras da mesa do café e colocava cal na água que elas bebiam para deixar as cascas dos ovos mais duras. Na primavera, quando estavam realmente férteis, eu conseguia pegar cem ovos por semana. Separávamos 25 ou trinta para comermos e eu escolhia um dia para ir de carroça até Toyah e vender o restante para o quitandeiro, Seu Clutterbuck, um homem muito pálido que usava braçadeiras nas mangas da camisa e anotava as compras no papel pardo do embrulho que levávamos. Ele pagava um centavo por ovo, e aí vendia por dois, o que me parecia injusto, já que era eu quem tinha tido toda a trabalheira criando as galinhas, catando os ovos e trazendo-os à cidade. Mas Seu Clutterbuck só falava:

— Lamento, menina, mas é assim que a banda toca.

Também levava ovos de pavão, finalmente dando àqueles pássaros exibidos uma maneira de merecerem tanto esforço. A princípio, achava que valeriam o dobro dos ovos de galinha, já que tinham o dobro do tamanho, mas Seu Clutterbuck só me dava um centavo por cada.

— Um ovo é um ovo — dizia ele.

Eu achava que o danado do quitandeiro estava me passando a perna porque era uma garota, mas não podia fazer nada em relação a isso. Era assim que a banda tocava.

Papai dizia que era bom para mim ir até a cidade e pechinchar os preços dos ovos com Seu Clutterbuck. Treinava minha matemática e me ensinava a arte da negociação: duas coisas que ajudariam a alcançar o meu Propósito na Vida. Papai era filósofo e tinha o que denominava de Teoria do Propósito, que determinava que tudo na vida tinha um propósito. Se este não fosse alcançado, a vida seria apenas uma ocupação indevida de espaço no planeta e um desperdício do tempo de todos.

Era por isso que papai nunca comprava brinquedos para nós. Brincar era uma perda de tempo, dizia ele. Em vez de brincar de casinha ou de boneca, as meninas deviam limpar casas de verdade ou cuidar de bebês de verdade, se o Propósito na Vida era se tornarem mães.

Papai não chegava a nos proibir de brincar, e, às vezes, Buster, Helen e eu íamos de carroça até o rancho dos Dingler para uma partida de beisebol com as crianças da família. Como não tínhamos jogadores suficientes para dois times completos, inventávamos um monte de regras, como a de que um jogador podia correr se jogassem a bola nele. Certa vez, quando eu tinha dez anos e estava tentando roubar uma base, um dos meninos Dingler jogou a bola em mim com força, atingindo minha barriga. Eu me revirei toda, e, como a dor não passava, papai me levou até Toyah, onde o barbeiro, que às vezes costurava as pessoas, disse que meu apêndice tinha se rompido, e que eu precisava ir direto para o hospital de Santa Fé. Pegamos a primeira diligência e, quando chegamos a Santa Fé, eu estava delirando. Só me lembro de acordar no hospital, mais tarde, com pontos na barriga e papai sentado a meu lado.

— Não se preocupe, meu anjo. O apêndice — explicou ele — é um órgão vestigial, o que quer dizer que ele não tem nenhum Propósito.

Se eu tinha de perder um órgão, escolhera o certo. Mas quase perdera a vida, e com que finalidade? Só havia jogado uma partida de beisebol. Se quisesse arriscar a vida, eu deveria fazê-lo por um Propósito. Achei que papai estava certo. Só tinha de descobrir qual era meu Propósito.

"SE QUISER SE LEMBRAR do amor do Senhor, olhe o pôr do sol", era o que mamãe costumava dizer.

"E se quiser se lembrar da cólera do Senhor, olhe um tornado", dizia papai.

Morando em Salt Draw, tivemos a nossa dose de tornados, os quais temíamos mais do que as inundações repentinas. Na maioria das vezes, pareciam estreitos cones de fumaça, mas, às vezes, depois de uma forte estiagem, eles eram quase claros, e dava para ver galhos de árvores, arbustos e pedras rodopiando na base dos rodamoinhos. Vistos de longe, parecia que se deslocavam lentamente, como acontece debaixo d'água, rodopiando e ondulando de maneira até elegante.

A maioria não passava de rodamoinhos desgovernados de poeira, arrancando a roupa da corda e dispersando as galinhas espavoridas. Mas, uma vez, quando eu tinha 11 anos, um monstro chegou rugindo e atravessou nosso rancho.

Papai e eu estávamos trabalhando com os cavalos quando, de repente, o céu escureceu e o ar ficou pesado. Dava para cheirar e sentir o que estava por vir. Papai foi o primeiro a ver o tornado, vindo do leste: um enorme funil que se estendia das nuvens ao chão.

Comecei a desatrelar os cavalos, enquanto papai corria para dentro, para avisar a mamãe, que começou a abrir todas as janelas da casa, porque tinha ouvido dizer que isso equalizaria a pressão do ar e diminuiria as chances de a casa vir a explodir. Os cavalos estavam totalmente alvoroçados no curral. Papai não queria que ficassem trancafiados e abriu o portão. Eles saíram galopando, atravessando o rancho na direção oposta à do tornado. Papai disse que, se nós conseguíssemos sobreviver àquilo, pensaríamos nos cavalos depois.

A essa altura, o céu acima de nossa cabeça estava negro e carregado de chuva, mas, ao longe, podia-se ver a luz do sol infiltrando-se por entre nuvens douradas. Interpretei isso como um sinal. Papai mandou que todos, inclusive Apache e Lupe, rastejássemos para o interior do abrigo debaixo da casa. À medida que o tornado se aproximava, açoitava areia e galhos, quebrando pedaços de madeira, num grande rodamoinho ao redor da casa, rugindo tão alto que parecia que estávamos bem debaixo de um trem de carga.

Mamãe agarrou nossas mãos para que rezássemos e, embora eu geralmente não tivesse vontade, estava assustada — mais do que jamais estivera na vida — e comecei a rezar com mais fervor do que nunca, pedindo a Deus que perdoasse minha falta pregressa de fé sincera, prometendo, caso nos poupasse, que rezaria para ele e o louvaria todos os dias, pelo resto de minha vida.

Nesse exato momento, ouvimos um estrondo e um barulho de madeira se despedaçando. A casa parecia gemer e tremer, mas o chão sobre nossa cabeça não cedeu, e, rapidamente, o tornado se deslocou. Tudo ficou silencioso.

Estávamos vivos.

O TORNADO NÃO PEGOU a propriedade em cheio, mas arrancou o moinho e o esmigalhou em cima do nosso telhado. A casa, feita de madeira e que já tinha sido desmantelada uma vez durante aquela inundação, ficou totalmente destroçada.

Papai começou a praguejar. Disse que a vida o havia passado para trás mais uma vez. E declarou:

— Se eu fosse dono do inferno e do oeste do Texas, acredito, sinceramente, que venderia o oeste do Texas e moraria no inferno.

Papai previu que os cavalos voltariam na hora em que costumavam ser alimentados. E, quando retornaram, ele atrelou os de seis anos de idade à carruagem, seguindo com eles até a cidade para usar o telégrafo. Depois de muitas confabulações com o pessoal do vale Hondo, papai concluiu que não seria processado novamente por aquela falsa acusação de assassinato e que seria seguro voltarmos ao Novo México e assumir a vida no rancho Casey — que ele vinha alugando para agricultores todos aqueles anos.

As galinhas tinham desaparecido no tornado, mas ainda tínhamos a maioria dos pavões, os seis pares de cavalos, as éguas e as vacas reprodutoras e algumas das relíquias de família que mamãe tanto prezava, como a cabeceira de nogueira que tínhamos resgatado da casa escavada. Colocamos tudo em duas carroças. Papai pegou as rédeas de uma, com mamãe e Helen a seu lado. Apache e Lupe estavam na outra. Buster e eu seguimos a cavalo com o restante da manada puxada com o auxílio de uma corda.

Na porteira, parei e olhei para trás, na direção do rancho. O moinho ainda estava caído em cima da casa destruída, e o terreno estava cheio de galhos espalhados por todos os lados. Papai vivia falando sobre os caras do Leste que vinham para o oeste do Texas, mas que não eram durões o bastante para aguentar o tranco, e, agora, também estávamos jogando a toalha. Às vezes, não importava quanta garra você tinha, mas as cartas que trazia na mão.

A vida foi dura no oeste do Texas, mas aquela terra baixa e amarela era todo o meu mundo, e eu o amava. Mamãe dizia, como sempre, que era a vontade de Deus e, dessa vez, aceitei. Deus nos salvara, mas também tirara nossa casa. Não sabia se era em pagamento por nos ter salvado, ou um castigo por não merecermos ser salvos. Talvez Ele só estivesse nos dando um chute no traseiro, como quem diz: "Está na hora de seguir em frente."

II

A ESCADARIA MILAGROSA

Lily Casey, aos 13 anos,
no Irmãs de Loretto

VIAJAMOS TRÊS DIAS PARA chegar ao rancho Casey, o qual papai, com o seu amor pela ortografia fonética, queria porque queria que rebatizássemos oficialmente de rancho Keici. Ficava no meio do vale Hondo, ao sul das montanhas Capitan, e a paisagem era tão verde que, na primeira vez que a vi, quase não consegui acreditar em meus olhos. O rancho era mais uma fazenda, com campos de alfafa, fileiras de pés de tomate e pomares de pessegueiros e nogueiras-pecã plantadas havia cem anos pelos espanhóis. As nogueiras-pecã eram tão grandes que, quando Helen, Buster e eu nos dávamos as mãos ao redor delas, não conseguíamos completar a volta.

A casa, que o pai de papai tinha comprado de um francês assim que mudara para a região, era feita de adobe e pedra. Havia dois quartos do lado de dentro — assim os adultos e as crianças não tinham de dormir no mesmo aposento — e uma cabana de madeira do lado de fora para Lupe; Apache se instalou numa das baias do celeiro. Eu nem acreditava que viveríamos com tanta grandiosidade. As paredes tinham a espessura do comprimento do braço de papai.

— Nenhum tornado vai derrubar essa aí — disse ele.

No dia seguinte, enquanto desfazíamos as malas, papai gritou para que fôssemos todos ao quintal. Nunca tinha visto papai tão empolgado.

Corremos porta afora, e ele estava parado do lado de fora, apontando para o céu. Lá, flutuando no ar sobre o horizonte, estava uma cidade de cabeça para baixo. Dava para ver as lojas baixas, a igreja de adobe, os cavalos amarrados aos postes e as pessoas caminhando pelas ruas.

Ficamos todos boquiabertos, e Lupe fez o sinal da cruz. Não era um milagre, disse papai, era uma miragem: uma miragem de Tinnie, a cidadezinha que ficava a dez quilômetros de distância. Para mim, parecia mais um milagre mesmo. Era imenso e ocupava um pedaço enorme do céu. Fiquei hipnotizada olhando para aquelas pessoas de cabeça para baixo silenciosamente andando por aquelas ruas de ponta-cabeça.

Permanecemos olhando para a miragem por um tempão, e aí ela foi ficando embaçada e foi sumindo até, finalmente, desaparecer. Já tínhamos visto miragens antes, manchas azuis no chão que se assemelhavam, por incrível que possa parecer, a poças d'água nos dias mais secos. Papai dizia que essas eram as miragens do chão, e o que parecia ser água no chão era, na verdade, o céu. Esta era uma miragem celeste, disse ele, que se cria quando o ar mais perto do chão estava mais fresco do que o ar acima dele.

Apesar de ser geralmente boa em ciências, não conseguia entender o que papai estava dizendo. Ele fez um desenho no chão para mim, mostrando como a luz era refratada pelo ar fresco, que a envergava ao longo da curva da superfície da terra.

A ideia da luz, de alguma forma, vergando não fazia nenhum sentido, até que papai lembrou-me de que, quando se levantava um copo com água, os dedos do outro lado do copo pareciam ter sido cortados e deslocados. Isso acontecia porque a água deixava a luz curva, e o ar frio fazia a mesma coisa.

De repente, o que papai disse passou a fazer sentido, e saber disso me deixou profundamente emocionada.

Papai, que estava me observando, falou:

— Eureca!

E começou a me contar sobre esse sujeito grego e antigo chamado Arquimedes, que correu pelado pelas ruas gritando "Eureca!", depois que descobriu um jeito de calcular o volume, durante um banho de banheira.

Eu entendia por que Arquimedes ficara tão animado. Não há nada melhor no mundo do que a sensação que se vivencia quando dá um estalo e de repente se entende alguma coisa antes não compreendida. Isso faz pensar que é possível ter uma parte ativa nesse mundão velho de guerra, afinal de contas.

Papai adorava a ideia de ser proprietário de terras, mas não as dores de cabeça que isso dava. Em vez das terras que tínhamos no Texas, cujos limites cercados podíamos ver ao nosso redor, agora, havia campos a serem arados, semeados e limpos; pêssegos a serem colhidos; estrume a ser espalhado; melancias a serem levadas até o mercado; migrantes a serem contratados e alimentados. Por causa da perna manca, algumas das tarefas — como podar pessegueiros de cima de uma escada — estavam além das capacidades físicas de papai. E a dificuldade da fala complicava a compreensão por parte dos colonos; por isso, embora só tivesse 11 anos, assumi as contratações e a supervisão geral.

Além disso, papai nunca foi o homem mais prático do mundo, e, no Novo México, começou a se envolver com toda espécie de projetos que não tinham qualquer relação com a administração de uma fazenda. Ainda treinávamos cavalos, e papai ainda escrevia aos políticos e aos jornais, reclamando da modernização. Porém, agora, passava horas fazendo duas cópias de todas as cartas que escrevia, arquivando uma em seu gabinete e guardando a outra no celeiro, para o caso de a casa pegar fogo.

Ao mesmo tempo, trabalhava num livro que defendia a causa da ortografia fonética. Colocou o título de *Pexe fora dágua*. Papai também começou uma biografia de Billy the Kid, que tinha feito uma parada no rancho Casey quando papai era adolescente e pediu que trocassem seu cavalo cansado por um descansado. Papai sempre dizia:

— Sujeito danado de bem-educado. E andava bem a cavalo.

No final das contas, Kid estava fugindo, como papai veio a descobrir uma hora depois, quando uma patrulha também parou no rancho e pediu por cavalos descansados. Papai, que era fã inconfesso do Kid, entregou uns pangarés aos agentes da guarda. Agora, no Novo México, ele tinha ficado tão obcecado pelo Kid que pendurou um daguerreótipo dele na parede. Mamãe detestava aquele homem, a quem chamava de "lixo de meia-tigela", porque tinha matado um sujeito que era noivo de uma prima dela, e por isso mamãe pendurou o retrato do sujeito ao lado do de Kid.

Mas papai achava que o noivo da prima provavelmente merecia morrer. E disse que aquele homem nunca atirara em ninguém que não precisasse levar um tiro. Achava que o Kid era um bom rapaz americano, com sangue irlandês, que fora transformado em vilão pelos barões do gado por ter ficado do lado dos mexicanos. E dizia:

— A história é escrita pelos vencedores. Quando os bandidos vencem, temos uma história bandida.

Sua biografia faria justiça ao Kid, o que provava que papai, apesar de sua dificuldade de fala, era melhor com as palavras do que qualquer um que zombasse dele; e ela nos traria mais dinheiro do que ganharíamos com pêssegos, pecãs, tomates e melancias.

— As histórias de faroeste vendem que nem pão quente — dizia ele sempre — e, além disso, um escritor não paga imposto fundiário e nunca precisa se preocupar com o tempo que está fazendo.

NAQUELE OUTONO, COMPLETEI 12 anos, e Buster foi para a escola — mesmo sendo dois anos mais novo que eu. Mamãe disse que uma boa educação era importante para sua carreira, para que se tornasse o que quer que desejasse. Ele foi matriculado numa escola jesuíta grã-fina, perto de Albuquerque. Mas meus pais me prometeram que, quando eu completasse 13, poderia ir para a Academia das Irmãs de Loretto de Nossa Senhora da Luz, em Santa Fé.

Fazia anos que tinha vontade de ir a uma escola de verdade, e, finalmente, chegou o dia em que papai atrelou a carroça e começamos a nossa jornada de 320 quilômetros, passando a noite enrolados em cobertas, ao relento. Papai estava quase tão animado quanto eu por causa da escola, e, vendo que eu não tinha passado muito tempo com outras meninas da minha idade no rancho, ele me deu uns conselhos sobre como me relacionar bem.

Disse que eu tinha uma tendência a ser meio mandona, já que estava acostumada a mandar em Helen e Buster, e na Lupe, e nos colonos. Mas, na escola, haveria meninas muito maiores e mais velhas, que mandariam em mim, para não falar nas freiras, e que, em vez de brigar, eu teria de aprender a lidar com elas. A melhor maneira de fazer isso era descobrir qual era o interesse delas — porque as pessoas sempre queriam alguma coisa — e, então, fazê-las pensar que você podia ajudá-las a conseguir o que queriam. Papai admitiu que não era o melhor exemplo do que estava pregando, mas, se eu arranjasse uma maneira de aplicar aquilo à minha vida, iria muito mais longe.

Santa Fé era um lugar lindo e antigo — papai ressaltou que os espanhóis haviam chegado lá antes até mesmo dos primeiros *Poms* alcançarem a Virgínia — com prédios baixos, feitos de adobe, e ruas empoeiradas orladas de carvalhos espanhóis. A escola ficava bem no meio da cidade: dois prédios góticos de quatro andares e cruzes no topo da fachada, e uma capela com uma galeria superior à qual se chegava por meio do que era conhecido como a Escadaria Milagrosa.

Madre Albertina, a madre superiora, mostrou-nos as instalações. Explicou que a Escadaria Milagrosa tinha 33 degraus — idade de Jesus quando morreu — e que subia em duas espirais completas, sem qualquer dos artifícios habituais de sustentação — como um eixo central. Ninguém conhecia a madeira de que era feita ou o nome do carpinteiro misterioso que apareceu para construir a escadaria depois que o construtor original dos prédios se esqueceu de incluir uma e que as freiras rezaram pela intervenção divina.

— Então, a senhora está dizendo que foi um milagre? — perguntou papai.

Comecei a explicar o que papai estava dizendo, mas, de alguma forma, madre Albertina o entendeu perfeitamente.

— Acredito que tudo é um milagre — respondeu ela.

Gostei da maneira como madre Albertina disse aquilo, e, desde o princípio, gostei, também, dela. Madre Albertina era alta e enrugada, tinha pele morena e sobrancelhas negras que formavam um traço único acima dos olhos. Parecia estar sempre calma, apesar de sempre ocupadíssima, verificando os dormitórios à noite, inspecionando nossas unhas, caminhando com um passo apressado pelas alas, os hábitos longos e negros, e os véus debruados de branco balançando ao vento. Tratava todas as alunas — ela nos chamava de "minhas meninas" — da mesma maneira, quer fôssemos ricas ou pobres, de origem anglo-saxônica ou mexicana, inteligentes ou desprovidas de qualquer talento. Era firme sem ser rígida, nunca levantava a voz nem ficava destemperada, e, mesmo assim, nenhuma de nós sequer cogitava desobedecê-la. Teria sido uma ótima cavalariça, mas esse não era o seu Propósito.

Eu também gostava da academia. Muitas das meninas ficavam pelos cantos, tristonhas, com saudades de casa, assim que chegavam, mas eu não. Nunca experimentara uma vida tão boa, mesmo levantando antes do amanhecer, lavando o rosto com água gelada, indo à capela e às aulas, comendo papa de milho, aprendendo piano e cantando, cerzindo os uniformes, varrendo os dormitórios, lavando a louça e os vasos sanitários, e indo, de novo, à capela, antes de deitar. Como não havia nenhuma tarefa com animais de criação, a vida na academia era como férias prolongadas.

Ganhei uma medalha de ouro por minhas notas altas em matemática e outra por meus resultados escolares globais. Também lia todos os livros em que conseguia colocar as mãos, ensinava as meninas que tinham dificuldades e até ajudava algumas irmãs a darem notas nas redações e a fazerem seus planos de aula. A maioria das outras meninas vinha de ranchos de famílias ricas. Enquanto eu estava acostumada a berrar como uma treinadora de cavalos, elas tinham vozes macias, falavam baixinho, tinham maneiras refinadas e jogos de malas que combinavam. Uma das meninas reclamou do uniforme cinza que tínhamos de usar, mas eu gostava da forma como ele eliminava as diferenças entre as que podiam comprar roupas caras, de loja, e as outras, como eu, que só tinham vestidos tingidos em casa, de marrom. Mas consegui fazer amigas, tentando seguir os conselhos de papai, ao descobrir o que as pessoas queriam e ajudando-as a conseguir. Isso era difícil quando via alguém fazendo uma coisa errada e precisava resistir à tentação de me meter. Sobretudo se essa pessoa estivesse agindo com leviandade.

Quando estávamos mais ou menos no meio do ano, madre Albertina me chamou a seu gabinete para uma conversa. Ela disse que eu estava indo bem na Irmãs de Loretto.

— Muitos pais enviam suas filhas aqui para dar um acabamento — continuou ela —, para que se tornem mais casáveis. Mas você não precisa casar, sabe?

Nunca tinha pensado muito no assunto até então. Meus pais falavam nisso como se fosse uma questão decidida: Helen e eu íamos nos casar, e Buster herdaria a propriedade — embora eu tivesse que admitir que nunca encontrara um rapaz de quem realmente gostasse, ainda mais um que me fizesse pensar em casamento. Por outro lado, mulheres que não se casavam tornavam-se solteironas, velhas solitárias que viviam em sótãos, sentavam-se pelos cantos, descascavam batatas o dia inteiro e eram um peso para suas famílias, como nossa vizinha Louella, irmã do Velho Pucket.

Eu não era jovem demais para começar a pensar em meu futuro, continuou madre Albertina. O momento de decisão estava chegando, e muito rapidamente. Algumas meninas apenas um ou dois anos mais velhas que eu se casavam, disse ela, enquanto outras começavam a trabalhar. Até mulheres que se casavam deveriam ser capazes de fazer alguma coisa, já que os homens tinham esse hábito de morrer de repente e deixá-las na mão ou, de tempos em tempos, de dar no pé.

Nos dias de hoje, continuou a madre, só há três carreiras realmente disponíveis. Uma mulher pode ser enfermeira, secretária ou professora.

— Ou freira — falei.

— Ou freira — disse ela com um sorriso. — Mas você precisa ter vocação. Você acha que tem vocação?

Tive de admitir que não tinha certeza.

— Você tem tempo para pensar no assunto. Porém, freira ou não, acho que seria uma ótima professora. Você tem uma personalidade forte. As mulheres com personalidade forte que conheço, as que poderiam ter se tornado generais ou chefes de empresas se fossem homens, são professoras.

— Como a senhora — falei.

— Como eu. — Ela fez uma pausa rápida. — O ensino também é uma vocação. E sempre acreditei que os professores são, à sua maneira, sagrados. São anjos que guiam seus rebanhos para fora da escuridão.

Nos meses seguintes, pensei no que madre Albertina tinha falado. Não queria ser enfermeira; não porque ficasse incomodada ao ver sangue, mas porque gente doente me irritava. Não queria ser secretária porque teria que estar sempre à disposição do chefe; e se eu fosse mais inteligente do que ele? Era como ser escravo sem a segurança da condição.

Mas ser professora era totalmente diferente. Adorava os livros. Adorava aprender. Adorava aquele momento "Eureca!", quando alguém finalmente entendia uma coisa. E, na sala de aula, a gente era o próprio chefe. Talvez ensinar fosse o meu Propósito.

Ainda estava me acostumando a essa ideia — e, na verdade, achando-a incrivelmente atraente — quando uma das freiras me disse que madre Albertina queria me ver novamente.

Madre Albertina estava em seu gabinete, sentada atrás da mesa. Estava com uma expressão solene, que eu nunca tinha visto antes e que me deixou com uma sensação desconfortável.

— Tenho notícias desagradáveis — disse ela.

Papai tinha pagado a primeira metade da anuidade no início do ano, mas, quando a escola cobrou o restante, ele escreveu respondendo que, devido a uma alteração na conjuntura, estava impossibilitado de reunir o montante necessário, naquele exato momento.

— Infelizmente você terá que voltar para casa — disse madre Albertina.

— Mas gosto daqui. Não quero voltar para casa.

— Sei que não quer, mas a decisão já foi tomada.

Madre Albertina disse que tinha orado pela situação e conversado com o conselho administrativo. A posição deles foi a de que a escola não era uma instituição de caridade. Se os pais concordavam em pagar as anuidades, como papai fizera, a escola contava com o dinheiro para cobrir as despesas, fornecer bolsas de estudos e apoiar as missões da ordem nas reservas indígenas.

— Eu poderia trabalhar para pagar — falei.

— Quando? A que horas do dia?

— Eu encontro tempo.

— O seu dia já está totalmente tomado. Aqui nós cuidamos para que seja assim.

Madre Albertina disse que havia outra opção. Poderia entrar para o convento. Se entrasse para a ordem das Irmãs de São Loretto, a igreja arcaria com as minhas despesas escolares. Mas isso significaria ir para o noviciato durante seis meses na Califórnia, e, então, morar no convento, e não mais no dormitório. Significaria casar com o Senhor Jesus e submeter-me completamente à disciplina da ordem.

— Você teve a oportunidade de refletir se tem ou não vocação religiosa? — perguntou madre Albertina.

Não respondi nada de imediato. A verdade era que a ideia de ser freira não chegava a me arrebatar de entusiasmo. Sabia que tinha uma dívida e tanto com Deus por ter poupado nossa vida no tornado, mas achava que deveria haver outra maneira de pagar minha dívida.

— Posso pensar sobre isso essa noite? — pedi.

— *Será* que eu poderia pensar sobre isso... — corrigiu ela, e acrescentou: — Sempre digo para as meninas que, a menos que se tenha certeza, provavelmente não é uma boa ideia.

Por mais que quisesse ficar na escola, não precisava realmente de uma noite inteira de contemplação para saber que minha vocação não era ser freira. Não era só pelo fato de que não se viam muitas freiras montadas em cavalo. Sabia que não tinha recebido o chamado de Deus. Não tinha aquela serenidade que as freiras tinham, ou deveriam ter. Eu era um espírito por demais irrequieto. E não gostava de receber ordens de ninguém, nem do papa.

Papai me desapontou muitíssimo. Não só falhara em seu comprometimento de pagar minha educação, como não tinha coragem de encarar as freiras, porque, em vez de vir me pegar, mandou um telegrama dizendo para que eu pegasse a diligência de volta para casa.

Eu estava sentada na sala comum, vestindo meu vestido marrom tingido em casa, com a valise em pé, ao meu lado, quando madre Albertina veio para me levar à estação. No instante em que a vi, meu lábio começou a tremer e meus olhos encheram-se de lágrimas.

— Ora, ora, não comece a sentir pena de si mesma — disse madre Albertina. — Você tem mais sorte do que a maioria das meninas daqui. Deus te deu meios para lidar com contratempos como este.

Enquanto caminhávamos pela rua poeirenta que levava até a estação, só conseguia pensar que minha única tentativa de me formar tinha fracassado e que estava voltando para o rancho Casey, onde passaria o resto de minha vida cuidando de tarefas domésticas. Papai escreveria a biografia estapafúrdia de Billy the Kid, e mamãe ficaria recostada na sua *chaise longue*, se abanando. Madre Albertina parecia saber o que eu estava pensando. Antes de meu embarque, ela pegou minha mão e disse:

— Quando Deus fecha uma janela, abre uma porta. Cabe a você encontrá-la.

Quando a diligência chegou a Tinnie, papai estava sentado na carroça, na frente do hotel, com quatro cachorros imensos na traseira. No momento em que saltei, ele sorriu e acenou. O cocheiro jogou minha mala do teto, e coloquei-a na carroça. Papai tinha descido e tentou me abraçar, mas eu o afastei.

— O que você achou desses garotões? — perguntou.

Os cães eram negros, de pelagem lustrosa, e estavam parados e altivos, olhando os passantes como se fossem os senhores do castelo, embora também babassem um líquido gosmento. Eram os maiores cães que eu já tinha visto, e, por isso, quase não havia lugar atrás para a minha mala.

— O que aconteceu com o dinheiro da anuidade? — perguntei ao papai.

— Você está olhando para ele.

Ele começou a explicar que tinha comprado os cachorros de um criador na Suécia, que os enviou de navio ao Novo México. Não eram cães quaisquer, continuou, eram dogues alemães, cães da nobreza. Historicamente, os dogues alemães eram propriedades dos reis e usados na caça de javalis. Práticos e reputados, segundo papai. Não havia nada igual. E, acredite ou não, ninguém a oeste do Mississipi tinha um. Ele verificara. Esses quatro, continuou, tinham custado oitocentos dólares, mas, assim que vendesse os filhotes, o dinheiro seria recuperado, e, daí em diante, seria lucro na certa.

— Então, o senhor pegou o dinheiro da minha escola e comprou cachorros?

— Veja lá como fala — disse ele. E, depois de uns instantes, acrescentou: — Você não precisava ir à escola para ter acabamento. Era um desperdício de dinheiro. Posso ensinar o que você precisa saber, e sua mãe pode dar o verniz.

— Vocês tiraram Buster da escola também?

— Não, ele é menino e precisa de um diploma se quiser chegar a algum lugar.

Papai empurrou os cães para o lado e encontrou um lugar para minha valise.

— E, de qualquer maneira, precisamos de você no rancho.

No caminho de volta para o rancho, papai falou mais que eu, insistindo nas grandes personalidades que os cachorros tinham e em como as pessoas já estavam fazendo perguntas sobre eles. Fiquei lá, sentada, ignorando a tagarelice do papai sobre seus projetos lunáticos e pensando se a compra daqueles cachorros tinha simplesmente servido de desculpa para parar de pagar a anuidade e me fazer voltar para casa. Também fiquei matutando onde raios estaria a tal da porta de que madre Albertina tinha falado.

O rancho caíra num estado de relativo abandono durante os meses em que estive fora. Pedaços da cerca estavam soltos em alguns pontos, o galinheiro estava sujo e grãos de bordo se espalhavam pelo chão do celeiro, precisando ser varridos.

Para ajudar no rancho, papai trouxera um meeiro chamado Zachary Clemens, com sua mulher e filha, que estavam morando numa casa na extremidade da propriedade. Mamãe achava que estavam abaixo de nós porque eram muito pobres; tão pobres que, assim que chegaram, e papai lhes deu uma melancia, depois de comerem as fatias, separaram as sementes para plantar e, em seguida, fizeram uma conserva com a casca.

Mas eu gostava dos Clemens, sobretudo da filha, Dorothy, que sabia arregaçar as mangas e resolver as coisas. Ela era uma jovem de grande ossatura, curvas amplas, bonita, apesar da verruga no queixo. Dorothy sabia esfolar vacas, montar armadilhas para coelhos e arar a horta que os Clemens tinham separado com uma cerca.

Mas ela passava a maior parte do tempo com o grande caldeirão que ficava pendurado sobre a fogueira armada na frente da cabana, cozinhando ensopados, fazendo sabão e lavando e tingindo a roupa de alguns moradores de Tinnie.

Papai deixava os dogues alemães correrem soltos. Um dia, poucas semanas depois de eu ter voltado para casa, Dorothy Clemens bateu à porta da frente para contar ao papai que, ao catar nozes-pecãs perto do limite com o rancho vizinho, do Velho Pucket, dera com os quatro cachorros mortos a tiros. Papai correu furioso até o celeiro, atrelou a carroça e foi brigar com o Velho Pucket.

Ficamos preocupadas com o que aconteceria, mas falar sobre medos só assusta mais, então, ninguém disse nada. Para mantermos as mãos ocupadas, Dorothy e eu nos sentamos sobre a cerca do curral descascando nozes-pecãs até papai voltar. Ele normalmente evitava forçar os cavalos, mas tinha cansado tanto aquele ali que as laterais do corpo estavam arfando e seu peito, espumando.

Papai contou que o Velho Pucket admitiu, sem culpa, ter matado os dogues alemães, alegando que estavam em sua propriedade, correndo atrás de seu gado, e que ele teve medo de que matassem algum de seus animais. Papai xingava e não parava de dizer que iria matá-lo. Correu para dentro de casa e, então, voltou carregando uma pistola e pulando em seguida na carroça.

Dorothy e eu saímos correndo atrás dele. Agarrei as rédeas, enquanto papai continuava tentando puxá-las. As rédeas oscilavam para cima e para baixo sobre o lombo do cavalo. Isso assustou o animal, que começou a sair em disparada, mas Dorothy pulou para o assento e, sendo uma mulher fisicamente forte, puxou o freio e arrancou a arma do papai.

— O senhor não pode sair matando as pessoas por causa de cachorros. É assim que começam as vinganças de família — disse ela.

Quando a família de Dorothy morava no Arkansas, continuou ela, seu irmão matou um homem, em legítima defesa, quando estourou uma briga durante uma partida de jogo de ferradura. Depois, ele foi morto pelo primo do tal homem. Esse primo, com medo de que o pai de Dorothy quisesse vingar a morte do filho, veio atrás dele. Eles tiveram de deixar tudo para trás e fugir para o Novo México.

— Meu irmão tá morto, e a gente ficou com uma mão na frente e outra atrás, por causa duma briga cretina, por causa duma porcaria dum jogo de ferradura que degringolou.

Pensei em como Lupe tinha interferido quando papai teve a desavença com o funileiro e em como ninguém de cabeça fria tentara acalmar o sujeito que matou o pai do papai quando ele foi morto numa briga por oito dólares. Então, lembrei isso ao papai.

Ele acabou se acalmando, mas continuou matutando sobre o assunto e, no dia seguinte, foi até a cidade para entrar com um processo contra o Velho Pucket. Ele se preparou de maneira obsessiva para a audiência, detalhando suas reclamações, pesquisando casos legais, anotando testemunhos de veterinários sobre o valor dos dogues alemães e escrevendo aos políticos com os quais se correspondia havia anos, para ver se poderiam interceder no julgamento. Ele me designou como sua porta-voz na audiência, me fez ensaiar a fala e praticar a arguição de Dorothy, que seria testemunha e falaria de sua descoberta dos cães mortos.

No dia do julgamento, todos levantamos cedo e, depois do café da manhã, nos amontoamos na carroça. Quando o juiz itinerante chegou à cidade, abriu a sessão no saguão do hotel, sentado numa cadeira com recosto alto, atrás de uma pequena escrivaninha. Os vários queixosos e réus estavam recostados contra a parede, aguardando a vez.

O juiz era um homenzinho magricelo, que usava uma gravata caubói e um paletó com gola de veludo. Tinha um olhar alerta, sob espessas sobrancelhas — o que dava a impressão de que não tolerava gente boba. O oficial de justiça chamava cada caso, o juiz ouvia os dois lados e tomava sua decisão imediatamente, sem aceitar discussões.

O Velho Pucket e dois de seus filhos estavam lá. Era um sujeito baixinho e parrudo, a pele da cor de carne de sol e unhas compridas porque as usava para abrir coisas. Como indicação de que tinha se vestido bem para a ocasião, abotoou o último botão da camisa surrada.

Finalmente, chamaram nosso caso, e eu estava meio nervosa quando me levantei para fazer a apresentação que papai tinha elaborado.

— A história do dogue alemão é repleta de orgulho e grandes feitos — comecei, mas o juiz me interrompeu.

— Não preciso de nenhuma droga de aula de história — disse ele. — Só me diga por que vocês estão aqui.

Expliquei como papai tinha importado os cachorros da Suécia, com a intenção de criar filhotes como forma de investimento, mas que tinham sido encontrados mortos em meio às nogueiras-pecãs, perto do limite de nossas terras com as dos Pucket.

— Gostaria de chamar minha primeira testemunha — falei, mas o juiz me cortou novamente.

— O senhor atirou nos cachorros? — perguntou ele ao Velho Pucket.

— Atirei sim, senhor.

— Por quê?

— Eles tavam na minha propriedade, correndo atrás do meu gado, e, de longe, pensei que fossem lobos.

Papai começou a dizer alguma coisa, mas o juiz mandou que se calasse.

— Não estou conseguindo entender o que o senhor está dizendo, e, de qualquer maneira, não faz a menor diferença. O senhor não tem nada que criar cachorros maiores que lobos em terra de criação de gado.

Virando-se para o Velho Pucket, o juiz falou:

— Mas aqueles eram animais valiosos, e ele merece uma compensação pela perda. Se o senhor estiver com pouco dinheiro vivo, pode ser em animais — cavalos ou bois — e a coisa fica resolvida.

Fim de papo.

Poucos dias depois do julgamento, o Velho Pucket apareceu no rancho com uma fila indiana de cavalos. Papai, que ainda estava zangado, recusou-se a sair de casa. Então, fui receber o Velho Pucket, que estava instalando os cavalos no curral.

— Exatamente como o juiz mandou, senhorita — disse ele.

Até mesmo antes de ele ter atirado nos cachorros, já tínhamos tido nossas diferenças. Como a maioria das pessoas no rio Hondo, ele fazia o que podia para se virar, e, se isso significava invadir as terras dos outros ou desviar um córrego para dentro de sua propriedade, estava pronto para fazê-lo. Papai dizia que aquele homem era um fazendeiro de araque, mas eu pensava nele como um batalhador que entendia que, às vezes, em vez de pedir permissão, era melhor fazer o que tinha de ser feito, com garra, e pedir desculpas depois — se e quando as coisas chegassem a esse estágio.

— Pagamento recebido — falei, apertando sua mão.

Diferentemente do papai, eu não via o menor sentido em sustentar desavenças com os vizinhos. Nunca se sabe quando podemos precisar da ajuda de alguém.

O Velho Pucket me entregou uma fatura com o que afirmava serem os valores de cada cavalo e fez um cumprimento com o chapéu.

— Você daria uma advogada danada de boa — falou ele.

Depois que o Velho Pucket partiu, papai saiu de casa e veio dar uma olhada nos cavalos. Quando lhe entreguei a fatura, ele riu com escárnio.

— Nenhum desses pangarés vale vinte dólares — disse ele.

Era verdade. As avaliações do Velho Pucket estavam incrivelmente inflacionadas. Havia um total de oito cavalos, pequenos mustangues parrudos e resistentes — do tipo que os caubóis laçavam, ainda indomados, e que precisavam montar por um dia ou dois até que aceitassem, mal e porcamente, o uso da sela. Imaginei que fora isso que os filhos do Velho Pucket tinham feito com aqueles cavalos. Nenhum dos machos era castrado. Não tinham sido ferrados, os cascos estavam lascados, precisando urgentemente de aparos, e as crinas e os rabos estavam infestados de carrapicho. Também estavam assustados, olhando-nos com nervosismo, nitidamente preocupados com o horrendo fim que aqueles seres humanos lhes reservavam.

O problema com cavalos semixucros, como esses, era que ninguém se dava ao trabalho de treiná-los. Caubóis que conseguiam montar em qualquer coisa os pegavam e montavam, impondo-se pelo medo, usando as esporas e manobrando as rédeas com força excessiva, orgulhando-se de permanecerem sobre eles por mais que os cavalos saltassem ou rabeassem. Quando não amansados apropriadamente, eram sempre assustados e detestavam os seres humanos. Muitas das vezes, os vaqueiros os soltavam depois que o trabalho de reunir o gado terminava, mas, a essa altura, eles já tinham perdido alguns dos instintos que os faziam sobreviver no deserto. Mas eram inteligentes, tinham muita garra e, se amansados direito, seriam ótimos cavalos.

Um deles, sobretudo, chamou minha atenção: a égua. Sempre gostei das éguas. Não eram tão desatinadas quanto os garanhões, mas tinham mais fogo do que o típico cavalo castrado. Essa era pinto, nem maior nem menor que os demais, mas parecia menos amedrontada e me olhava intensamente, como se tentasse adivinhar minhas intenções. Cortei a corda que a amarrava aos demais, laceei-a e caminhei lentamente até ela, seguindo a regra do papai para quando se está perto de um cavalo desconhecido: manter os olhos fixos no chão para que ele não pense que você é um predador.

Ela ficou parada, e, quando cheguei bem perto, sempre me movendo lentamente, levantei a mão até a lateral de sua cabeça e cocei atrás da orelha. Então, desci a mão pela lateral do rosto. Ela não recuou, como a maioria dos cavalos teria feito, e, nessa hora, soube que ela era especial — não a maior beldade do mundo, já que era malhada de branco, marrom e preto, mas dava para ver que usava o cérebro, não reagindo cegamente, e, em se tratando de cavalos, sem pestanejar, eu preferia a inteligência à aparência.

— Ela é sua, cara advogada — disse papai. — Que nome vai dar a ela?

Olhei para a égua. Na maioria das vezes, no rancho, gostávamos de nomes simples. Ao gado, nunca púnhamos nomes, já que não fazia sentido dar um nome a algo que você ia comer ou mandar para o matadouro. Quanto aos outros animais, se um gato tivesse patas brancas, era chamado de Meias; se um cachorro fosse vermelho, virava Vermelho; se um cavalo tivesse uma listra branca no focinho, nós o chamávamos de Listra.

— Vou chamar de Malhada — respondi.

À noite, mamãe me contou:

— Queria que você terminasse sua instrução. Foi seu pai quem quis comprar aqueles cachorros, e agora, só nos restaram esses pôneis inúteis.

Estava me esforçando para não ver as coisas daquela maneira. O dinheiro tinha acabado, as Irmãs de Loretto faziam parte do passado, mas ainda me restava alguma coisa e tinha de tirar o melhor proveito possível.

No dia seguinte, castramos os novos machos. Afinal, para que viessem a valer alguma coisa, teriam que ser transformados em cavalos de lida. Foi um servicinho chato: eu, Dorothy, Zachary e sua esposa, Ellie — que não era tão grande quanto a filha, mas era tão durona quanto —, cada qual segurando uma corda amarrada a uma pata do cavalo, depois de tomado, derrubado no chão e deitado de barriga para cima. Apache atava as patas traseiras do cavalo ao ventre, e aí papai cobria a cabeça com um saco de juta, mantendo-a abaixada enquanto Apache se ajoelhava atrás da traseira do animal, trabalhando inicialmente com um cutelo, e, depois, com uma faca, sangue jorrando por toda a parte, o cavalo relinchando desesperadamente, ao mesmo tempo que peidava, dava coices e contorcia as costas.

Mas acaba rapidamente. Quanto soltamos o primeiro cavalo, ele levantou e deu uns passos trôpegos, a esmo. Levei-o para fora do curral e, depois de alguns instantes, ele suspirou e enfiou a cabeça em meio ao capim alto, pastando, como se nada de importante tivesse acontecido.

— Nem sente falta deles — falou Zachary.

— A gente também devia fazer isso com o Velho Pucket — disse papai.

E todos riram.

Tomei para mim a tarefa de amansar a Malhada corretamente. Aquela era uma égua inteligente, e, em pouco tempo, tinha aceitado inteiramente o cabresto e movimentava a pata ao menor toque de minha espora. Depois de alguns meses assim, ela começou até a separar o gado. No outono, já era ótima para tocar o gado e estava pronta para juntar o rebanho. Falei para meus pais que queria trabalhar uma temporada no grande rancho Franklin, do outro lado do vale, mas eles disseram que nem queriam ouvir falar no assunto, e nem os Franklin queriam. Então, comecei a treinar a Malhada em pequenas corridas de cavalo amadoras e, de vez em quando, até voltávamos com prêmio.

No verão seguinte, Buster, que completara o ginásio, voltou para casa. Meus pais conversaram sobre ele ir para o curso científico um dia, quando tivessem dinheiro, mas o ginásio era tudo o que muita gente achava que era preciso lá no Oeste — era mais do que a maioria tinha, e Buster não estava interessado em continuar os estudos. Sabia matemática, leitura e redação o suficiente para administrar um rancho, e não via vantagem em aprender mais coisas além disso. Entupiria a cabeça, na sua opinião.

Pouco tempo depois da volta de Buster, percebi logo que ele e Dorothy estavam se gostando. Sob alguns aspectos, era um casal estranho, já que ela era alguns anos mais velha, e ele tinha só uma pelugem rala no queixo. Mamãe ficou horrorizada quando ficou sabendo, mas achei que Buster tinha sorte. Sempre fora meio desanimado, e, se quisesse administrar o rancho com algum sucesso, precisaria de alguém com determinação e que trabalhasse duro a seu lado, como Dorothy.

Certo dia, em julho, fui com Malhada até Tinnie para comprar mantimentos e pegar a correspondência. Para minha surpresa, havia uma carta endereçada a mim — a única que recebera na vida. Era da madre Albertina; sentei-me ali mesmo, nos degraus do armazém geral, para ler.

Ela escreveu que continuava pensando em mim e ainda acreditava que eu seria uma excelente professora. Na verdade, achava que eu já sabia o suficiente para trabalhar como professora, e esse era o motivo de sua carta. Devido à guerra que tinha estourado na Europa, havia uma falta de professores, sobretudo nas partes mais remotas do país. Se eu conseguisse passar na prova que o governo estava realizando em Santa Fé — não era uma prova fácil, ela avisou, a matemática era particularmente difícil —, provavelmente conseguiria um emprego, mesmo sem diploma e com apenas 15 anos.

Fiquei tão animada que tive de resistir à vontade de voltar galopando ao rancho. Mantive Malhada num trote regular e, enquanto cavalgava, fiquei pensando que esta era a porta de que madre Albertina tinha me falado.

Meus pais não gostaram nem um pouco da ideia. Mamãe ficou repetindo que eu tinha mais chance de me casar se ficasse lá, no vale, onde era conhecida como a filha de um conceituado proprietário de terras. Sozinha, teria menos a oferecer em termos de nome de família e contatos pessoais. Papai ficou despejando uma razão atrás da outra: eu era jovem demais para ficar por conta própria, era perigoso demais, treinar cavalos era mais divertido do que ensinar o bê-á-bá a crianças analfabetas; por que razão eu iria querer ficar enfurnada em uma sala de aula quando podia ficar ao ar livre?

Finalmente, depois de todas essas objeções, papai me levou para sentar na varanda atrás da casa.

— O fato é que preciso de você — falou.

Eu sabia que ele iria dizer isso.

— Esse nunca vai ser meu rancho; vai ser do Buster, e, com o Buster casando com a Dorothy, o senhor vai ter toda a ajuda de que precisa.

Papai olhou para o horizonte. As extensões de terra que se abriam até ele estavam particularmente verdes por causa das chuvas recentes.

— Pai, mais dia, menos dia, vou ter que cuidar da minha própria vida. Como o senhor vive dizendo, tenho que encontrar meu Propósito.

Papai pensou um pouco.

— É, vai, acho que você pode, pelo menos, ir fazer a droga da prova — disse ele finalmente.

A PROVA FOI MAIS FÁCIL do que tinha imaginado. Basicamente, perguntas sobre definições de palavras, frações e história americana. Poucas semanas mais tarde, estava no rancho quando Buster entrou em casa com uma carta para mim, que tinha apanhado no correio. Papai, mamãe, Helen, estavam todos lá e ficaram me olhando enquanto eu a abria.

Eu tinha passado na prova. Estavam me oferecendo um emprego de professora substituta itinerante no norte do Arizona. Dei um grito de felicidade e comecei a dançar em volta da sala, acenando com a carta e berrando.

— Ai, ai — suspirou mamãe.

Buster e Helen me abraçaram, e, depois, virei-me para o papai.

— Parece que te deram uma boa mão de cartas. Acho melhor ir em frente e jogar com ela — falou ele.

A escola para onde iria ficava em Red Lake, no Arizona, oitocentos quilômetros em direção ao oeste; e a única maneira de chegar lá era montando a Malhada. Resolvi viajar com pouca tralha, levando somente a escova de dentes, uma muda de roupa íntima, um vestido apresentável, um pente, um cantil e minha coberta. Tinha o dinheiro daquelas corridas que vencera e poderia comprar provisões ao longo do caminho, já que a maioria das cidades no Novo México e no Arizona ficava a mais ou menos um dia de viagem umas das outras.

Calculei que a viagem levaria umas quatro semanas se percorresse quarenta quilômetros por dia e, de vez em quando, fizesse uma pausa de um dia para Malhada. O truque da viagem seria manter meu cavalo sadio.

Mamãe estava preocupadíssima com uma menina de 15 anos viajando sozinha pelo deserto, mas eu era grande para minha idade, de ossatura larga, e falei para ela que manteria meu cabelo debaixo do chapéu e minha voz, baixa. Para minha segurança, papai me deu uma pistola de seis tiros, com cabo de madrepérola. Para mim, a viagem parecia um passeio, somente uma versão de oitocentos quilômetros do trajeto de dez até Tinnie. De qualquer maneira, era preciso fazer o que tinha de ser feito.

Malhada e eu partimos com os primeiros raios do dia, certa manhã, no início de agosto. Dorothy veio até nossa casa para fazer bolinhos para o café da manhã e embrulhou alguns em papel encerado, para que eu os levasse. Mamãe, papai, Buster e Helen estavam de pé, e nos sentamos à longa mesa de madeira da cozinha, passando a travessa de bolinhos e o bule de um lado para o outro.

— Será que a gente vai te ver de novo um dia? — perguntou Helen.

— Claro que sim — respondi.

— Quando?

Não tinha pensado nisso antes e me dei conta de que não queria pensar.

— Não sei — falei.

— Ela vai voltar — disse papai. — Vai sentir falta da vida no rancho. Ela tem sangue de cavalo nas veias.

Depois do café da manhã, levei Malhada até o celeiro. Papai me seguiu e, enquanto eu colocava a sela, começou uma avalanche de conselhos, dizendo que eu devia esperar pelo melhor, mas me preparar para o pior, não pedir nem pegar emprestado, manter a cabeça erguida, o nariz limpo e a pólvora seca. Se eu tivesse de atirar, que atirasse direito e tivesse a certeza de ser a primeira. Ele não parava de falar.

— Vou ficar bem, pai — falei. — E o senhor também.

— Claro que vou.

Subi na sela e avancei em direção a casa. O céu estava passando do cinza para o azul, o ar já estava esquentando. Aparentemente seria um daqueles dias empoeirados e escaldantes.

Todos, menos mamãe, estavam de pé, na varanda da frente, mas eu podia vê-la me observando pelos vidros escurecidos da janela do quarto. Acenei para todos e guiei Malhada pela estrada.

III

PROMESSAS

Lily Casey com Malhada

A POEIRENTA ESTRADA QUE SAÍA de Tinnie rumo ao oeste era uma velha trilha indígena aplainada e alargada ao longo dos anos por rodas de carroças e cascos de cavalos. Ela seguia pelo rio Hondo, margeando sopés de colinas aos pés das montanhas Capitan, ao norte da reserva apache de Mescalero. O relevo naquela região do sul do Novo México era um colírio para os olhos. Os cedros eram abundantes. De vez em quando, eu via antílopes parados à beira do rio, ou saltando colina abaixo e, mais raramente, algumas cabeças de gado extraviadas e magricelas andando soltas. Uma ou duas vezes por dia, Malhada e eu passávamos por um caubói solitário sobre um cavalo magro ou por uma carroça lotada de mexicanos. Eu sempre fazia um sinal com a cabeça e dizia algumas palavras, mas mantinha uma certa distância.

No final das manhãs, quando o sol ficava a pino, procurava por um lugar sombreado onde a Malhada pudesse pastar em grama fresca. Eu também precisava descansar para não ficar sonolenta. O passo vagaroso de um cavalo é tão perigoso quanto um galope, pois o ritmo fácil pode fazê-lo cochilar justo no momento em que uma cascavel se mete no seu caminho, e o seu cavalo empina, assustado.

Quando o tempo começava a ficar mais fresco, retomávamos a jornada, até que escurecesse. Fazia uma fogueira com galhos de arbusto, comia carne seca, biscoitos e deitava sobre o cobertor, ouvindo os uivos de coiotes distantes, enquanto Malhada pastava por perto.

Em cada cidadezinha — geralmente, uma pequena coleção de casebres de madeira e cabanas de adobe, um único estabelecimento comercial e uma pequena igreja —, comprava comida para o dia seguinte e conversava com o dono do comércio sobre a estrada à frente. Era pedregosa? Havia maus elementos a evitar? Qual era o melhor lugar para buscar água e acampar?

A maioria dos comerciantes ficava feliz em bancar o especialista, dando conselhos e indicações, desenhando mapas em sacos de papel. Também ficavam contentes por terem com quem conversar. Num lugar particularmente solitário, a loja estava deserta, a não ser pelo dono. As prateleiras tinham algumas poucas latas empoeiradas de pêssegos e frascos de loções hidratantes. Depois de pagar pelo pacote de biscoitos, perguntei ao comerciante:

— Quantos clientes o senhor teve hoje?

— Você é a primeira da semana. Mas ainda estamos na quarta-feira — respondeu o homem.

Cavalguei de Hondo para Lincoln, para Capitan, para Carrizozo, onde a estrada serpenteava, descendo as colinas até a extensão de deserto plana e ressequida conhecida como Malpais. Chegando aí, rumei para o norte, com a grande Chupadera Mesa erguendo-se por detrás do deserto, à esquerda. Cheguei ao rio Grande, ao alcançar uma pequenina cidade chamada Los Lunas. Àquela altura, o rio não era grande coisa, e o atravessamos a bordo da pequena embarcação de uma menina zunhi, que nos puxava por uma corda que ligava uma margem à outra.

A oeste do rio havia um monte de reservas indígenas e, um dia, deparei-me com uma mulher meio branca, meio navaja, sobre um burrico. Calculei que não fosse mais velha que eu. Ela usava um chapéu de caubói, e seus cabelos negros e espessos se espalhavam sob as abas, parecendo o enchimento de um colchão. Ia na mesma direção que eu, e começamos a seguir juntas. Apresentou-se como Priscilla Loosefoot. Sua mãe, disse ela, a havia trocado com uma família de colonos por duas mulas, mas eles batiam nela e tratavam-na como se fosse um animal. Então, ela fugiu e, agora, se virava catando e vendendo ervas.

Naquela noite, acampamos num bosquedo de zimbros, à beira da estrada. Peguei fubá na sacola de minha sela, e Priscilla pegou um naco de carne de porco salgada que mantinha enrolado em umas folhas. Misturou o fubá e a carne com água e um pouco de sal que trazia numa sacolinha de couro, enrolou uns bolinhos sobre uma pedra plana, à moda índia, e os fritou sobre outra pedra que colocou sobre o fogo.

Muitos navajos eram de poucas palavras, mas Priscilla era uma falante e tanto e, enquanto estávamos lá, sentadas, lambendo os dedos, e o fogo se apagava, ela não parava de dizer que formávamos uma boa equipe, que deveríamos viajar juntas e que me ensinaria a identificar as ervas.

Depois de um certo tempo, adormecemos, mas algo me despertou no meio da noite, e vi Priscilla vasculhando, silenciosamente, as sacolas de minha sela.

Peguei o revólver de cabo de madrepérola, que estava na minha bota, e o apontei para Priscilla, para que pudesse ver a arma à luz do luar.

— Não tenho nada que valha a pena roubar — falei.

— Achei que não tivesse, mas queria ter certeza — retrucou ela.

— Pensei que você tinha dito que a gente formava uma boa equipe.

— A gente ainda pode ser uma equipe, se você não ficar chateada comigo por causa disso. Acontece que não tenho muitas oportunidades na vida, e, quando uma aparece, tenho de aproveitá-la.

Entendi o que ela queria dizer, mas, mesmo assim, não estava com a menor vontade de acordar e descobrir que ela tinha sumido e levado Malhada. Levantei e juntei as cobertas.

— Não se mexa — falei.

— Pode deixar.

A luz da lua mal permitia que eu enxergasse a estrada. Coloquei a sela na Malhada e continuei sozinha.

Entrei no Arizona pelos Painted Cliffs, formações rochosas de arenito vermelho que despontavam direto do chão do deserto. Depois de mais dez dias de viagem ininterrupta, cheguei a Flagstaff. O hotel do lugarejo anunciava ter uma banheira, e, como estava me sentindo bastante suja àquela altura, foi uma tentação, mas continuei avançando e, dois dias mais tarde, cheguei a Red Lake.

Estivera na estrada, debaixo de sol e dormindo ao relento, por 28 dias. Estava cansada e coberta de poeira. Tinha perdido peso, minhas roupas estavam pesadas de tanta imundície e balançavam soltas sobre o corpo. Quando me olhei no espelho, meu rosto parecia mais duro. Minha pele tinha escurecido, e havia um início de rugas de expressão ao redor dos olhos. Mas eu tinha conseguido: atravessara aquela maldita porta.

Red Lake era uma cidadezinha rural que ficava sobre um platô alto a uns 48 quilômetros ao sul do Grand Canyon. A cadeia de montanhas se estendia em declive por quilômetros a fio, tanto para o leste quanto para o oeste, o que dava a impressão de se estar num dos lugares mais altos do mundo. A terra ali era mais verde do que nas partes do Arizona por onde eu tinha passado, com capim espesso e tão alto que tocava a barriga dos bois que pastavam. Mesmo nas mais antigas lembranças da população local, as terras ao redor de Red Lake nunca tinham sido usadas para outro fim que não fosse a pastagem. Mas fazendeiros tinham acabado de descobrir a região e trouxeram tratores para arar a terra, escavadeiras e grandes esperanças na realização do trabalho extenuante para produzir colheitas tão verdes quanto o capim que lá crescia. Também trouxeram grandes famílias consigo, e seus filhos precisavam de educação.

Pouco depois de minha chegada, o superintendente do condado, o Senhor MacIntosh, veio de Flagstaff para explicar a situação. Era um homem delgado, com uma cabeça tão estreita que parecia um peixe. Usava chapéu de feltro e gola de papel branco. Devido à guerra, explicou ele, os homens estavam se alistando no Exército, e as mulheres estavam abandonando o campo para assumir empregos bem-pagos nas fábricas, que os homens deixavam para trás. Porém, mesmo com a escassez de professores nas áreas rurais, o conselho diretor exigia que os professores aprovados tivessem, ao menos, uma formação de ensino elementar — que eu não possuía. Então, eu daria aulas em Red Lake até que conseguissem contratar uma pessoa mais qualificada. Quando isso acontecesse, seria mandada para outro lugar.

— Não se preocupe — disse ele. — Sempre encontraremos um lugar para a senhorita.

Red Lake tinha uma escola com uma única sala de aula, com um fogão a querosene num dos cantos, uma mesa para o professor, uma fileira de bancos para as crianças e uma lousa que me deixava particularmente feliz, já que muitas escolas não dispunham de lousas. Por outro lado, muitas escolas com uma única sala de aula tinham um anexo, onde o professor morava — mas não a de Red Lake. Por isso, eu dormia no chão da escola, enrolada em minha coberta.

Ainda assim, adorava meu trabalho. O superintendente MacIntosh quase nunca aparecia, e eu podia ensinar exatamente o que queria e do jeito que queria. Tinha 15 alunos de todas as idades e aptidões e não precisava ir buscá-los, porque seus pais, ansiosos para que aprendessem, os traziam à escola no primeiro dia de aula e providenciavam para que continuassem vindo.

A maioria das crianças tinha nascido no Leste, embora algumas viessem de lugares mais distantes, até da Noruega. As meninas usavam vestidos de chita desbotados, que iam até o pé, os meninos tinham cabelos curtos, espetados para cima, e todos andavam descalços nos dias quentes. Algumas daquelas crianças eram muito, muito pobres. Um dia, passei pela casa de um de meus alunos walapai, e a família estava cozinhando uma carne com bichos que se mexiam.

— Cuidado — falei. — Essa carne está cheia de larvas.

— Sim — disse a mãe. — E as larvas estão cheias de carne.

Não tínhamos livros escolares, por isso as crianças traziam o que quer que tivessem em casa — Bíblias da família, almanaques, cartas, catálogos de sementes —, e líamos tudo. Quando chegou o inverno, um dos pais me deu um casaco de pele que ele mesmo fizera com pele de coiotes que capturara, e eu o usava dentro de sala durante o dia, já que minha mesa ficava longe do fogão, ao redor do qual as crianças se amontoavam. As mães faziam questão de me trazer ensopados e tortas e de me convidar para o almoço de domingo — quando elas até usavam uma toalha de mesa em sinal de respeito. Ao final de cada mês, pegava meu pagamento com o amanuense local.

No meio do ano, o superintendente MacIntosh encontrou um professor diplomado para Red Lake, e fui enviada a uma cidadezinha chamada Cow Springs. Nos três anos seguintes, foi assim que Malhada e eu vivemos, indo de cidade em cidade — Leupp, Happy Jack, Greasewood, Wide Ruin —, depois de estadas de poucos meses, jamais criando raízes e nos aproximando demais de ninguém. Mesmo assim, todos aqueles pestinhas aos quais dava aula aprendiam a obedecer-me, ou levavam um tapa nos dedos. E eu ensinava coisas que eles precisavam aprender — o que me fazia sentir um pouco importante em suas vidas. Nunca encontrei uma criança a quem não conseguisse ensinar. Todos eram bons em alguma coisa: o truque era descobrir em quê, e aí, usar isso para ensinar tudo o mais. Era um trabalho bom, do tipo que faz a gente dormir pesado à noite e, quando acorda, levantar contente com o dia que começa.

Aí, a guerra acabou. Um dia, pouco depois de eu completar 18 anos, o superintendente MacIntosh veio explicar-me que, com os homens voltando para casa, as mulheres estavam sendo dispensadas das fábricas para dar lugar aos veteranos. Muitas daquelas mulheres eram professoras formadas, que pretendiam retomar seus antigos empregos. Alguns dos rapazes que regressavam da guerra também eram professores. O superintendente MacIntosh disse ter ouvido maravilhas sobre o meu trabalho, mas eu nem sequer tinha terminado a escola, muito menos recebera um diploma de curso secundário e, além do mais, o estado do Arizona precisava dar prioridade à contratação de quem tinha lutado pelo país.

— Então, o senhor está me despedindo? — perguntei.

— Infelizmente, seus serviços não são mais necessários.

Olhei bem para o superintendente com cara de peixe. Eu sabia que esse dia ia chegar, mais cedo ou mais tarde, mas, apesar disso, senti como se tivessem tirado o chão de debaixo dos meus pés. Sabia que era boa professora. Adorava dar aulas e viajar para todos aqueles lugares remotos em que ninguém mais gostava de ensinar. Entendi o que Seu MacIntosh estava dizendo sobre a necessidade de ajudar os soldados que retornavam. Ao mesmo tempo, tinha me exaurido para dar aulas a todas aquelas crianças selvagens e analfabetas e não conseguia não ficar irritada com aquele Cara de Peixe dizendo quão desqualificada eu era para fazer uma coisa que tinha passado os últimos quatro anos fazendo.

O superintendente parecia saber o que eu estava pensando.

— A senhorita é jovem, forte e tem olhos bonitos. Encontre para si um marido, um desses soldados que estão voltando, e tudo vai ficar bem.

O CAMINHO DE VOLTA ao rancho Casey levou praticamente a metade do tempo da primeira jornada para Red Lake, mas é sempre assim quando se volta para casa por território conhecido. A única aventura aconteceu quando uma cascavel se alojou debaixo de minha sela, certa noite, mas ela recuou e disparou feito uma flecha, ziguezagueando do seu jeito característico, antes que eu pudesse sacar minha arma. E, então, houve o avião. Malhada e eu estávamos nos dirigindo ao leste, perto das ruínas homolovi — uns *pueblos* desmoronados onde os ancestrais dos hopis viveram no passado —, quando ouvimos o barulho de um motor no céu, por trás de nós. Virei o rosto e um biplano, o primeiro que via, estava seguindo a estrada em direção leste, uns 35 metros acima do solo.

Malhada começou a se agitar com o barulho estranho, mas a controlei e, quando o avião se aproximou, tirei o chapéu e acenei. O piloto balançou o avião em resposta e, ao passar por nós, debruçou-se e acenou. Acelerei o passo e galopamos atrás do avião. Agitava o chapéu e berrava, embora estivesse tão deslumbrada que não tinha a menor ideia do que estava tentando dizer.

Nunca na vida tinha visto algo como aquele avião. Era inacreditável que simplesmente não caísse do céu, e, pela primeira vez, finalmente compreendi — Eureca! —, o que a palavra "aeroplano" significava. Era o que o avião fazia: ficava lá em cima, porque planava no ar.

Eu só queria ter alguns alunos a quem explicar isso.

Durante todo o tempo que passei lecionando, não fui para casa sequer uma vez, por ser tão longa a viagem. Dizem que, quando se volta ao lugar onde nasceu, ele sempre parece menor do que na lembrança. Foi o que aconteceu comigo quando finalmente cheguei ao rancho, mas não sei se isso se deveu ao fato de tê-lo aumentado em minhas lembranças, ou se porque eu tinha crescido. Talvez as duas coisas.

Enquanto estive fora, escrevi para casa todas as semanas e, em resposta, recebia longas cartas do papai discorrendo pródiga e eloquentemente a respeito de suas mais recentes convicções políticas, mas dando poucos detalhes sobre como todos estavam se virando financeiramente — e eu me perguntava se eles estavam conseguindo manter aquele rancho de pé. Mas tudo parecia bem-administrado, as cercas reparadas, os prédios anexos recentemente pintados, uma extensão lateral recém-construída na casa principal, uma grande quantidade de lenha cortada caprichosamente e empilhada debaixo do telhado da varanda. Havia até um canteiro de malvas-da-índia e girassóis.

Lupe estava diante da casa areando uma panela quando me aproximei. Ela deu um grito estridente, todos saíram de casa e do celeiro correndo, e houve muitos abraços e lágrimas de felicidade. Papai não parava de dizer:

— Você foi embora uma menininha e voltou uma mulher feita.

Ele e mamãe tinham mechas de cabelos grisalhos. Buster tinha encorpado e deixado crescer um bigode, e Helen tinha se tornado uma beldade lânguida de 16 anos de idade.

Buster e Dorothy casaram-se um ano antes. Moravam na nova ala da casa, e percebi rapidamente que Dorothy estava mais ou menos mandando em tudo. Supervisionava a cozinha, dando ordens à Lupe com mão de ferro, entregava a lista de tarefas do dia ao Buster, ao Apache e até à mamãe, ao papai e à Helen. Mamãe reclamou que a nora tinha ficado um tanto autoritária demais, mas dava para notar que eles estavam, reservadamente, contentes em ter alguém que fizesse as coisas que eu costumava fazer.

A maior preocupação de mamãe era Helen. Minha irmã tinha chegado à idade de casar, mas, por mais bonita que fosse, aquela garota simplesmente não tinha iniciativa. Mamãe tinha medo de que ela pudesse estar sofrendo de neurastenia, vaga doença de mulheres ricas, que as fazia ficarem deitadas no quarto o dia inteiro com um pano úmido sobre os olhos. Helen gostava muito de costurar e fazer tortas, mas detestava qualquer trabalho que a fizesse transpirar ou desse calos nas mãos; e a maioria dos fazendeiros do rio Hondo que procurava uma esposa queria uma mulher que não só cozinhasse e arrumasse a casa, mas também pudesse ajudar a marcar os bezerros a ferro e dirigir a carroça de suprimentos na comitiva, durante um ajuntamento de gado. Mamãe estava planejando mandar Helen às Irmãs de Loretto, na esperança de que, com algum polimento, ela atraísse um homem urbanizado de Santa Fé. Mas Dorothy argumentou que todos os proventos do rancho precisavam ser reinvestidos em máquinas para aumentar a produção da lavoura. A própria Helen falava em como gostaria de mudar para Los Angeles e tornar-se atriz de cinema.

Na manhã seguinte à minha volta, estávamos tomando café da manhã, e mamãe passava o bule de um lado para o outro. Eu havia tomado gosto por café no Arizona, mas papai continuava não admitindo nada mais forte do que chá no rancho.

Depois de arrumarmos a mesa, papai e eu fomos para a varanda.

— Você está pronta para voltar para o curral? — perguntou ele. — Estou com umas potrancas *saddlebred* novas e sei que você pode fazer maravilhas com elas.

— Não sei não, pai.

— Como assim? Você é uma criadora de cavalos.

— Com a Dorothy no comando, não sei se ainda tem lugar para mim aqui.

— Para de dizer bobagem. Você é da família. Ela é só uma agregada. Seu lugar é aqui.

Mas a verdade era que eu não sentia que fosse. E, mesmo que houvesse um lugar para mim ali, não era a vida que queria. Aquele aeroplano que voara sobre a minha cabeça nas ruínas homolovi me fez ficar pensando nisso. Além do mais, tinha visto vários automóveis durante meus anos no Arizona, e isso me fez ter uma impressão ruim sobre o futuro das carroças e carruagens — e dos cavalos de carruagens.

— O senhor já pensou em comprar um daqueles automóveis, pai?

— Aquelas geringonças medonhas! Ninguém nunca vai ficar tão elegante em um daqueles lançadores de fumaça como em uma carruagem.

Isso fez com que ele começasse a falar sobre como o presidente Taft levara o país para a direção errada, ao pôr fim aos estábulos da Casa Branca, substituindo-os por uma garagem.

— Teddy Roosevelt, esse sim, era um homem, o último presidente que soube, verdadeiramente, como montar um cavalo. Nunca mais a gente vai ver outro igual.

Enquanto ouvia papai, pude sentir que ia me afastando dele. Durante toda a minha vida, ouvira papai lembrando o passado e reclamando do futuro. Resolvi não lhe contar sobre o avião vermelho. Isso só o deixaria mais irritado. O que papai não entendia era que, por mais que odiasse ou temesse o futuro, ele chegaria do mesmo jeito, e só havia uma maneira de lidar com isso: embarcando junto.

Outra coisa que aquele avião me fez entender foi que havia todo um mundo além das terras agrícolas que jamais tinha visto. Um lugar onde poderia, finalmente, obter aquele maldito diploma. E, talvez, até viesse a aprender a pilotar um avião.

Por isso, do meu ponto de vista, tinha duas opções: permanecer no rancho ou tentar a sorte sozinha. Ficar no rancho significava encontrar um homem e me casar, ou virar uma tia solteirona para o bando de filhos que Dorothy e Buster falavam em ter. Nenhum homem tinha me proposto casamento ainda, e, se ficasse sentada em casa esperando por um, poderia acabar me tornando uma daquelas velhas solitárias descascadoras de batatas pelos cantos da cozinha. Tentar a sorte sozinha significava ir a algum lugar onde uma jovem solteira pudesse encontrar trabalho. Santa Fé e Tucson não passavam de cidadezinhas de interior melhoradas, e as oportunidades eram limitadas. Queria ir onde as oportunidades eram maiores, onde o futuro estivesse se abrindo bem diante dos olhos de todos. Queria ir para a maior e mais próspera cidade que pudesse encontrar.

Um mês depois, eu estava a bordo do trem para Chicago.

A LINHA DE TREM CORRIA rumo ao noroeste, atravessando pradarias infinitas até Kansas City, depois, pelo Mississipi, e em meio a terras cultivadas do Illinois, com seus campos verdes de milho densamente plantados, enormes silos e lindas casas de madeira pintadas de branco, com grandes varandas e alpendres. Era a minha primeira viagem de trem, e passei a maior parte dela com a janela aberta e o rosto para fora, recebendo o vento incessante.

Viajamos durante a noite e, apesar das paradas para reabastecer e embarque e desembarque de passageiros, a viagem só durou quatro dias, enquanto Malhada, por mais rápida que fosse, levara um mês inteiro para percorrer menos da metade daquela distância.

Quando o trem parou em Chicago, desci com minha pequena valise, andei pela estação e saí para a rua. Já fizera parte de uma multidão antes — feiras locais, leilões de gado —, mas nunca tinha visto semelhante massa de gente, todo mundo se mexendo junto, feito um rebanho, se empurrando e se acotovelando. Nem meus ouvidos haviam sido atacados por tão feroz alarido, com carros buzinando, bondes tocando sinetas e britadeiras hidráulicas abrindo caminho.

Andei a esmo, olhando pasma para os arranha-céus que se erguiam por toda a parte, e, então, fui até o lago — azul-escuro, plácido e infinito como as terras de pasto, só que era água potável, fluindo gelada, até no verão. Vinda de um lugar onde se media água por quantidade de canecas, onde se lutava e, às vezes, se matava por ela, era difícil imaginar, embora estivesse olhando para aquilo, que bilhões de galões de água potável — calculei que devessem ser bilhões ou, até, trilhões — pudessem estar ali, não bebidos, não usados e não disputados.

Depois de olhar admirada para o lago, por longo tempo, me encharcando com sua visão, segui o que havia planejado: encontrei uma igreja católica e pedi ao padre que me recomendasse uma pensão respeitável para moças. Aluguei uma cama — quatro por quarto —, comprei o jornal e abri nos anúncios de empregos, destacando a lápis as possibilidades.

No dia seguinte, comecei a procurar emprego. Andando pelas ruas, dei-me conta de que estava olhando para a cara das pessoas, e pensando: "Então, o pessoal da cidade grande é assim!" Não eram tanto os traços dos rostos que eram diferentes, mas suas expressões. Seus rostos eram inexpressivos. Todos faziam questão de ignorar os que estavam à volta. Eu estava acostumada a fazer um sinal com a cabeça quando meus olhos cruzavam com os de um desconhecido, mas, em Chicago, todos olhavam através de você, como se você nem estivesse lá.

Encontrar um trabalho foi muito mais difícil do que eu havia imaginado. Esperava conseguir um posto de governanta ou de tutora, mas quando admitia que não tinha sequer o diploma do ensino elementar, as pessoas me olhavam como se estivessem se perguntando por que eu estava desperdiçando seu tempo, mesmo depois de lhes falar sobre minha experiência como professora.

— Isso pode bastar para um bando de capiaus — disse uma mulher —, mas não significa muito aqui em Chicago.

Todos os empregos de vendedora em lojas de departamento exigiam experiência, e a minha era limitada a transações de compras de ovos a um centavo a unidade com Seu Clutterbuck. Empresas colocavam anúncios para auxiliar de escritório, mas, até quando eu ficava parada em longas filas para preencher formulários, sabia que não conseguiria o emprego. Com todos os soldados voltando para casa e todas as garotas como eu saindo das áreas rurais, havia uma competição excessiva. Comecei a ficar com pouco dinheiro e tive que encarar o fato de que minhas opções estavam praticamente limitadas a empregos em usinas ou em casas de família, como empregada.

Ficar sentada diante de uma máquina de costura por 12 horas não me parecia uma grande maneira de progredir na vida, mas, se trabalhasse como empregada doméstica, poderia conhecer gente com dinheiro e, se demonstrasse iniciativa, poderia acabar trocando aquela função por outra melhor.

Encontrei rapidamente um emprego na casa de um negociante da bolsa e sua esposa, Mim, no North Side. Eles moravam numa casa grande e moderna, com calefação, máquina de lavar roupa e um banheiro com uma banheira encaixada no chão, rodeada de cerâmicas de mosaico e torneiras para água quente, fria e gelada — para beber. Eu chegava antes do amanhecer para preparar o café para quando eles se levantassem; passava o dia esfregando, polindo e espanando; e saía depois de lavar a louça do jantar.

Não me importava com o trabalho pesado. O que me incomodava era a maneira como Mim — uma loura de rosto comprido somente alguns anos mais velha que eu — me tratava, como se eu não existisse, e olhava para um ponto distante quando me dava as ordens do dia. Se, por um lado, Mim parecia se achar a tal e agia de maneira terrivelmente pomposa, tocando um sininho de prata para que eu lhe levasse chá quando ela tivesse convidados, por outro, não era muito inteligente.

Na verdade, eu me perguntava como alguém podia ser tão bobo. Um dia, uma francesa com um *poodle* muito pequeno veio almoçar. Quando o cachorro começou a latir, a mulher falou com ele em francês, e Mim disse:

— Que cachorro inteligente! Não sabia que cachorros falavam francês.

Mim também fazia palavras cruzadas e perguntava constantemente ao marido quais eram as respostas a dicas simples. Quando cometi o erro de responder a uma, ela me lançou um olhar curto e seco.

Depois de trabalhar lá por duas semanas, ela me chamou à cozinha:

— Isso não está dando certo — disse ela.

Fiquei pasma. Nunca chegava atrasada e sempre deixava a casa de Mim impecável.

— Por quê? — perguntei.

— Sua atitude.

— O que foi que eu disse?

— Nada. Mas não gosto de sua maneira de me olhar. Parece que você não conhece seu lugar. Uma empregada deve manter a cabeça baixa.

Arrumei bem rápido outro emprego de doméstica, e, embora fosse contra minha natureza, fiz tudo para manter a boca fechada e a cabeça baixa. Enquanto isso, durante a noite, ia à escola para obter meu diploma. Não havia vergonha em fazer um trabalho duro, mas polir a prataria de mulheres ricas e burras não era o meu Propósito.

Mesmo sempre ocupada e bastante exausta a maior parte do tempo, adorava Chicago. Era uma cidade destemida, irreverente e muito moderna, mas amargamente fria no inverno, com um vento norte traiçoeiro, que atravessava a cidade por sobre o lago. As mulheres marchavam pelo direito de votar, e participei de uma série de manifestações com uma de minhas colegas de quarto, Minnie Hanagan — uma garota irlandesa espevitada, de olhos verdes e maravilhosos cabelos negros, que trabalhava numa usina de engarrafamento de cerveja. Minnie nunca tinha se deparado com um assunto sobre o qual não tivesse uma opinião formada ou ouvido um comentário que ela não pudesse interromper. Depois de trabalhar o dia inteiro como empregada doméstica de boca fechada, mantendo meus pensamentos bem guardados e os olhos no chão, era ótimo falar pelos cotovelos com Minnie, discutindo política, religião e tudo o mais que há na face da Terra. Marcamos saídas com rapazes algumas vezes, jovens operários que nos acompanhavam em idas aos bares clandestinos mais baratos, mas eles costumavam ser caladões ou grosseirões. Eu me divertia mais conversando com Minnie do que com aqueles sujeitos, e, às vezes, saíamos e dançávamos uma com a outra. Minnie Hanagan era o mais próximo que conhecia de uma amiga de verdade.

Minnie perguntou quando era meu aniversário, e, quando ele chegou — eu estava fazendo 21 anos —, ela me deu um batom vermelho escuro. Disse que não tinha como dar algo mais caro, mas que podíamos nos arrumar, parecer verdadeiras damas e ir a uma das grandes lojas de departamentos, onde nos divertiríamos experimentando todas as coisas que compraríamos um dia. Nunca tinha me interessado por maquiagem — poucas mulheres que moravam em ranchos se interessavam —, mas Minnie colocou batom em mim, dando uma passada rápida e espalhando logo depois, na face também; até que fiquei meio parecida com uma esposa de negociante da bolsa.

Minnie me levou a uma loja de departamentos. Era do tamanho de uma catedral, com tetos abaulados, janelas com vitrais, canos pneumáticos por onde trafegava o dinheiro dos clientes, de um andar a outro, e setor após setor cheios de luvas, peles, sapatos e tudo o mais que se poderia imaginar comprar. Paramos no departamento de chapéus, e Minnie me fez experimentar todos: chapéus pequenos, grandes, com plumas, com véus ou laços, com flores artificiais pregadas sobre as abas largas. Enquanto ela colocava cada um sobre minha cabeça, avaliava o efeito — antiquado demais, aba grande demais, esconde os olhos, esse tem de estar no seu guarda-roupa — e, como os chapéus foram ficando empilhados sobre o balcão, uma vendedora se aproximou.

— As jovens conseguiram encontrar alguma coisa dentro de seus orçamentos? — perguntou ela com um sorriso frio.

Senti-me um tanto constrangida.

— Pra falar a verdade, não — respondi.

— Então, talvez, vocês estejam na loja errada.

Minnie olhou a mulher bem dentro dos olhos.

— O problema não é o preço — falou ela. — O problema é encontrar alguma coisa na moda nesse estoque cafona. Lily, vamos tentar encontrar algo na Carson Pirie Scott, uma loja muito melhor que esta.

Minnie rodou sobre os calcanhares e, enquanto caminhávamos para a saída, ela me disse:

— Quando elas ficam muito soberbas, lembre a si mesma que são só empregadas.

JÁ ESTAVA EM CHICAGO havia quase dois anos, quando, chegando em casa do trabalho, num fim de tarde de julho, me deparei com uma de minhas colegas de quarto estendendo o único bom vestido da Minnie sobre sua cama.

Ela disse que Minnie estava na usina de engarrafamento onde trabalhava quando seus cabelos ficaram presos numa máquina. Fora puxada para dentro de uma daquelas enormes roldanas. Tinha sido tão rápido que ninguém teve tempo de fazer nada.

A Minnie deveria estar usando os cabelos presos sob um lenço, mas ela era tão orgulhosa daquelas madeixas irlandesas, espessas, brilhantes — que faziam todos os homens de Chicago quererem namorar com ela — que não conseguia resistir à tentação de deixá-las soltas. Seu corpo ficou tão severamente mutilado que foi preciso fazer um enterro de caixão fechado.

Eu adorava aquela garota, e, enquanto assistia ao serviço fúnebre, só ficava pensando que, se eu estivesse lá, talvez pudesse ter salvado minha amiga. Eu me imaginava cortando seus cabelos, puxando-a da máquina, abraçando-a, enquanto chorávamos de felicidade, percebendo quão perto ela tinha chegado de uma morte horrenda.

Mas também sabia que, mesmo que eu estivesse lá — e, de alguma forma, tivesse, por acaso, tesouras nas mãos —, não teria tido tempo para salvá-la, a partir do momento em que seus cabelos ficaram presos na máquina. Quando uma coisa dessas acontece, num instante, você está conversando com a pessoa, e aí, você pisca, e, no instante seguinte, ela está morta.

Minnie tinha passado muito tempo planejando o futuro. Economizara dinheiro e tinha certeza de que se casaria com um homem bom, compraria uma casa em Oak Park e teria um bando de crianças barulhentas e de olhos verdes. Porém, por mais que se planeje, um único erro de cálculo, um único momento de distração, pode pôr tudo a perder.

Havia muitos perigos nesse mundo, e era preciso ser esperto. Fazer o que pudesse para se prevenir contra os desastres. Aquela noite, na pensão, peguei uma tesoura e um espelho, e, apesar de mamãe sempre chamar meus longos cabelos castanhos de coroamento de minha glória, cortei-os logo abaixo das orelhas.

Não esperava gostar de meus novos cabelos curtos, mas gostei. Não demorava quase nada para lavar e secar, e não tinha que me amolar com ferros de encaracolar, grampos e presilhas. Dei uma volta pela pensão com a tesoura, tentando convencer as outras meninas a também mudarem o visual, ressaltando que, mesmo que não trabalhassem numa fábrica, o mundo de hoje estava repleto de todo tipo de máquinas — com rodas e engrenagens e turbinas — e que seus cabelos poderiam ficar presos nelas. Para nós, mulheres modernas, cortes curtos eram a melhor coisa.

De fato, com meu novo corte de cabelo, senti que parecia uma típica garota de Chicago. Os homens reparavam mais em mim e, certo domingo, quando caminhava pela orla do lago, um sujeito de ombros largos usando um terno de anarruga e chapéu de palhinha veio e puxou assunto. Seu nome era Ted Conover. Ele era um ex-lutador de boxe que agora trabalhava como vendedor de aspirador de pó na Electric Suction Sweeper Company.

— Se você conseguir enfiar um pé dentro da casa, impedindo que a porta se feche, e jogar um pouco de poeira no chão, eles têm que deixar você mostrar seu produto — disse ele, dando uma risada.

Desde o início, percebi que Ted era uma espécie de camelô enganador. Ainda assim, gostei de sua lábia. Ele tinha olhos cinzentos e vivazes, e um nariz adunco — resquício de seus dias de boxe. Também tinha uma disposição robusta e saudável, como Minnie teria dito, e o dom da boa prosa. Ele me comprou um sorvete de um vendedor ambulante, e nós nos sentamos num banco ao lado de um chafariz de mármore cor-de-rosa com alegres cavalos marinhos de cobre. Ele contou que cresceu no sul de Boston, pegando carona nas traseiras dos bondes, roubando picles da carroça do vendedor, e aprendeu a nocautear em brigas de rua, com os carcamanos, descendentes de italianos. Adorava as próprias piadas, tanto que começava a rir antes de chegar ao meio das histórias, e eu começava a rir também, mesmo sem ter ouvido ainda a parte engraçada.

Talvez porque estivesse com muitas saudades de Minnie e precisasse de alguém em minha vida, eu me apaixonei rapidinho por aquele cara.

Na semana seguinte, Ted me levou para jantar no hotel Palmer House, e, depois disso, começamos a nos ver regularmente, embora ele volta e meia estivesse fora da cidade, durante vários dias a cada vez, porque sua área de vendas se estendia até Springfield. Ted gostava de estar sempre no meio de muita gente, e fomos a jogos de futebol no estádio de Wrigley, ao cinema no Folly e a lutas na Arena de Chicago. Fumei meu primeiro cigarro, bebi minha primeira taça de champanhe, joguei minha primeira partida de dados. Ted adorava dados.

No final do verão, ele apareceu na pensão com uma roupa de banho que tinha comprado para mim na Marshall Field's, e pegamos o trem até Gary, onde passamos a tarde nadando no lago e tomando sol diante daquelas enormes dunas de areia. Eu não sabia nadar, já que nunca tinha estado em nada mais profundo que as poças deixadas pelas enchentes repentinas, mas Ted me ensinou o que era preciso fazer.

— Você vai ter que confiar em mim — disse ele. — É só relaxar.

E ele me segurou em seus braços e flutuei de barriga para cima. Era verdade, eu conseguia flutuar. Quando relaxei o corpo, ele parou de afundar e foi sendo levantado até a superfície, até meu rosto ficar acima da água e ela simplesmente me sustentar. Flutuando. Eu nunca conhecera isso.

Umas seis semanas depois de conhecer o Ted, ele me levou de volta ao chafariz com os cavalos marinhos, comprou um outro sorvete para mim e, ao me entregá-lo, pôs um anel de diamante em cima.

— Um solitário para, espero, não te deixar sozinha — falou ele.

Nós nos casamos na igreja católica que conheci quando cheguei a Chicago. Estava usando um vestido de linho azul que pedi emprestado de uma das meninas da pensão. Nem eu nem ele tínhamos condição de pedir uma folga no trabalho para a lua de mel, mas o Ted prometeu que, um dia, iríamos ao Grand Hotel — um hotel espetacular na ilha Mackinac, sobre o lago Huron.

Naquela tarde, mudamos para uma pensão que aceitava casais e celebramos no nosso quarto com uma garrafa de gim contrabandeado. No dia seguinte, continuei em meu emprego de doméstica, e Ted pôs o pé na estrada.

Não usava meu diamante para trabalhar. Deixava-o dentro de uma bolsinha de seda, debaixo do colchão, mas tinha medo de que fosse roubado. Também tinha medo de que Ted tivesse pagado caro demais para seu orçamento.

— Relaxa e aprende a desfrutar um pouco da vida, para variar — disse ele.

— Mas é uma extravagância tão grande!

— Teria sido se eu tivesse comprado numa loja. Pra falar a verdade, tem uma armação nessa história.

Ted garantiu-me que não chegara a roubar o anel, apenas tinha relações que tinham relações que sabiam como conseguir as coisas pelos canais certos. Nesse mundo, como ele gostava de dizer, o que importa são as relações.

NUNCA TINHA DESEJADO ALGUÉM que cuidasse de mim, mas descobri que gostava de ser casada. Depois de tantos anos vivendo sozinha, pela primeira vez, partilhava minha vida com alguém, o que tornava os momentos difíceis mais fáceis, e os momentos bons, ainda melhores.

Ted sempre encorajava as pessoas a terem grandes projetos, grandes sonhos, e, quando ele descobriu que minha maior ambição sempre fora não somente terminar o ensino secundário, mas fazer faculdade, disse-me que poderia, até, pensar em um curso de doutorado. Quando contei sobre meu sonho de pilotar um avião, ele disse que já podia me ver trabalhando nas feiras rurais, como piloto de avião de malabarismo. Ele tinha um monte de planos pessoais também: produzir sua própria linha de aspiradores de pó, instalar antenas de rádio nas planícies, fundar uma companhia telefônica.

Resolvemos adiar os planos de ter filhos e começamos a economizar dinheiro até eu terminar a escola. Quando o futuro ficasse mais claro, estaríamos prontos para ele.

Ted vivia viajando, mas não me importava porque estava ocupada com o trabalho e as aulas noturnas. A fim de economizar, comíamos muitos biscoitos de farinha de trigo e picles, reutilizávamos saquinhos de chá quatro vezes. Porém, como estávamos sempre ocupados, os anos passavam rapidamente. Quando fiz 26 anos, finalmente obtive meu diploma da escola. Comecei a procurar um emprego melhor, mas ainda trabalhava como doméstica quando, certa manhã de verão, atravessando a rua e abraçada a sacolas e mais sacolas de compras que levava para a casa da família para a qual trabalhava, um conversível de dois lugares, branco, calotas com aros cromados, virou a esquina a toda velocidade. O motorista pisou no freio quando me viu, mas já era tarde demais. A grade central da frente do carro suspendeu meu corpo, e rolei sobre o capô, espalhando as maçãs, os pães e as latas de conserva que carregava.

Instintivamente, deixei-me cair do capô para a rua. Fiquei lá, parada por alguns momentos, atordoada, enquanto as pessoas acorriam. O motorista saiu do carro. Era um jovem com cabelos com gomalina, esticados para trás, e sapatos de duas cores.

O Gomalina começou a falar para todo mundo que eu tinha me atirado no meio da rua sem olhar — o que era uma mentira deslavada. Então, ajoelhou e perguntou se eu estava bem. O acidente parecia pior do que tinha sido de fato e, lá, deitada no chão, pude sentir que não tinha quaisquer ferimentos graves, somente ossos machucados e alguns arranhões feios nos braços e joelhos.

— Estou bem — respondi.

Mas o Gomalina era um rapaz da cidade, sem costume de ver mulheres levando trancos violentos e, depois, levantando e caminhando normalmente. Ficou me perguntando quantos dedos ele estava me mostrando e em que dia da semana estávamos.

— Estou bem. Eu costumava amansar cavalos. Uma coisa que sei fazer é cair.

Gomalina insistiu em me levar ao hospital e pagar pelos exames médicos. Falei à enfermeira na sala de emergência que estava bem, mas ela disse que eu estava mais ferida do que pensava. Enquanto preenchia os formulários, a enfermeira perguntou se eu era casada, e, quando respondi que sim, o Gomalina disse que eu devia ligar para meu marido.

— Ele é vendedor e está viajando. Está na estrada.

— Então, liga para o escritório dele. Vão saber como entrar em contato com ele.

Enquanto a enfermeira passava mercurocromo em meus arranhões e colocava umas ataduras, Gomalina descobriu o número do telefone e me deu uma moeda para o telefone público. Mais para tranquilizá-lo do que por outra razão, fiz a ligação.

Um homem atendeu.

— Setor de vendas, Charlie falando.

— Gostaria de saber se o senhor poderia me ajudar a encontrar Ted Conover, que está viajando. Aqui é a esposa dele, Lily.

— Ted não está viajando. Só saiu pra almoçar. E o nome da esposa dele é Margaret. Isso é um tipo de trote?

Senti como se o chão estivesse se abrindo debaixo de meus pés. Não soube o que responder e desliguei.

GOMALINA FICOU ESPANTADO COM a maneira como saí correndo de dentro da cabine telefônica, passando por ele sem falar nada, mas tinha que me afastar dele, sair daquele hospital e clarear as ideias para poder pensar. Fiquei lutando contra o pânico enquanto caminhava em direção ao lago, onde andei horas e horas, na esperança de que a água azul e plácida me acalmasse. Era um dia ensolarado de verão, e a água do lago ondulava e batia contra as bordas de pedra. Será que tinha ouvido mal quando Charlie atendeu aquele telefone? Será que tinha uma explicação? Ou será que eu tinha sido enganada esse tempo todo? Só havia um jeito de descobrir.

O escritório de vendas da Electric Suction Company ficava num prédio de cinco andares, com estrutura de ferro, perto do centro comercial da cidade, numa área conhecida como Loop. Quando cheguei ao quarteirão do prédio, peguei um jornal numa lata de lixo e me posicionei em um saguão de entrada do outro lado da rua. Eram quase cinco da tarde, as pessoas começaram a sair aos borbotões para as calçadas e, evidentemente, meu marido, Ted Conover, se reuniu a eles. Saiu pela porta do prédio de ferro usando seu chapéu predileto — aquele com a peninha espetada para cima — inclinado de banda. Estava claro que ele tinha mentido sobre estar fora da cidade, mas eu ainda não conhecia a história toda.

Segui Ted mantendo uma boa distância, enquanto ele atravessava as ruas apinhadas na direção do El — o elevado do trem. Ele subiu as escadas, e eu também. Fiquei na extremidade da plataforma com o nariz enfiado dentro do jornal e entrei no vagão seguinte ao dele. A cada parada, colocava a cabeça para fora para observar; e ele desceu no Hyde Park. Segui-o por alguns quarteirões em direção ao leste, num bairro decadente, com prédios baixos sem elevador, que tinham decrépitas escadas externas de madeira.

Ted entrou num deles. Fiquei parada do lado de fora por alguns minutos, mas ele não apareceu em nenhuma janela, então, fui até a entrada do prédio. Nenhuma das caixas de correio tinha o nome do morador. Esperei até que umas crianças saíssem e entrei no hall pela porta entreaberta. Era um corredor estreito e escuro, fedendo a repolho cozido e carne moída.

Havia quatro apartamentos por andar. Parei diante de todas as portas, colando o ouvido contra cada uma, tentando ouvir o sotaque do sul de Boston típico de Ted. Finalmente, no terceiro andar, ouvi-o sobressaindo sobre outras vozes.

Sem saber exatamente o que fazer, bati à porta. Depois de alguns segundos, a porta se abriu, e, parada à minha frente, estava uma mulher com um bebê no colo.

— A senhora é a esposa de Ted Conover, a Margaret? — perguntei.

Olhei para a mulher durante uns instantes. Calculei que tivesse a minha idade, mas ela parecia cansada, e seus cabelos estavam ficando grisalhos antes do tempo. Ainda assim, sorria — um sorriso tenso e apagado, como se a vida fosse uma luta perpétua, mas como se conseguisse, vez por outra, encontrar tempo para descobrir algo que merecia uma boa risada.

Atrás dela, pude ouvir dois meninos brigando, e, então, a voz do Ted dizendo:

— Quem é, meu bem?

Tive a tentação quase irresistível de passar batido por Margaret e encarar aqueles olhos mentirosos e traidores, mas alguma coisa me deteve. O que isso faria com essa mulher e as crianças?

— Faço parte do censo. Queremos apenas confirmar que uma família de quatro pessoas mora aqui — falei.

— Cinco, embora, às vezes, pareçam 15 — respondeu ela.

Eu me forcei a sorrir e disse:

— Era só isso que precisava saber.

Estava no El, voltando para a pensão, tentando resolver que raios deveria fazer, quando, de repente, pensei em nossa conta bancária conjunta. Fiquei acordada a noite inteira, morta de preocupação, e, quando o banco abriu, já estava esperando na fila. Ted e eu tínhamos investido quase duzentos dólares numa conta de poupança remunerada, mas, quando cheguei ao caixa, o funcionário disse que só havia dez dólares.

Voltei à pensão e sentei na cama. Fiquei surpresa com minha própria calma. Porém, enquanto colocava minha pistola com cabo de madrepérola na bolsa, reparei que minhas mãos estavam tremendo.

Peguei o ônibus até o Loop e subi as escadas do prédio de estrutura de ferro do escritório do Ted. Empurrei a porta de vidro escuro. Do lado de dentro, havia uma sala pequena e empoeirada, com várias escrivaninhas antigas de madeira. Ted e um outro homem estavam sentados, com os pés para cima, lendo jornal e fumando.

Assim que o vi, perdi toda a compostura de madame que minha mãe tentara incutir em mim. Fiquei uma fera, ataquei aquele mentiroso de uma figa, xingando e berrando:

— Seu vigarista salafrário calhorda filho da puta desgraçado!

Batia nele com minha bolsa, que continha uma pistola com seis balas, o que significava que estava dando uma surra nele com a pistola.

Ted levantou os braços, tentando se defender, mas dei umas boas bolsadas nele, e seu rosto estava sangrando quando o outro sujeito me segurou. Então, virei-me para ele, com minha bolsa, e dei uma boa bolsada nele também, antes que Ted me agarrasse.

— Fica calma ou derrubo você com um soco de nocaute — disse ele —, e você sabe que sei fazer isso.

— Vai em frente, garotão, bate em mim e eu te processo por agressão física, e também por roubo e bigamia.

Parei de me debater. O outro sujeito pegou seu chapéu.

— Estou vendo que vocês dois têm uns assuntos para conversar — disse ele, saindo rapidamente pela porta.

Tudo saiu como uma grande explosão depois disso: por que ele tinha mentido para mim, por que tinha se casado comigo se ele já tinha uma esposa e três filhos, por que tinha pegado o dinheiro que pretendíamos economizar para nosso futuro juntos, se havia outras mentiras que eu não descobrira ainda, por que ele não tinha simplesmente me deixado em paz no primeiro dia em que me viu no lago?

Enquanto ouvia, a expressão de Ted passou de petulante a sem graça, mortificada, e, finalmente, seus olhos ficaram cheios de lágrimas. Disse que pegara o dinheiro porque acumulara dívidas de jogo, e os carcamanos estavam atrás dele. Que pretendia devolver o dinheiro antes que eu percebesse. E que Margaret era a mãe de seus filhos, mas era a mim que amava.

— Lily, a única maneira de ter você era mentindo.

O canalha agia como se esperasse que eu sentisse pena dele.

— A culpa é minha — falou ele, e, então, estendeu a mão e teve o topete de tocar na minha, acrescentando — se, por te amar, te destruí.

O crápula agia como se fosse cair em prantos. Puxei minha mão bruscamente.

— Você se considera muito melhor do que é de fato — comecei. — A verdade é que você não me ama e não me destruiu. E, principalmente, você não é nem metade do homem que teria de ser para fazer isso.

Passei por ele dando-lhe um empurrão. Bati a porta ao sair, e, aí, me virei e dei uma bolsada no vidro escuro da porta, estilhaçando-o. Os caquinhos caíram feito uma cachoeira pelo chão.

Dei outra caminhada em volta do lago. Havia momentos em que achava que podia antever o futuro, mas, dessa vez, não tinha sequer suspeitado do que me atingira em cheio. Tudo parecia muito ruim naquele momento, mas já tinha sobrevivido a coisas muito piores do que um breve casamento com um patife. Sobreviveria a isso também.

Estava ventando forte, e fiquei olhando as marolas crescendo na superfície. Refletia sobre como, às vezes, a exemplo do que tinha acontecido a Minnie, uma catástrofe podia explodir numa fração de segundo e mudar a vida de uma pessoa para sempre; outras vezes, um incidente ínfimo podia levar a outro, e a outro, e a outro, desencadeando uma mudança tão radical quanto no primeiro caso. Se aquele carro não me tivesse atropelado, e aquele motorista não tivesse feito questão de me levar ao hospital, e descoberto que era casada, e insistido para que ligasse para Ted, ainda estaria vivendo minha vida, feliz e à parte de tudo. Mas agora aquela vida estava terminada.

Olhei para o lago, e uma coisa ficou clara como a luz do dia. Estava tudo terminado entre mim e Chicago. A cidade, apesar de toda aquela água azul e dos arranha-céus altíssimos, só me tinha dado dor de cabeça. Estava na hora de voltar para a roça.

Naquele mesmo dia, fui até a igreja católica onde me casara com aquele traste e contei ao padre o que tinha acontecido. Ele disse que se pudesse provar que meu marido já era casado antes, poderia solicitar uma anulação ao bispo. Com a ajuda de um funcionário da prefeitura, consegui uma cópia da certidão de casamento de Ted, e o padre contou que tinha dado início ao processo.

Achei que a esposa de Ted precisava saber o que tinha acontecido; então escrevi uma carta explicando tudo. Resolvi, porém, não entrar com um processo criminal contra ele. Aquele desqualificado não tinha feito nada ilegal ao tirar o dinheiro da conta, porque ela era conjunta. Havia sido apenas estupidez minha confiar nele. E, se ele fosse mandado para a cadeia por bigamia, sua esposa e filhos, que já passavam por um aperto sério o bastante por terem Ted Conover cuidando deles, ficariam numa situação pior ainda sem o chefe da família. Também cheguei à conclusão de que aquele cafajeste já tinha tomado o suficiente de meu tempo e de minha energia, e que não me importaria em dar tempo ao tempo e deixar por conta de Deus Todo-Poderoso o acerto de contas final.

Depois de postar a carta, peguei o solitário que Ted me dera e levei-o a uma joalheria. Não ia ficar com ele, mas, também, não ia fazer nada melodramático, como jogá-lo no lago. Imaginei que valesse uns duzentos dólares e pensei em usar o dinheiro para pagar a faculdade, e, quem sabe, comprar um vestido novo e caro, na Marshall Field's. Mas o joalheiro olhou para o diamante com uma lente de aumento e disse:

— É falso.

Então, acabei jogando o anel no lago.

QUANDO FINALMENTE PAREI DE me lamentar por ter sido tão ingênua com aquele crápula, voltei minhas atenções para o futuro. Estava com 27 anos, já não era nenhuma mocinha. E como estava claro que não poderia contar com um homem para cuidar de mim, o que precisava, acima de tudo, era de uma profissão. Precisava me formar na faculdade e ter um diploma de professora. Então me candidatei à faculdade de educação do estado do Arizona, em Flagstaff. Enquanto esperava pela resposta — e pela anulação do casamento —, tudo o que fiz foi trabalhar, economizar e poupar, com dois empregos durante a semana e um outro nos fins de semana. O tempo voou e, quando as correspondências relativas à anulação e à aceitação de minha inscrição chegaram, tinha dinheiro suficiente para um ano de faculdade.

Chegou o dia de minha despedida de Chicago. Coloquei tudo o que tinha na mesma mala que trouxera comigo para a cidade. Partia com a mesma quantidade de coisas com que chegara. Mas tinha aprendido muito — sobre mim e sobre os outros. A maioria das lições foi dura. Por exemplo: se as pessoas querem roubá-lo, primeiro, ganham sua confiança. E o que elas tiram não é apenas o seu dinheiro, mas também a sua confiança.

O trem partia da Union Station — um prédio que brilhava de novo, com piso de mármore e tetos de trinta metros de altura, de onde pendiam imensas luminárias. O prefeito achava que a estação mostrava Chicago como uma cidade do futuro, encarnando a própria modernidade tecnológica. Eu tinha vindo para Chicago pelo desejo de um pedacinho dessa modernidade, amando a cidade por causa dela, mas Chicago não tinha retribuído o meu amor.

O trem deixou a estação e, em pouco tempo, estávamos nos dirigindo para o interior do estado. Andei até os fundos do último vagão, e, de lá, observei aqueles arranha-céus imensos que iam ficando cada vez menores. Ninguém em Chicago sentiria minha falta. A não ser pelo diploma, eu tinha passado os últimos oito anos em vão, num servicinho sem reconhecimento, sem sentido, polindo a prataria que escurecia de novo, lavando os mesmos pratos dia após dia e passando pilhas de camisas. Passar roupa era um desperdício de tempo particularmente irritante. Você ficava vinte minutos passando uma camisa, a frente e as costas, passando a goma e tirando os vincos, mas, assim que o homem da casa a vestia, ela amarrotava ao primeiro dobrar do cotovelo. Além do mais, nem dava para ver se o raio da camisa estava ou não passada debaixo do paletó.

Ao trabalhar naquelas cidadezinhas do deserto durante os anos da guerra — ensinando aqueles pestinhas analfabetos a ler e escrever —, eu tinha me sentido necessária, o que jamais acontecera em Chicago. Era assim que queria me sentir de novo.

IV

A BLUSA DE SEDA VERMELHA

Helen Casey, Red Lake

Agora havia muitos carros em Santa Fé, até mesmo pelo interior do estado, mas, quando voltei para o rancho Casey, fiquei surpresa com quão pouco as coisas tinham mudado, a não ser pelos dois filhos de Buster e Dorothy — a terceira geração de Caseys a ser criada no rancho. Papai tinha aberto mão de toda a responsabilidade pela propriedade, mas ainda se correspondia com os velhos conhecidos do meio da criação de gado sobre os feitos de Billy the Kid. Mamãe tinha ficado muito mais frágil e reclamava que seus dentes doíam. Uns dois anos antes, Helen mudara-se para Los Angeles, a fim de perseguir seu sonho de fazer sucesso no cinema. Enquanto esperava por oportunidades, como explicou em suas cartas, já tinha conhecido alguns produtores e, nesse meio tempo, estava trabalhando como vendedora numa chapelaria.

No meu primeiro dia em casa, fui ver Malhada, que estava sozinha no pasto. Ela estava meio peluda, mas parecia ter envelhecido melhor do que o resto da família. Coloquei a sela sobre suas costas e cavalguei pelo vale. Era um fim de tarde, e a longa sombra arroxeada que formávamos afundava e ressurgia no capim alto. Malhada devia ter uns 17 anos, mas ainda tinha energia, e, numa inclinação do terreno, acelerei o passo. Seus cascos estalavam no chão duro e o vento empurrava meus cabelos para trás, assoviando em meus ouvidos. Eu não montava um cavalo desde que partira para Chicago e me sentia ótima.

Estava um tanto preocupada com Helen, já que ela não era a pessoa mais independente do mundo, mas mamãe, para minha surpresa, encorajara-a a ir para Los Angeles, acreditando piamente que, com aquele rostinho bonito e aquelas mãos delicadas, ela seria descoberta na certa ou, caso contrário, ela encontraria um marido rico em Hollywood. Mamãe também deu a entender algumas vezes que seria bom eu ir para a faculdade, uma vez que, com um casamento fracassado em meu passado, teria dificuldades em encontrar um bom marido e precisaria de alguma coisa com a qual contar.

— Um pacote que já foi aberto não tem o mesmo atrativo — disse ela.

Diferentemente da última vez em que tinha voltado para casa, ninguém me implorou para ficar. Até papai tinha aceitado o fato de que eu estaria indo para outra cidade — e achei isso muito bom. Não encontrara meu lugar em Chicago, mas a cidade tinha me mudado; então, também não me enquadrava mais no rancho Casey. Até me senti estranha ao dormir na minha velha cama. Além do mais, se quisesse ficar, teria que partilhar as tarefas e, depois de todos aqueles anos como empregada doméstica, limpar o galinheiro e o estrume dos currais não me parecia muito atraente. Em pouco tempo, fui para Flagstaff.

Embora fosse mais velha do que a maioria dos alunos, adorava a faculdade. Diferentemente de muitos dos rapazes, que tinham interesse por futebol e bebidas, e das moças, que se interessavam por rapazes, eu sabia exatamente por que estava lá e o que pretendia fazer depois. Gostaria de ter podido fazer todos os cursos do programa e ler todos os livros da biblioteca. Às vezes, depois de acabar um livro particularmente interessante, tinha vontade de pegar o cartão de empréstimo, descobrir quem mais o tinha lido e procurar a pessoa para conversar sobre ele.

Minha única preocupação era como iria pagar pela anuidade seguinte. Porém, depois de estar na universidade por exatamente um semestre, Grady Gammage, o reitor, mandou me chamar ao seu gabinete. Disse que tinha sido contatado pela cidade de Red Lake, que estava procurando por um professor. Ele vinha acompanhando meu desempenho porque também tinha dado duro para cursar a universidade e admirava quem fazia o mesmo. As pessoas de Red Lake se lembravam de mim dos tempos em que dei aula por lá. Estavam dispostas a me contratar, embora eu tivesse acabado de ingressar no curso, e o Senhor Gammage achava que eu tinha a competência necessária.

— É uma escolha difícil — disse ele —, pois, se você começar a lecionar agora, vai abandonar o curso, e muita gente não consegue voltar depois.

Para mim, não parecia uma escolha nem um pouco difícil. Ou pagava para ter aulas ou recebia para dar aulas.

— Quando começo? — perguntei.

VOLTEI AO RANCHO PARA pegar Malhada, e, pela terceira vez, aquela égua e eu fizemos uma travessia de oitocentos quilômetros entre Tinnie e Red Lake. Ela estava fora de forma, mas, como não a forcei pelo caminho, retomou o vigor rapidamente. Ambas gostávamos de estar em movimento pelos descampados.

Encontrei mais gente pela estrada do que na viagem anterior, e, de vez em quando, um carro passava em disparada; o motorista dirigindo nervosamente entre os solavancos causados por sulcos de rodas de carroças e levantando um cone de poeira. Mas ainda havia longas extensões de solidão, só eu e Malhada avançando paulatinamente. Quando eu sentava junto à minha fogueira, à noite, os coiotes uivavam como sempre, e a enorme lua deixava o deserto prateado.

A cidade de Red Lake ainda parecia estar localizada num dos pontos mais altos do mundo, e as terras de pasto ainda desciam em declive para todos os lados. Mas ela tinha mudado desde minha primeira vinda, quase 15 anos antes. O Arizona, com seus amplos espaços e sem ninguém para vigiar seus passos, sempre fora um paraíso para quem não gostava de que a lei ou outros bisbilhoteiros andassem em seu encalço, e havia mais maus elementos e gente excêntrica nas redondezas — contrabandistas de bebida mexicanos, prospectores de petróleo alucinados, veteranos de guerra enlouquecidos que ainda não conseguiam respirar direito por causa do gás mostarda, um sujeito com quatro esposas que não era mórmon. Um dos filhos desse sujeito se chamava Gil, porque, quando nasceu, o pai abriu a Bíblia ao acaso e, com os olhos fechados, colocou a ponta do dedo numa passagem sobre o Bálsamo de Gileade.

Mais fazendeiros também tinham ocupado terras, e mais lojas de comércio tinham sido abertas, inclusive uma garagem de automóveis com uma bomba de gasolina na frente. O capim ao redor da cidade, que costumava ser alto a ponto de tocar o ventre do gado, tinha sido cortado rente ao chão, e perguntei-me se tinha mais gente aqui do que cabia de fato.

A escola, agora, tinha um anexo nos fundos que servia de moradia para o professor; então tinha meu próprio quarto para dormir. Havia 36 alunos de todas as idades, tamanhos e origens, e eu fazia questão de, quando entrasse em sala, todos os dias, todos se levantassem e dissessem "Bom dia, tia Casey". Quem falasse fora de hora deveria ficar de pé num canto da sala, e quem me respondesse mal teria que pegar um galho do salgueiro para levar umas varadas. As crianças eram como cavalos: tudo era muito mais fácil quando se obtinha respeito desde o princípio, e não tentando consegui-lo depois que começassem a testar até onde ia a paciência.

Depois de um mês em Red Lake, fui até a prefeitura para pegar meu primeiro pagamento. Havia um curral ao lado do prédio, e, do lado de dentro, tinha um pequeno mustangue marrom-avermelhado, com as veias inchadas e ainda com o suor que se havia acumulado sob a sela, escorrendo pelas costas. Ao me ver, ele me lançou um olhar maligno e esticou as orelhas para trás. Pude ver, logo de cara, que aquele era um cavalo malvado.

Na prefeitura, dois funcionários estavam parados diante de uma mesa, com os chapéus inclinados para trás e as calças enfiadas nas botas. Quando me apresentei, um deles — um rapaz magricelo com pernas de galo e olhos juntos — falou:

— Soube que a senhora veio lá de Chicago pra ensinar umas coisinhas pros nossos meninos.

— Sou apenas uma mulher trabalhadora que veio pegar o pagamento do mês — falei.

— Antes de pegar o pagamento, tem que passar por um teste bem simples, primeiro.

— Que teste?

— Tem que montar aquele cavalinho que tá lá no curral.

Dava para ver, pelos olhares cúmplices trocados entre o Pernas de Galo e seu companheiro, que eles estavam achando que pregariam uma peça numa professorinha inexperiente. Percebi que supunham que eu achava que sabia tudo sobre leitura, matemática e tudo o mais, e, por isso, colocariam essa moça da cidade grande em seu devido lugar quando ela tentasse montar aquele cavalo.

Resolvi entrar no jogo deles, para ver quem ia rir por último. Batendo os cílios nervosamente e afetando estranheza, falei que aquele teste parecia meio fora do comum, mas que poderia tentar montar no cavalo, pois já tinha feito isso antes, e que ele deveria ser, na minha opinião, uma criaturinha doce.

— Doce feito peido de neném — disse o Galo.

Eu estava usando um vestido largo e sapatos brutos de trabalho.

— Não estou usando roupas de montaria, mas, se ele estiver acostumado a ser montado, acho que posso dar um voltinha com ele.

— A senhorita pode montar nele até de pijama — falou o Galo, com um sorriso de deboche.

Segui os dois palhaços até o curral e, enquanto colocavam a sela no mustangue, fui até um pé de zimbro, peguei um galho bom e arranquei as folhas e os galhos menores.

— Pronta para passar no teste, dona? — perguntou o Galo. Ele estava achando que o desastre que se anunciava seria tão hilariante que quase não conseguia se conter.

O mustangue estava parado, totalmente imóvel, mas me observando com o canto dos olhos. Era apenas mais um cavalo pouco domado, e eu já tinha visto montes ao longo da vida. Levantei a saia e encurtei as rédeas, virando a cabeça do cavalo para a direita, para que ele não pudesse enviesar as patas traseiras.

Assim que coloquei o pé no estribo, ele desembestou. No entanto, eu o estava segurando pela crina e, assim, pulei para cima da sela. Imediatamente, o animal começou a saltar e dar coices. Àquela altura, os dois homens estavam caindo na gargalhada, mas não dei bola. A maneira de evitar que um cavalo empinasse era manter sua cabeça levantada — pois ele precisa baixá-la para dar coices com as patas traseiras — e, então, fazê-lo avançar para frente.

Bati na boca do cavalo com força, com as rédeas, o que o fez levantar a cabeça rapidamente, e acertei seu lombo com o galho de zimbro.

Aquilo chamou a atenção daquele indomado afoito — e dos palhaços também. Saímos num bom galope, mas ele ainda meneava a parte dianteira do corpo, retesando a parte traseira. Eu estava acompanhando o movimento, cavalgando com a parte superior do meu corpo bem solta, os calcanhares bem presos a seu ventre, e as pernas apertadas como um torniquete preso às suas laterais. O Galo e seu amiguinho não veriam nem um raiozinho de sol passando entre minhas pernas e aquela sela.

Cada vez que sentia uma pequena hesitação, o que significava que lá vinha coice, eu batia na boca do cavalo e dava-lhe uma açoitada no lombo, e logo ele aprendeu que a única saída que lhe restava era fazer o que queria que ele fizesse. Em pouco tempo, ele se acalmou, e fiz um carinho em seu pescoço.

Fiz o mustangue voltar até onde estavam os dois palhaços, que já não riam mais. Ambos tinham perdido todo o humor. Estavam até meio boquiabertos. Dava para perceber que morriam de raiva por eu conseguir amansar um cavalo com o qual eles já tiveram muitos problemas, mas não deixei transparecer.

— Que cavalinho bonzinho! — falei. — Posso receber meu pagamento agora?

O BOATO DE QUE AMANSARA aquele mustangue correu solto em Red Lake, e as pessoas começaram a me ver como alguém importante. Tanto homens quanto mulheres pediam meu ponto de vista sobre problemas com cavalos e com crianças. O Galo — cujo verdadeiro nome era Orville Stubbs, mas a quem sempre chamei de Galo — começou a agir como se fosse meu fiel escudeiro, como se, por ter ganhado o jogo dele, ele me devesse devoção irrestrita.

Galo só trabalhava meio expediente na prefeitura. Morava em cima do estábulo da cidade e também ganhava algum dinheiro limpando o estrume, ferrando cavalos e ajudando nos ajuntamentos de gado. Como a maioria das pessoas no campo, não tinha um emprego específico, muito menos uma carreira, mas se virava fazendo o que aparecesse. Ele se revelou uma pessoa bastante simpática, embora tivesse hábitos nada encantadores. Mascava fumo e o engolia, não cuspia.

— Os cuspidores desperdiçam um bom suco — declarou ele.

Galo me apresentou a outros cavaleiros de Red Lake, contando ao pessoal que eu era uma antiga melindrosa de Chicago que tinha parado de beber champanhe e de dançar o *charleston* para vir dar aulas às crianças do condado de Coconino. Ele me encorajou a correr com aquele mustangue, que era seu e que batizara de Demônio Vermelho, em corridas locais. Havia reuniões informais durante os fins de semana, com cinco a dez cavalos em corridas curtas e um prêmio de cinco a dez dólares. Comecei a ganhar algumas das corridas, e isso fez com que as pessoas se pusessem a falar ainda mais de mim.

Também passei a jogar pôquer aos sábados à noite com Galo e seus amigos. Nossos jogos eram no café e envolviam um elevado consumo de álcool. A maioria das pessoas naquela parte do Arizona não dava muita bola para a Proibição, considerando-a como uma aberração perversa vinda do Leste. Ela só teve por consequência mesmo o fato de que os donos de bares mudaram o nome de seus estabelecimentos para "café" e escondiam as garrafas de bebida alcoólica debaixo do balcão em vez de exibirem sobre a prateleira do bar. Ninguém ia se meter entre um caubói e seu uísque.

O Galo e os demais bebiam grandes quantidades do que apelidaram de "mijo de pantera", mas eu ficava lá com um único copo durante a noite toda. Eu evitava o blefe elaborado de que os caubóis tanto gostavam, e, geralmente, jogava a mão que recebia, pedindo para sair assim que as apostas ficavam altas demais para meu cacife, indo atrás apenas de pequenas vitórias, e não de grandes apostas arriscadas que raspavam a mesa toda. Ainda assim, na maioria das noites, terminava na frente dos demais, com uma boa quantidade de moedas empilhadas na mesa, à minha frente.

Fiquei sendo conhecida como Lily Casey, a professora amansadora de mustangues, jogadora de pôquer, ganhadora de corridas de cavalo do condado de Coconino; e não era nada mal estar num lugar onde ninguém se incomodava com o fato de uma mulher ter uma qualificação dessas.

Depois de algum tempo, percebi que o Galo estava interessado em mim, mas, antes que me declarasse suas intenções, dei um jeito de contar que já tinha sido casada anteriormente, que não tinha dado certo e que não tinha vontade de casar de novo. Ele pareceu aceitar isso, e continuamos bons amigos, mas, um dia, ele veio até meu quarto com uma expressão tímida e sóbria.

— Tem uma coisa que preciso perguntá procê — disse ele.

Estava parecendo que ia me pedir em casamento.

— Galo, pensei que você tivesse entendido que a gente era só bons amigos.

— Não é nada disso. Então, não dificulta as coisas.

Ele hesitou por uns instantes.

— Ia perguntar se você podia me mostrar como se escreve Orville Stubbs.

E foi assim que Galo se tornou meu aluno secreto.

GALO COMEÇOU A APARECER nos sábados à tarde. Trabalhávamos na sua leitura e redação, e, então, saíamos à noite para uma partida de cartas. Eu ainda corria com o Demônio Vermelho e ganhava mais do que perdia. Tinha gastado parte do dinheiro de meus prêmios na compra de uma blusa cor de carmim, de seda pura, que usava sempre que corria. Assim, até espectadores míopes poderiam me reconhecer. Simplesmente adorava aquela blusa vermelha espalhafatosa e brilhante. Qualquer um poderia perceber, no primeiro relance, que tinha sido comprada pelo correio, não feita ou tingida em casa. Aquela blusa se tornou minha marca registrada.

Um dia, no início da primavera, Galo e eu fomos correr num rancho ao sul de Red Lake. Era um evento maior do que o de costume, com cinco corridas curtas iniciais e uma corrida final, maior, com um prêmio de 15 dólares. A pista era de verdade, com uma proteção na parte interna do circuito, no interior da qual os espectadores estavam reunidos.

As pernas do Demônio Vermelho eram meio curtas, mas aquele pequeno mustangue tinha fogo nas ventas, e, quando começava a correr, era tão veloz que o som de seus cascos parecia um longo rufar de tambor. Na segunda corrida, tomamos logo a dianteira. Ainda estávamos na frente, na altura da primeira virada, quando o cano de descarga de um carro perto da proteção soltou um estalido de explosão. Vermelho empinou o corpo e virou de repente para a direita, e eu fui para a esquerda. Antes que pudesse entender o que estava acontecendo, eu já rolava na pista.

Coloquei as mãos sobre a cabeça e fiquei parada, imóvel, comendo poeira, enquanto os outros cavalos passavam por cima de mim como raios. Fiquei sem conseguir respirar, mas, fora isso, estava bem, e, quando o som dos cascos diminuiu, levantei-me e sacudi a poeira do traseiro.

Galo pegou o Vermelho e correu de volta na minha direção, puxando o cavalo. Subi na sela. Não tinha a menor chance de alcançar os outros, mas Vermelho precisava aprender que o fato de eu desmontar involuntariamente não significava que ele estava livre de seu trabalho.

Quando atravessei a linha de chegada, o juiz levantou e tirou o chapéu. Corri em outra corrida, mas Vermelho estava fora do prumo, e terminamos entre os últimos. Sentira que aquele prêmio de 15 dólares estivera ao meu alcance, e, depois, enquanto o Galo lavava o cavalo, eu ainda reclamava daquele carro que fez barulho de explosão. Foi quando o juiz apareceu. Era um homem grande, com uma maneira de andar calculada, um rosto enrugado e olhos azuis-claros.

— Foi uma queda e tanto a que a senhorita levou — disse ele.

Sua voz era profunda, como se estivesse falando de dentro de um contrabaixo.

— Não precisa me lembrar, moço.

— Todos levam tombos, dona. Mas fiquei muito impressionado com a maneira como, em vez de parar por hoje, a senhorita voltou logo para cima do cavalo e terminou a corrida.

Comecei a reclamar da charanga barulhenta, mas Galo me interrompeu.

— Este é Jim Smith — disse ele. — Tem gente que o chama de Grande Jim. Ele é o dono da nova garagem da cidade.

— A senhorita não gosta muito de automóveis, não é? — perguntou Jim.

— Só não gosto quando eles assustam meu cavalo. Na verdade, sempre quis aprender a dirigir.

— Talvez possa lhe ensinar.

Eu jamais deixaria escapar uma oportunidade daquelas. Então, Jim Smith ensinou à professora como dirigir um carro. Ele tinha um Ford Modelo T, o Ford de Bigode, com um radiador, faróis e buzina feitos de latão. O carro, que Jim chamava de Calhambeque, era uma temeridade — e, às vezes, uma verdadeira ameaça — para quem começasse a dirigir. Nos dias muito frios, simplesmente não tinha como fazê-lo dar a partida, e, até em dias quentes, era conveniente que houvesse duas pessoas, senão era preciso usar a manivela manual, pular rapidamente para dentro do carro e reduzir o acelerador. Às vezes, o carro dava um pulo para a frente enquanto se girava a manivela; outras vezes, o motor dava um revés, o que fazia com que a manivela girasse ao contrário. Quando isso acontecia, era público e notório que muitas pessoas quebravam o pulso.

Mas, quando o Calhambeque andava, dirigi-lo era um deleite. Descobri que adorava carros ainda mais do que cavalos. Os carros não precisavam ser alimentados se não estivessem trabalhando e não deixavam grandes montes de estrume por toda a parte. Os carros eram mais rápidos do que os cavalos e não saíam correndo desembestados nem derrubavam cercas a coices. Também não davam pinotes, mordiam ou recuavam, e não precisavam ser amansados nem treinados, ou pegos e selados todas as vezes que era preciso ir a algum lugar. Não tinham vontade própria. Os carros obedeciam.

Pratiquei direção com Jim em descampados, onde não era preciso preocupar-se com atropelar nada além de pés de zimbro, e logo peguei o jeito da coisa. Em pouquíssimo tempo, estava atravessando as ruas de Red Lake na estonteante velocidade de quarenta quilômetros por hora, pisando nos pedais e passando a marcha com as mãos, enquanto buzinava para as galinhas no caminho, desviando para evitar atropelar os pobres pedestres caipiras e assustando cavalos com ocasionais explosões do cano de descarga.

Mas eles tinham de se acostumar àquilo. O automóvel tinha chegado para ficar.

Minhas aulas de direção com Jim Smith começaram a incluir passeios ao Grand Canyon, para entregar gasolina num posto perto de lá, e, depois, para piqueniques. Quando aprendi a dirigir, continuamos os piqueniques e, também, íamos a cavalo a lugares como a caverna de gelo de Red Lake — um buraco tão profundo que, se você descesse até o fundo, dava para encontrar gelo em pleno verão. Usávamos o gelo na limonada, para acompanhar biscoitos e carne.

Depois de algum tempo, ficou claro que, mesmo sem dizê-lo diretamente, Jim estava me fazendo a corte. Já tinha sido casado, mas sua esposa — uma coisinha linda e loura — tinha morrido numa epidemia de gripe dez anos antes. Ainda não estava interessada em casamento, mas havia muito em Jim Smith a ser admirado. Para início de conversa, diferentemente do safado de meu marido, ele não vinha com lero-lero. Só falava quando tinha alguma coisa a dizer, e, se não tivesse, não sentia necessidade de preencher o vazio com ar quente.

Jim Smith era mórmon não praticante. Nascera na religião, mas não a seguia. Seu pai era Lot Smith: soldado, pioneiro e oficial da guarda montada, e fora um dos tenentes principais de Brightam Young, quando os mórmons entraram em guerra contra o governo americano. A certa altura, os agentes federais colocaram uma recompensa de mil dólares para quem o pegasse, mas, quando vieram prendê-lo, Lot Smith manteve os soldados sob a mira do revólver. Também ajudou a fundar a colônia mórmon em Tuba City, e lá foi morto por um navajo — ou por um mórmon rival, dependendo da história em que se acreditasse.

Lot Smith tinha oito mulheres e 52 filhos, e essas crianças aprenderam a se virar. Quando Jim fez 11 anos, o pai lhe deu um rifle, algumas balas, um pacote de sal e disse:

— Aqui está a sua comida da semana.

Jim tornou-se um ótimo marcador de cavalos e cavaleiro; cuidava de cavalos amansados aos 14 anos. Trabalhou no Canadá durante um tempo, mas teve problemas com a guarda montada canadense por usar a pistola com excessiva liberdade. Voltou ao Arizona e virou lenhador, instalando-se numa casa própria. Depois que a esposa morreu, entrou para a cavalaria e, durante a Primeira Guerra Mundial, serviu na Sibéria, onde os soldados americanos protegiam a ferrovia transiberiana em meio à briga entre os russos vermelhos e os russos brancos (os não bolcheviques). Enquanto esteve na Sibéria, sua casa foi tomada por falta de pagamento de impostos, então, depois de ser desligado da cavalaria, tornou-se prospector de petróleo, antes de, finalmente, abrir sua garagem em Red Lake. O homem não era nada preguiçoso.

Jim Smith ia fazer cinquenta anos, o que significava que era vinte anos mais velho do que eu, e tinha marcas do tempo registradas por toda a parte — inclusive uma cicatriz de ferimento à bala em forma de estrela no ombro direito, de um incidente que achava não merecer comentários. Além disso, era bem careca e tinha perdido todo o pelo do lado esquerdo do corpo, em decorrência da vez em que fora arrastado por um cavalo ao longo de três quilômetros. Mas não se podia dizer que Jim Smith estivesse perdendo o fôlego. Conseguia passar 12 horas sobre uma sela, levantar um carro pelo eixo, e cortar, rachar e empilhar lenha suficiente para manter seu fogão aceso durante todo o inverno.

Jim podia ver coisas, com aqueles seus olhos azuis-claros, que outras pessoas não viam: a codorna no arbusto denso, o cavalo e o cavaleiro no horizonte, o ninho da águia na encosta do penhasco. Era isso que fazia dele um excelente atirador. Também percebia tudo: sentia, com as mãos calejadas, típicas de um ferrador, a pequena protuberância debaixo do joelho do cavalo que indicava um tendão frouxo. Conseguia identificar mentirosos, trapaceiros e blefadores no primeiro relance. Mas, se, por um lado, nada lhe passava despercebido, por outro, nunca deixava transparecer que sabia o que sabia.

E nada, jamais, tirava Jim Smith do sério. Estava sempre calmo, nunca perdia a compostura e nem tinha dúvidas quanto ao que queria. Sempre sabia o que estava pensando e como se sentia. Era confiável e estável. Era sólido. Tinha seu próprio negócio, que era firme e respeitado. Consertava carros que precisavam de reparos. Não estava tentando vender aspiradores de pó a donas de casa ingênuas, depois de jogar poeira no chão de suas casas.

Mesmo assim, eu ainda não estava preparada para casar novamente, e Jim ainda não tinha trazido o assunto à baila. Estávamos nos divertindo, fazendo piqueniques, passeando a cavalo e sacolejando dentro do Calhambeque por todo o condado de Coconino, até que recebi a carta de Helen.

A CARTA FORA POSTADA em Hollywood.

Helen escrevia-me regularmente desde que se mudara para a Califórnia, e suas cartas sempre pareciam artificialmente alegres: ela estava sempre prestes a debutar no cinema, indo a testes e não emplacando por muito pouco, tendo aulas de sapateado e vendo estrelas que passavam de carro pelas ruas em seus conversíveis.

Helen também namorava o príncipe encantado, um homem que conhecia todo mundo e que a tratava como uma princesa, que ia abrir todas as portas para ela nesse mundo maluco do cinema, e com o qual até poderia casar. Mas, depois de várias cartas, ela parava de mencionar esse príncipe encantado, e, aí, um outro príncipe, ainda mais encantado e formidável, aparecia. Eu desconfiava que ela estivesse se envolvendo com uma série de pilantras que a usavam e que, quando se cansavam dela, largavam a coitada.

Ficava preocupada, pois Helen poderia estar correndo o risco de tornar-se uma mulher fácil. Assim, escrevi cartas avisando sobre os perigos de contar com os homens, de esperar que cuidassem dela, e para que ela tivesse um plano alternativo para o caso de, como já parecia óbvio àquela altura, sua carreira no cinema não deslanchar. Mas ela respondia, brigando comigo por ser tão negativa, explicando que essa era a maneira de todas as jovens subirem em Hollywood. Torcia para que ela estivesse certa, já que eu sabia muito pouco sobre a maneira de se subir no mundo do cinema e não tivera muita sorte com os homens.

Mas nesta nova carta, Helen confessava que estava grávida do último príncipe encantado, que queria que ela fizesse um aborto num açougue qualquer. Quando disse que tinha medo daquelas operações feitas com ganchos de cabide — ela tinha ouvido falar que mulheres tinham morrido com isso —, ele alegou que o filho não era dele e cortou relações com ela.

Helen não sabia o que fazer. Estava grávida de dois meses e sabia que seria demitida da chapelaria assim que a barriga começasse a aparecer. Os testes de elenco também seriam impensáveis. Estava envergonhada demais para voltar para mamãe, papai e o rancho. Perguntava-se se deveria seguir adiante com o aborto, afinal de contas. Escreveu que aquela confusão toda lhe dava vontade de jogar-se pela janela.

Não tive qualquer dúvida sobre o que Helen deveria fazer. Escrevi dizendo que não fizesse o aborto — as mulheres morriam, sim, disso. Era melhor que ela tivesse a criança, e, depois, resolvesse se queria ficar com ela ou entregar à adoção. Escrevi que ela poderia vir para Red Lake e morar comigo no meu quarto na escola até decidir o que faria.

Helen chegou a Flagstaff uma semana depois, e Jim me emprestou o Calhambeque para que eu fosse até a estação apanhá-la. Franzi os olhos ao vê-la descer do trem: carregando um casaco de pele que, provavelmente, o príncipe encantado lhe havia dado; seus ombros pareciam mais franzinos do que antes, mas seu rosto estava rechonchudo e seus olhos, vermelhos de tanto chorar. Também tinha descolorido o cabelo, que estava naquele tom platinado que muitas estrelas vinham usando. Quando a abracei, fiquei assustada com quão frágil ela parecia, como se tivesse um corpo de passarinho. Assim que entramos no Calhambeque, ela acendeu um cigarro, e notei que suas mãos estavam tremendo.

No caminho de volta para Red Lake, falei o tempo todo. Tinha passado a última semana pensando sobre as palavras funestas de Helen, e, enquanto atravessávamos os campos, expus o que acreditava serem suas opções. Eu poderia escrever para nossos pais, explicar a situação e prepará-los. Tinha certeza de que eles a perdoariam e a receberiam de braços abertos em casa. Conseguira o nome de um orfanato em Phoenix, se ela quisesse optar pela adoção. Também havia muitos homens no condado de Coconino que procuravam uma esposa, e ela poderia encontrar alguém que estaria disposto a casar com ela, mesmo grávida. Duas possibilidades que me tinham ocorrido eram Galo e Jim Smith, mas não entrei em detalhes.

Helen, entretanto, parecia distraída, quase em transe. Fumando um cigarro após o outro, falava por frases fragmentadas, e, em vez de se concentrar nas questões práticas, sua mente vagava. Ela continuava voltando a projetos totalmente despropositados e considerações inúteis, perguntando-se se poderia vir a recuperar seu príncipe depois de colocar a criança num orfanato e preocupada se a gravidez estragaria sua silhueta em cenas de maiô, no cinema.

— Helen, está na hora de acordar para a realidade — falei.

— Estou sendo realista. Uma garota sem uma boa silhueta não tem futuro.

Resolvi que aquele não era o momento de insistir no assunto. Quando alguém está ferido, a primeira coisa a fazer é estancar o sangramento. Depois, pensa-se no que é melhor para sarar a dor.

Minha cama era pequena, mas me encolhi para que Helen e eu pudéssemos dormir uma ao lado da outra, como fazíamos quando éramos meninas. Era o mês de outubro, e as noites no deserto estavam ficando frias; então, ficávamos bem juntinhas. Às vezes, tarde da noite, Helen começava a chorar — o que eu considerava um bom sinal, porque significava que, de vez em quando, ela parecia entender a gravidade de sua situação. Quando isso acontecia, segurava-a contra mim e garantia-lhe que superaríamos aquilo tudo, assim como tínhamos sobrevivido àquela inundação repentina no Texas, quando éramos meninas.

— A gente só precisa encontrar um álamo onde a gente possa subir — eu repetia sempre —, e vai ficar tudo bem.

Durante o dia, enquanto dava as minhas aulas, Helen ficava sozinha naquele pequeno quarto. Nunca fazia barulho e passava a maior parte do tempo dormindo. Eu tinha a esperança de que, quando tivesse repousado o bastante, ela colocaria as ideias no lugar e poderia começar a pensar no futuro de uma forma construtiva. Mas Helen continuava vaga e evasiva, falando sobre Hollywood de uma maneira sonhadora que, francamente, me irritava.

Resolvi que Helen precisava de ar puro e luz do sol. Dávamos uma caminhada pela cidade todas as tardes, e eu a apresentava como minha irmã de Los Angeles, que tinha vindo para o deserto curar seus desmaios. Na primeira corrida de cavalos, Jim levou Helen no Calhambeque. Foi cortês e atencioso, mas, assim que os vi juntos, entendi que não tinham sido feitos um para o outro.

Galo, porém, ficou imediatamente interessado em Helen.

— Mas que formosura! — confidenciou ele.

Ela, porém, não estava interessada em Galo.

— Ele engole o tabaco — disse ela. — Me dá nojo toda vez que vejo o gogó dele subindo e descendo.

Eu achava que ela não podia se dar ao luxo de escolher muito naquela conjuntura. Mas era verdade que um funcionário da prefeitura que trabalhava meio expediente e tinha acabado de aprender a escrever o nome não seria o melhor marido para ela.

Helen adorou minha blusa carmim. Quando me viu usando, sorriu pela primeira vez desde que chegara a Red Lake. Ela pediu para experimentar, e pareceu tão animada enquanto a abotoava que pensei que tivesse se curado da tristeza. Enquanto ela enfiava a blusa para dentro da saia, vi que a barriga estava começando a aparecer. Entendi que a história de ter vindo pelo ar do deserto não colaria por muito mais tempo, e, qualquer que fosse seu humor, seus problemas não iriam embora.

Helen e eu começamos a frequentar a igreja católica de Red Lake. Era uma missão pequena e empoeirada, de adobe, e eu, particularmente, não apreciava o pároco, padre Cavanaugh, um homem magro, sem humor, cuja carranca assustava até as vacas no pasto. Mas muitos dos fazendeiros locais iam para lá, e achei que Helen poderia encontrar algum que achasse simpático.

Certo dia, seis semanas depois da chegada da Helen, estávamos na igreja apinhada, levantando e ajoelhando, levantando e ajoelhando, enquanto ouvíamos a missa. O incenso subia até o teto. Helen vinha usando vestidos largos e um casaco folgado a fim de esconder seu estado, mas, de repente, ela desmaiou. Padre Cavanaugh desceu correndo do altar. Colocou a mão na sua testa, olhou-a por um certo tempo, e algo o fez colocar a mão em seu ventre.

— Ela está esperando — disse ele, e olhou para seus dedos sem aliança. — E não é casada.

O padre Cavanaugh disse a Helen que ela deveria se confessar. Quando o fez, em vez de oferecer-lhe perdão, ele avisou que sua alma estava correndo perigo mortal. Como havia cometido o pecado da luxúria, disse ele, o único lugar para ela nesse mundo seriam os abrigos da Igreja para mulheres perdidas.

Ela voltou de sua visita ao padre mais desarvorada do que antes. Não tinha a menor intenção de ir para um daqueles abrigos — e eu não deixaria que ela fosse —, mas agora seu segredo tinha sido revelado, e todo mundo na cidade de Red Lake começou a nos olhar de maneira diferente. As mulheres olhavam para o chão quando passavam por nós nas ruas, e os caubóis se sentiam com o direito de nos olhar diretamente nos olhos, como se tivesse corrido o boato que éramos mulheres vadias. Uma vez, quando passamos por uma mexicana idosa sentada num banco, olhei para trás, e ela estava fazendo o sinal da cruz.

Num fim de tarde, duas semanas depois de Helen fazer sua confissão, ouvi uma batida na porta do meu quarto. O superintendente MacIntosh — o mesmo homem que dispensara meus serviços de professora quando a guerra acabou — estava parado do lado de fora.

Ele tocou na aba de seu chapéu e olhou para dentro do quarto, onde Helen estava lavando a louça do jantar dentro de uma vasilha de metal.

— Senhorita Casey, posso ter uma palavrinha com a senhorita, em particular?

— Vou dar uma volta — disse Helen.

Ela enxugou as mãos no avental e passou por Seu MacIntosh, que, em uma grande demonstração de civilidade, tocou na aba do chapéu uma segunda vez.

Como não queria que ele visse a louça suja e a mala de Helen aberta no chão, no meio do quarto, levei-o até a porta adjacente, que dava para a sala de aula.

Olhando para fora, pela janela, e mexendo na aba do chapéu, Seu MacIntosh pigarreou nervosamente. Então, começou o que era, obviamente, um discurso preparado, sobre a condição de Helen, sobre padrões morais e política educacional, alunos impressionáveis, a necessidade de dar o bom exemplo, a reputação do Conselho Diretor de Educação do Arizona. Comecei a argumentar que Helen não tinha ninguém mais a quem recorrer e que ela ficava bem longe dos alunos; mas ele disse que não havia discussão possível, estava sendo pressionado por muitos pais, a questão estava fora de sua alçada, e, embora ele lamentasse ter de me dizer aquilo, o fato era que, se eu quisesse manter meu emprego, Helen teria de partir. Então, colocou o chapéu e foi embora.

Continuei me sentindo magoada e humilhada e fiquei sentada algum tempo à minha mesa. Pela segunda vez na vida, aquele funcionariozinho com cara de peixe estava dizendo que não me queriam por lá. Os pais de meus alunos incluíam tropeiros, bêbados, especuladores imobiliários, contrabandistas, jogadores profissionais e ex-prostitutas. Não se importavam se eu participasse de corridas de cavalos ou bebesse uísque contrabandeado, mas ficavam mortalmente indignados por eu demonstrar alguma compaixão por uma irmã, que tinha sido enganada e abandonada por um salafrário de fala macia. Aquilo me deu vontade de estrangular aquela cambada toda.

Voltei para meu quarto. Helen estava sentada na beira da cama, fumando um cigarro.

— Não fui dar uma volta — disse ela. — Ouvi tudo.

PASSEI A NOITE SEGURANDO HELEN em meus braços, tentando assegurá-la de que tudo acabaria bem. Disse que escreveríamos para casa. Eles iriam entender. Esse tipo de coisa acontecia às jovens o tempo todo, e ela poderia morar no rancho até o bebê nascer. Eu começaria a participar de corridas de cavalo todos os fins de semana e economizaria os prêmios para ela e o bebê e, quando ele nascesse, Buster e Dorothy poderiam criá-lo como se fosse deles; ela teria dinheiro para começar vida nova em algum lugar divertido como Nova Orleans ou Kansas City.

— Temos muitas opções. Mas esta faz mais sentido — falei.

Ela, porém, estava inconsolável. Estava convencida de que sobretudo mamãe jamais a perdoaria por trazer vergonha à família. Mamãe e papai a deserdariam, segundo ela, da mesma forma como a nossa empregada, Lupe, tinha sido expulsa de casa quando ficou grávida. Nenhum homem a desejaria como esposa novamente, continuou, e ela não tinha aonde ir. Ela não era forte como eu e não conseguiria se virar sozinha.

— Você nunca sente vontade de desistir? — perguntou ela. — Estou desistindo.

— Isso é bobagem — falei. — Você é muito mais forte do que pensa. Sempre existe uma saída.

Falei novamente sobre o álamo. Também contei sobre a vez em que fui mandada pelas Irmãs de Loretto de volta para casa, porque papai não podia mais pagar a escola, e sobre como a madre Albertina tinha me falado que quando Deus fecha uma janela, Ele abre uma porta, e que cabia a nós encontrá-la.

Helen, finalmente, pareceu encontrar algum consolo naquelas palavras.

— Talvez você esteja certa. Talvez haja uma saída — disse ela.

Ainda estava acordada na cama, deitada ao lado da Helen, quando a primeira luz acinzentada do amanhecer começou a aparecer na janela. Helen tinha, finalmente, adormecido, e eu analisava seu rosto à medida que ele saía das sombras. Aqueles absurdos cabelos platinados tinham caído sobre sua testa, e enfiei-os atrás de suas orelhas. Seus olhos estavam inchados de tanto chorar, mas seus traços ainda eram delicados, sua pele, ainda pálida e macia, e, quando a luz começou a encher o quarto, seu rosto se iluminou, radiante. Para mim, ela parecia um anjo, um anjo ligeiramente inflado e grávido, mas, mesmo assim, um anjo.

De repente, me senti muito mais otimista. Era sábado. Saí da cama, vesti uma calça comprida e moí um pouco de café bem forte. Quando ficou pronto, trouxe uma caneca para Helen, e disse-lhe que estava na hora de levantar e sacudir a poeira. O que íamos fazer, falei, era pegar o Calhambeque emprestado com Jim e fazer um piquenique no Grand Canyon. Aqueles penhascos impressionantes nos dariam uma boa perspectiva de nossos minúsculos problemas.

Helen sorriu, bebeu o café. Eu disse que pegaria o carro enquanto ela se arrumava, e sairíamos cedo para aproveitar bem o dia.

— Volto num instante — falei, da porta.

— Está bem. E Lily, estou feliz por você ter falado para eu vir.

Era uma linda manhã, o ar estava tão fino e fresco à intensa luz do sol de novembro que dava para ver nitidamente cada galhinho e folha de grama. Os campos tinham ficado da cor do feno. Não havia nenhum fiapo de nuvem em todo o céu ao redor, e pombas brancas arrulhavam nos cedros. Passei pelas velhas casas de adobe e pelas de madeira, mais novas, por cafés e pela estação de gasolina, por famílias de fazendeiros vindo à cidade para o dia de mercado, e, então, de repente, senti que alguma coisa estava me sufocando.

Coloquei a mão na garganta, e, naquele instante, fui tomada por horrível sentimento de pânico. Dei meia-volta e corri o mais rápido possível, por lojas e casas e fazendeiros intrigados, todos voando por mim como uma grande mancha borrada, mas, quando abri a porta, já era tarde.

Minha irmãzinha estava balançando, pendurada numa viga, com uma cadeira caída sob os pés. Ela tinha se enforcado.

Padre Cavanaugh não me deixou enterrar Helen no cemitério católico. O suicídio era um pecado mortal, disse ele, o pior de todos os pecados, porque era o único do qual a pessoa não podia arrepender-se nem podia receber absolvição. Portanto, os suicidas não podiam ser enterrados em solo consagrado.

Então, Jim, Galo e eu fomos de carro pelos campos, para longe da cidade. Encontramos um lindo lugar, no topo de uma colina que dava para um vale verdejante e suave — tão lindo que acreditei que, aos olhos de Deus, ele deveria ser sagrado —, e enterramos Helen ali, vestida com minha blusa de seda vermelha.

V

CORDEIROS

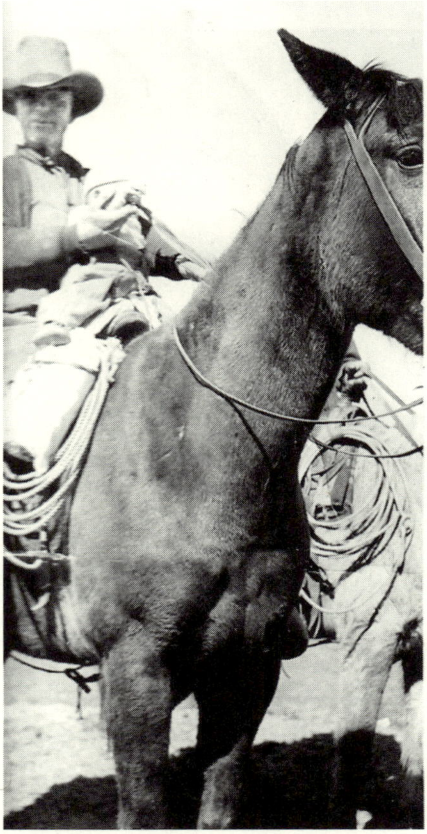

Grande Jim com Rosemary

Quando as pessoas se matam, acham que estão colocando um fim à dor, mas, em realidade, estão transmitindo a dor aos que deixam para trás.

Durante meses, depois da morte de Helen, a dor pesou sobre mim de maneira tão grave e sombria, como uma grande placa de chumbo, que, na maioria dos dias, não teria conseguido levantar da cama se não tivesse que dar aula às crianças. A ideia de andar a cavalo — para não falar em correr —, jogar cartas ou dirigir o Calhambeque pelo descampado parecia tão sem sentido que era quase repulsiva. Tudo me irritava: crianças gritando ou simplesmente rindo no pátio da escola, sinos de igreja tocando, pássaros cantando. Por que raios eles cantavam, afinal?

Pensei em largar o emprego, mas tinha um contrato de trabalho a respeitar, e, de qualquer forma, não podia culpar as crianças pelo que seus pais tinham feito. Mas, para mim, Red Lake era uma página virada, e eu iria embora. Nem sabia mais se ainda queria ser professora. Sentia como se tivesse dado tudo o que podia às crianças dessa cidade, e, quando precisei de um pouco de compreensão, suas famílias não tinham tido a menor consideração por mim. Talvez, devesse parar de me dedicar aos filhos dos outros, e dedicar-me aos meus. Nunca tinha tido muita vontade de ter filhos, mas, quando Helen se matou, também matou o bebê dentro dela, e alguma coisa nessa história me fez ter vontade de colocar um filho no mundo.

Com o passar do tempo, sem mesmo perceber o que estava acontecendo, a ideia de ter um filho aliviou minha dor. Um dia, na primavera, levantei cedo, como sempre, sentei-me no degrau da porta do quarto, bebendo meu café, enquanto o sol se levantava sobre as montanhas San Francisco, a leste. Os feixes de luz que deslizavam pelo platô tinham aquela cor dourada da primavera e, quando chegaram até mim, esquentaram meu rosto e meus braços.

Percebi que naqueles meses, desde a morte de Helen, não vinha prestando muita atenção em coisas como o nascer do sol, mas o sol se levantava mesmo assim. Não importava como me sentia, ele ia continuar a nascer e a se pôr, independentemente de eu notá-lo, e, se ia desfrutar disso, só dependia de mim.

E, se teria um bebê, precisava, antes, encontrar um marido. Comecei a ver Jim Smith de uma outra maneira. Tinha muitas qualidades, mas a mais importante de todas era que eu sentia que podia confiar totalmente nele. Quando me dei conta disso, não vi necessidade de fazer rodeios ou gestos grandiosos. Era um fim de tarde no início de maio, a aula tinha acabado, selei a Malhada e cavalguei até a garagem. Jim estava deitado de costas, debaixo de um carro, e só dava para ver suas pernas e botas saindo por debaixo da carroceria. Disse que precisava falar com ele; então, Jim foi se esgueirando devagarinho e levantou, limpando a graxa das mãos com um pano velho.

— Jim Smith, você quer casar comigo? — perguntei.

Ele ficou me olhando durante algum tempo, e, aí, abriu um sorriso.

— Lily Casey, quero casar com você desde que vi você levando aquele tombo do mustangue e voltando a subir nele logo em seguida. Só estava esperando por uma boa oportunidade para fazer o pedido.

— Bom, a hora é essa — falei. — Mas tenho duas condições.

— Sim, senhora.

— A primeira é que temos de ser parceiros. O que quer que a gente faça, faremos juntos, repartindo a carga.

— Parece uma boa coisa.

— A segunda é: ainda que você tenha sido criado como mórmon, não quero você arranjando outras esposas.

— Lily Casey, se conheço você bem, você é mulher mais que suficiente para qualquer homem.

Quando contei a Jim que meu primeiro marido vigarista tinha me dado um anel falso, ele pegou um catálogo de vendas da Sears e escolhemos juntos uma aliança, para que eu soubesse que o anel era legítimo. Casamos na minha sala de aula quando as férias de verão começaram. Galo foi testemunha. Antes da cerimônia, ele me deu um beijo.

— Sabia que ainda ia te beijar, mas não pensei que fosse porque ia casar com meu amigo. Mesmo assim, vou aproveitar a oportunidade.

Galo tinha um amigo que tocava acordeão, e, como eu ainda gostava de lecionar, em vez da Marcha Nupcial do Mendelssohn, pedi que tocasse o hino da associação dos professores e pais de alunos.

Foi em 1930, e eu tinha 29 anos. Muitas mulheres da minha idade tinham filhos que estavam praticamente crescidos, mas começar tarde não significava que eu não desfrutaria da jornada tanto quanto elas — talvez, até mais. Jim compreendeu por que eu queria deixar Red Lake e concordou em mudar sua garagem para Ash Fork, a uns 48 quilômetros de lá, logo acima da divisa com o condado de Yavapai. Ash Fork era uma cidadezinha agitada da Rota 66, no sopé da montanha Williams. Era uma das paradas da ferrovia de Santa Fé, com um galpão de reparos de locomotivas, e, alguns dias, as ruas ficavam cheias de carneiros a caminho do mercado. Ash Fork tinha um armazém-geral, administrado por um descendente do irmão de George Washington, e não uma, mas duas igrejas, e um restaurante da cadeia Harvey House, para os passageiros do trem, onde as garçonetes usavam aventais brancos e serviam quartos de torta inteiros quando se pedia uma fatia, e os clientes limpavam a boca em elegantes guardanapos de linho.

No banco de Ash Fork, Jim e eu fizemos um empréstimo e construímos uma garagem com arenito de Coconino, colocando nós mesmos as pedras e espalhando a argamassa. Penduramos o cartaz de GARAGEM de Red Lake sobre a porta. Com o dinheiro do empréstimo, compramos uma bomba de ar, um macaco com rodinhas e uma pilha de pneus novos do mesmo catálogo da Sears que tínhamos usado para encomendar minha aliança.

Também tínhamos trazido conosco a bomba de gasolina de Red Lake. O grande cilindro de vidro estava cheio de gasolina — tingida de vermelho para que se pudesse distinguir do querosene —, e, todas as vezes que se enchia um tanque, bolhas de ar remexiam dentro dele.

O trabalho era movimentado. Como éramos sócios, Jim me ensinou a manusear a bomba de gasolina. Ela era manual. Eu bombeava, bombeava, bombeava e a gasolina saía — glub, glub, glub. Também trocava o óleo e consertava pneus furados. Já no inverno, mesmo grávida, ainda ia trabalhar todos os dias, enchendo tanques e recebendo os pagamentos, enquanto Jim trabalhava nos carros.

Construímos uma casa pequena — também feita de arenito de Coconino, bem na Rota 66, que ainda era uma estrada de terra; nos períodos de seca, a poeira levantada pelas rodas das carroças e pelos pneus dos automóveis entrava pelas janelas e cobria a mobília toda. Mas eu adorava aquela casa. Encomendamos o sistema de encanamento da Sears e nós mesmos instalamos. Na cozinha, tínhamos água encanada que esguichava das torneiras niqueladas e luzentes, e uma descarga puxada por cordinha — exatamente como a dos ricos para os quais eu trabalhara em Chicago —, com um vaso sanitário de porcelana esmaltada e um tampo folheado de mogno.

Quando a casa ficou pronta, Galo veio nos visitar. Como meu pai, ele não conseguia acreditar que alguém pudesse querer uma privada dentro de casa.

— Isso não é anti-higiênico? — perguntou ele.

— Tudo desce pelo cano — respondi. — Mas, se você gosta de congelar sua bunda numa casinha, por mim, tudo bem.

O Galo era só mais uma pessoa que não gostava de mudança, por mais que ela melhorasse sua vida. Quanto a mim, estava tão incrivelmente orgulhosa de meu encanamento interno que, quando alguém batia à porta pedindo informações sobre a região, não resistia à tentação de perguntar: "Quer um copo de água da torneira e encanada?" ou "Por acaso, está precisando usar o banheiro?".

Com oito meses e meio de gravidez, já estava bem inchada. Estava contente de continuar trabalhando na garagem, mas Jim achou que, nesse estado, poderia ser perigoso. Eu poderia escorregar numa poça de óleo, disse ele, desmaiar por causa das emanações da gasolina ou romper a bolsa tentando fechar uma tampa enferrujada de radiador. Por isso, insistiu para que ficasse em casa, onde estaria segura. Para muitas mulheres, isso era o máximo, ficar à toa, dentro de casa, usando um *robe de chambre*. Mas, depois de alguns dias, comecei a ficar claustrofóbica, de tanto ficar sozinha lendo livros e remendando roupas, e, talvez tenha sido essa a razão por ter ficado tão irritada com o testemunha de Jeová que apareceu certo dia.

Geralmente, eu era simpática com pessoas como os testemunhas de Jeová, admirava suas sinceras convicções, mas esse sujeito era particularmente persistente. Ficou me dando lições de moral, falando um monte de baboseiras sobre como o Juízo Final era iminente e que, por meu filho ainda não nascido, eu precisava buscar a salvação e me converter. Perguntei quem diabos era ele para me dizer em que eu devia acreditar. Todo mundo precisava encontrar seu próprio caminho para o paraíso. Um dos problemas do mundo, hoje, eram todos os carneirinhos como aqueles comunas da Rússia, que estavam convencidos de que eram os possuidores das respostas e que matavam as pessoas que não concordavam com eles.

Fiquei tão agitada, andando para cima e para baixo e brigando com o sujeito, que, sem pensar no que estava fazendo, sentei na roupa que estava costurando, e uma agulha alfinetou meu traseiro. Dei um berro, comecei a xingar e tentei tirar a agulha, que ficou espetada, enquanto o testemunha de Jeová levantava o dedo em riste e dizia que aquilo era, sem sombra de dúvida, um sinal de Jesus para que visse o grande equívoco da minha maneira de viver, e para que fizesse o que o Senhor queria.

— Isso, seu moço, é um sinal de que eu não devia ficar aqui, em casa, sozinha, tendo discussões teológicas com desconhecidos abobalhados.

Fui até a garagem, onde contei a Jim o que tinha acontecido.

— Não me importo em só ficar no caixa, mas vou trabalhar até entrar em trabalho de parto. Ficar parada em casa é perigoso demais.

O bebê nasceu duas semanas depois, num escaldante dia de julho. Dei à luz em casa, com a ajuda da Vovó Combs, a melhor parteira do condado de Yavapai. Ela tinha uma perna mais curta que a outra, e mancava ainda mais do que o papai. Também mascava fumo, embora fosse uma cuspideira, e não uma engolidora, como Galo. Mesmo assim, todas as mulheres da redondeza confiavam cegamente nela. Se Vovó Combs não pudesse trazer seu bebê a esse mundo, diziam, era porque não havia lugar para ele aqui.

Quando entrei em trabalho de parto, a dor começou a surgir em ondas. Ela disse que não poderia evitar a dor, mas me ensinaria a lidar com ela. O que tinha de fazer era separar a dor real do medo de que algo terrível estivesse acontecendo com meu corpo.

— A dor é seu corpo reclamando — disse ela. — Se você der trela à dor e disser ao corpo “tá, tô ouvindo”, então, você não vai mais ter tanto medo. Não estou dizendo que isso acaba com a dor, mas que ela também não vai acabar com você.

O parto durou apenas duas horas, e o conselho de Vovó Combs ajudou a controlar a dor — mais ou menos. Quando o bebê saiu, ela falou:

— É uma menina.

E levantou-a. Ela estava roxa, e senti uma fisgada de pânico. Mas Vovó Combs começou a dar palmadas e a massageá-la, até que ela abriu o berreiro e, pouco a pouco, foi ficando cor-de-rosa. Vovó cortou o cordão umbilical e esfregou o umbigo do bebê com uma rolha queimada, para fechar a ferida.

Vovó Combs tinha um sexto sentido — como eu achava que tinha, às vezes —, lia mentes e previa o futuro. Coloquei o neném no colo e, enquanto o ninava, ela pegou um naco de fumo e dispôs as cartas sobre a mesa, para ver o que o futuro reservava à minha recém-nascida.

— Ela vai ter uma vida longa e cheia de acontecimentos.

— Ela vai ser feliz? — perguntei.

Vovó Combs mascou o fumo e estudou as cartas.

— Estou vendo uma andarilha.

Dei ao bebê o nome de Rosemary. Rosa era minha flor predileta, Maria era um bom nome católico, e o romarinho[1] era uma erva muito útil. Tinha esperança de que a criança tivesse senso prático. A maioria dos bebês, para mim, parecia macacos ou budas, mas Rosemary era uma coisinha linda. Quando começaram a nascer os cabelos, eram tão claros e finos que pareciam brancos. Aos três meses de idade, tinha um sorriso fácil, que combinava com seus olhos verdes e alegres e, por mais prematuro que pudesse ser, achava que ela se parecia muito com Helen.

A beleza de Helen, a meu ver, tinha sido uma maldição, e resolvi que jamais diria à Rosemary que ela era linda.

Um menino veio um ano e meio depois. Um grande e novo hospital fora inaugurado na cidadezinha de Williams, 64 quilômetros ao leste, e eu estava decidida a ter o bebê lá; mas, assim que entrei em trabalho de parto, começou uma tempestade de inverno infernal, vinda do Canadá, que cobriu as estradas com uma camada de até dois metros de neve. Quase não conseguimos passar, o Calhambeque deslizava e derrapava, mas Jim pegou o macaco, levantou o carro e colocou as correntes de neve nos pneus, avançando a muito custo pelo amontoado branco, enquanto eu permanecia senta-

---

1 *Rosemary*, em inglês. (N.E.)

da, respirando fundo atrás dos vidros, cobertos de vapor quente. Chegamos no exato momento em que minhas contrações estavam ficando mais fortes.

O método da mente-sobre-a-matéria da Vovó Combs para superar a dor era muito bom quando se tratava de uma topada no dedão, e tinha me ajudado a aguentar meu primeiro parto, mas não se comparava à maravilhosa e moderna anestesia que eles usaram, desta vez, para me deixar inconsciente no hospital.

O médico colocou uma máscara sobre meu rosto, e simplesmente flutuei até a terra dos sonhos. Quando acordei, tinha um menino. Ele era um garotão parrudo: o primeiro bebê nascido naquele hospital, e as enfermeiras e os médicos estavam tão orgulhosos quanto Jim e eu. Demos ao bebê o nome do pai e, desde o início, ele foi chamado de Pequeno Jim.

Foi nessa época que os tempos difíceis chegaram ao Arizona. Boa parte do problema devia-se ao excesso de fazendeiros e agricultores inexperientes que tinham se mudado para a região. Não entendiam que ali não era como as terras do Leste, onde, em milhares de anos, árvores em decomposição tinham formado uma profunda camada de terra barrenta. Estas terras tinham apenas uma fina camada fértil que, uma vez arada, era levada pela primeira rajada de vento. Esses sujeitos inexperientes tinham debochado dos navajos por eles plantarem cada pé de milho dentro de um buraquinho a quase um metro um do outro, não fazendo fileiras densas em sulcos arados. É que os índios compreendiam que aquele era o limite que a terra impunha. A terra que Deus nunca tinha destinado ao cultivo tinha sido arada além de seu limite, e muito gado tinha pastado no que fora, um dia, uma grande extensão de capim verdejante, agora transformada em chão duro e seco. O capim não voltava a nascer, e, quando chovia, não havia capim suficiente para segurar a água; ela escorria direto, erodindo o solo, deixando terras que eram boas destruídas para sempre. Quando houve um longo período de seca, grande parte do campo, por todo o arredor do estado, foi transformada em poeira que se levantava ao menor vento, chegando a alturas de até um quilômetro do chão.

Além disso, o país estava passando pela Depressão já havia alguns anos. A princípio, parecia que era um problema que afligia sobretudo as grandes cidades. Mas, logo, afetou o mercado do gado, porque muita gente no Leste não conseguia mais comprar bifes. Alguns dos pequenos ranchos no Arizona começaram a ser abandonados, e trabalhadores rurais se juntaram ao fluxo de demais migrantes da região. Passavam por nossa casa na Rota 66, na esperança de encontrar trabalho na Califórnia.

Muitos não tinham mais dinheiro para comprar gasolina, por isso começaram a vender os tratores e os carros que tinham sido convencidos a comprar, o que fez com que muitos desejassem ter mantido seus cavalos de lida. O negócio da garagem declinou. Jim era generoso demais, a ponto de se prejudicar, cobrando menos do que devia às pessoas pobres, e, até, fazendo consertos de graça.

Sentei-me à mesa da cozinha com papel e lápis, fazendo cálculos, procurando maneiras de reduzir as despesas; mas, por mais que eu virasse as contas pelo avesso, não tinha escapatória: estava saindo mais dinheiro do que entrando, e era mera questão de tempo até que fôssemos à falência. Com os empréstimos já contratados, isso significava a bancarrota. Levava as crianças até a garagem e ajudava como podia, mas comecei a pensar no que mais poderíamos fazer para conseguir ganhar dinheiro.

Certo dia, Seu Lee, o chinês de Ash Fork, bateu à porta de casa. Ele tinha uma tenda de comida chinesa, perto da garagem, e tirava dinheiro suficiente para ter um Modelo A, que Jim tinha consertado. Seu Lee era, habitualmente, um chinês alegre e efusivo, mas, naquele dia, estava em polvorosa. A Proibição tinha acabado alguns anos antes, mas muita gente tinha se acostumado ao dinheiro fácil do contrabando de bebida, e ele era uma dessas pessoas, oferecendo uma dose de aguardente caseira para fazer descer o seu macarrão. Mas ele tinha ouvido dizer que os coletores de impostos estavam na sua cola, então estava procurando um lugar onde pudesse esconder alguns engradados de bebida.

Seu Lee e Jim se davam bem, porque o chinês tinha sido soldado na Manchúria na época em que Jim servia na Sibéria, e eles tinham passado pelos mesmos invernos rigorosos, quebrando o gelo que se formava nos cabelos e mascando carne congelada. Seu Lee confiava em Jim. Concordamos em ficar com as bebidas e estocar os engradados debaixo do berço do Pequeno Jim, onde ficariam escondidos por um pano.

Naquela noite, fiquei acordada pensando nas aguardentes de Seu Lee e tive uma ideia. Poderia ganhar um dinheiro extra vendendo, escondido, bebida contrabandeada. Embora papai fosse um proibicionista convicto, o pai dele vendera álcool num armazém, no próprio rancho. Portanto, a tradição familiar estava a meu favor. Além disso, não via nada de mais em um homem honesto beber um gole bem-merecido. Também bebia o meu de tempos em tempos.

Quando propus a ideia a Jim, durante o café da manhã, ele não ficou muito entusiasmado. Embora ele tivesse parado de beber havia anos, depois de ter aberto fogo contra uma cidadezinha canadense, durante uma festa regada a aguardente, não tinha nenhum problema com a bebida propriamente dita. Só não queria ver a mãe de seus dois filhos presa por vender álcool.

Era justamente porque era a mãe de seus dois filhos, disse eu, e uma respeitada ex-professora de escola, que os agentes federais nunca suspeitariam de mim. Sem a menor dúvida, tinha mercado para isso, já que todo mundo estava tentando economizar cada centavo. Não era como se fôssemos abrir um bar clandestino, só uma pequena operação de revenda sem qualquer custo para nós. E, ainda por cima, estaríamos ajudando os mais humildes, dando aos vaqueiros trabalhadores uma oportunidade de beberem sem serem forçados a repassar suas parcas moedinhas ao Tio Sam todas as vezes que o fizessem.

Eu não parava de martelar o assunto na cabeça de Jim, ressaltando que não via outra maneira de conseguirmos fazer algum dinheiro, e, como não o deixasse em paz, ele acabou aceitando com relutância. Considerando que lhe tínhamos feito um favor, Seu Lee também concordou, prometendo nos dar dois engradados por mês, que receberia de seu fornecedor, se nós repartíssemos o lucro.

Era uma boa vendedora de bebida. Espalhei a notícia discretamente, e logo os caubóis locais estavam batendo à porta de trás. Só vendia para pessoas que conhecia ou que eram recomendadas.

Lidava com tudo na base da simpatia, mas com profissionalismo, convidando-os a entrar rapidamente, mas sem deixar que demorassem ou bebessem dentro de casa. Comecei a receber clientes cativos, que sempre elogiavam meus filhos ao sair. Os cativos tinham desconto, mas nunca vendi fiado, nem para as pessoas que achava que estavam bebendo com o dinheiro do aluguel. Depois que Seu Lee pegava a parte dele, ficava com um lucro de 25 centavos por garrafa vendida. Em pouco tempo, estava vendendo uma média de três garrafas por dia, e aqueles vinte dólares a mais no final do mês equilibravam o orçamento.

Um dia, na primavera, Rosemary tinha três anos e Pequeno Jim estava começando a falar, os irmãos Camel passaram na frente de nossa casa com seu rebanho de carneiros rumo à cidade e ao depósito municipal. Os irmãos Camel tinham comprado um rancho grande a oeste de Ash Fork, no condado de Yavapai, no intuito de criar carneiros pela lã e pela carne. Eles vieram da Escócia e sabiam muito sobre carneiros, mas pouquíssimo sobre as condições dos pastos do Arizona. Concluíram que a forragem do condado Yavapai era árida demais para os carneiros, sobretudo com a seca, e resolveram vender seu rebanho, assim como o rancho, o que seria preferível a ver os animais definharem. Além disso, muitos deles estavam sendo pegos por lobos e mendigos famintos.

Era um dia seco e quente, e os carneiros encheram as ruas de Ash Fork, levantando tanta poeira que tivemos de cobrir a boca com um lenço. As ovelhas baliam, e os carneiros mugiam, enquanto os ajudantes dos Camel iam e vinham, a cavalo, encaminhando o rebanho para o local de embarque, estalando chicotes nas cabeças desgarradas.

Os irmãos Camel não estavam lá, mas no rancho, juntando o restante das cabeças, e, quando o rebanho chegou ao galpão de embarque, algum desmiolado teve a brilhante ideia de separar os filhotes das mães. Assim que fizeram isso, começou o pandemônio. Os cordeiros ainda não eram desmamados e começaram a correr para todos os lados, chorando pelas mães. As ovelhas, por sua vez, chamavam os filhotes em total frenesi.

Ao constatarem o erro, os homens abriram a porteira que separava cordeiros e ovelhas, e todos os carneiros se misturaram novamente, as mães procurando os filhotes e os filhotes procurando as mães. Foi então que a coisa ficou feia: quanto mais frenéticos ficavam os cordeiros, mais energia eles queimavam, o que os deixava mais esfomeados, entretanto o rebanho era tão grande e estava tão misturado que ninguém mais achava a respectiva mãe. Depois de umas duas horas de bagunça, os cordeiros ficaram fracos de fome. Tentavam mamar de qualquer ovelha, mas elas queriam guardar seu leite para os próprios filhotes. Encostavam o focinho nos cordeiros e, se o cheiro não fosse familiar, elas os empurravam e continuavam procurando por seus filhotes.

Os homens, por sua vez, descabelavam-se, andando a esmo em meio ao rebanho, tentando forçar as ovelhas a amamentarem quaisquer cordeiros; mas elas não cooperavam. Esperneavam, baliam e se contorciam, fazendo uma algazarra tremenda e enchendo o ar com mais poeira. E os vaqueiros xingavam. As pessoas da cidade tinham se aglomerado ao redor para observar, e algumas gritavam conselhos, outras riam e balançavam a cabeça, e esperavam para ver como o rebuliço ia terminar.

Eu estava lá, com o Pequeno Jim e a Rosemary — que estava fascinada com a ideia de que uma ovelha pudesse sentir o cheiro de seu próprio filhote. Rosemary não parava de encostar o nariz na lã dos cordeiros.

— Para mim, todos têm cheiro de carneiro — sentenciou ela.

Os irmãos Camel finalmente apareceram, mas estavam completamente perdidos, sem saber o que fazer, e a situação estava ficando desesperadora, com cordeiros começando a desfalecer no chão de calor e de fome.

— O senhor devia falar com meu marido — falei. — Ele entende de bicho.

Os irmãos Camel mandaram chamá-lo na garagem. Quando chegou, os rapazes explicaram o que tinha ocorrido.

— O que a gente tem de fazer — disse Jim — é conseguir que essas ovelhas aceitem qualquer cordeiro, por enquanto. Depois, a gente se preocupa em reorganizar o rebanho.

Jim me disse para voltar para casa e pegar um lençol velho, enquanto ele pegava duas latas de querosene na garagem. Mandou os irmãos Camel rasgarem o lençol em tiras largas, encharcar as tiras de querosene e esfregar nos focinhos das ovelhas. Isso bloqueou o olfato, e elas deixaram que qualquer filhote que estivesse por perto pudesse mamar nelas.

Quando os cordeiros estavam devidamente alimentados e a crise imediata tinha passado, Jim mandou que os rapazes separassem, novamente, as ovelhas e os filhotes. Trouxeram os cordeiros um a um para dentro do galpão, passeando com eles entre as ovelhas até que as mães os reconhecessem. O rebanho era tão grande que isso levou quase dois dias inteiros, com paradas para esfregar os focinhos das mães novamente, sempre que os filhotes restantes sentissem fome.

A pequena Rosemary ficou horrizada com aquela cena, preocupadíssima com os cordeiros que ainda não tinham encontrado suas mães e ficou lá olhando o tempo todo. Quando tudo finalmente acabou, havia um cordeiro que nenhuma ovelha reclamou para si. Seus olhos negros estavam assustados, sua lã branca estava coberta de pó, e ele corria de um lado para o outro sobre patinhas frágeis, balindo desesperadamente.

Os irmãos Camel disseram ao Jim para ele fazer o que achasse melhor com o cordeiro. Ele o pegou no colo e levou-o para Rosemary. Depois se ajoelhou e colocou-o diante dela.

— Todos os bichos nascem para alguma coisa — disse ele. — Alguns, para os descampados, outros para os currais, outros para o mercado. Esse carneirinho nasceu para ser animal de estimação.

ROSEMARY ADORAVA AQUELE BICHINHO. Dividia com ele seu sorvete, e ele a seguia a todos os lugares. Por isso, nós o batizamos de Mei-Mei, que Seu Lee disse significar "irmãzinha" em chinês.

Duas semanas depois de Jim separar aquele rebanho, ouvi o ronco de um carro estacionando ao lado de casa, e, então, uma batida na porta dos fundos. Tinha um homem parado do lado de fora, fumando um cigarro. Ele tinha deixado a porta do carro aberta, e uma menina e uma jovem estavam sentadas, olhando para nós. Ele era um sujeito bem-apessoado, com um cacho de cabelos claros caindo sobre a testa, e, embora seus dentes fossem tortos e manchados, tinha o sorriso fácil de um sedutor. Até mesmo antes que dissesse alguma coisa, pela maneira ligeiramente oscilante com que estava de pé, percebi que estava um pouco bêbado.

— Sou amigo do Galo. Ouvi dizer que aqui podemos pôr as mãos numa boa garrafa de cana.

— Pelo jeito, você já andou colocando a mão em algumas.

— Bem, essa é a ideia.

Seu sorriso ficou ainda mais encantador, mas olhei para a jovem e para a menina, e elas não estavam nem um pouco sorridentes.

— Acho que o senhor já bebeu o suficiente.

Seu sorriso desapareceu, e ele ficou ofendido, como os bêbados ficam quando você diz que estão de cara cheia. Ele começou a dizer que seu dinheiro era tão bom quanto o de qualquer um, e quem era eu para decidir quem tinha ou não bebido o suficiente? Eu não passava de uma contrabandista de uma figa. Mas nem pisquei, e, quando ele entendeu que eu não ia ceder e que ele ia ter de ir embora de mãos abanando, perdeu totalmente a compostura. Disse que eu ia lamentar tê-lo deixado irritado e que não passava da irmã de uma vadia que tinha se enforcado.

— Espera aí — falei.

Deixei a porta aberta, andei até o quarto, peguei meu revólver de cabo de madrepérola e apontei-o para a cara daquele homem. A extremidade do tambor ficou a uns 15 centímetros de seu nariz.

— A única razão pela qual não te dou um tiro aqui e agora são aquelas duas mulheres naquele carro. Mas saia daqui e não volte nunca mais.

À noite, contei a Jim o que tinha acontecido. Ele suspirou e balançou a cabeça.

— Acho que essa história está longe de ter acabado — disse ele.

De fato, dois dias mais tarde, um carro estacionou na lateral da casa, e, quando abri a porta, dois homens usando uniforme cáqui e chapéu de caubói estavam parados à minha frente. Tinham insígnias nos bolsos das camisas, armas nos coldres e algemas penduradas nos cintos. Eles me cumprimentaram tocando a aba do chapéu.

— Boa tarde, dona — disse um deles. Ele suspendeu as calças e segurou o cinto com a mão. — Podemos entrar?

Achei que não tinha muita escolha naquele momento, então indiquei a entrada até a sala. O Pequeno Jim estava dormindo no berço e, ali debaixo, atrás da barra de algodão branco, havia duas caixas cheias de garrafas ilegais.

— Os senhores gostariam de um bom copo de água encanada, fresquinha, da bica? — perguntei.

— Não, senhora, obrigado — disse o que falava. Ambos estavam olhando em volta, espiando tudo. — Recebemos uma denúncia de que estão realizando venda ilegal de bebida alcóolica neste recinto.

Nesse exato instante, Rosemary entrou na sala, seguida por Mei-Mei. Deve ter sido a visão de todo aquele metal brilhante e aquele couro lustroso, mas, assim que Rosemary viu os dois oficiais, ela deu um berro de acordar defunto. Atirou-se a meus pés e agarrou-se a meus tornozelos, esgoelando-se. Tentei pegá-la no colo, mas ela tinha ficado realmente descontrolada e estava esperneando, gritando e chorando.

Mei-Mei começou a balir, e aquele barulho todo acordou o Pequeno Jim, que ficou de pé no berço e começou a berrar.

— Isso aqui tem cara de bar clandestino? — perguntei. — Sou professora! Mãe de família! E já tenho trabalho de sobra cuidando dessas crianças.

— Estou vendo.

Todo aquele berreiro estava desnorteando os dois homens.

— Temos que verificar as denúncias, mas já estamos indo.

Os oficiais estavam felizes de poderem ir embora e, assim que se foram, Rosemary parou de gritar.

— Você salvou a pátria, garotinha — falei.

Quando Jim voltou para casa, contei-lhe sobre a visita dos oficiais e como a gritaria das crianças colocara os dois para fora. Já estava me parecendo uma história bem engraçada, e Jim riu também, mas, em determinado momento, parou e falou:

— Mesmo assim, eles nos deram um aviso. Está na hora de a gente sair do ramo da bebida ilegal.

— Mas, Jim, a gente precisa do dinheiro.

— Prefiro ver você num abrigo de indigentes do que atrás das grades.

Vender álcool tinha nos permitido pagar as contas durante um ano. Mas encerramos o negócio e, seis meses depois, o banco cobrou a hipoteca.

O OUTONO COSTUMAVA SER minha estação do ano preferida. Era quando o ar ficava fresco, e as colinas, verdes em decorrência das chuvas de agosto. Mas não tive muito tempo para desfrutar dos pores do sol e das noites frescas e estreladas de setembro. Jim e eu resolvemos leiloar tudo: a mobília, suas ferramentas, os pneus, a bomba de encher, o macaco, a bomba de gasolina com o bonito cilindro de vidro. Vendido tudo, colocaríamos as malas no Calhambeque e nos juntaríamos ao fluxo de migrantes a caminho da Califórnia em busca de trabalho.

Ficar ruminando nossas perspectivas deixava-nos tanto cabisbaixos quanto agitados. Certa manhã, estávamos na garagem, recolhendo ferramentas e discutindo sobre o que deveríamos levar conosco, quando Blackie Camel, o mais velho dos irmãos Camel, apareceu. Blackie tinha uma barriga que caía sobre a calça, uma barba espessa e negra e estava sempre vestido com um colete bordado. Era uma espécie de gênio da matemática em se tratando de carneiros, e, só de olhar para um rebanho, podia dizer não somente quantas cabeças tinha, mas quantos quilos de lã produziriam.

Desde que Jim salvara aqueles carneiros, Blackie desenvolvera o hábito de passar pela garagem para jogar conversa fora. Quanto mais conhecia Jim, mais gostava dele. Jim gostava de conversar com as pessoas, entendia de carneiros, mas também de bois, cavalos, e, mais ou menos, qualquer criatura com couro ou penas. Nunca contava vantagem — coisa que Blackie também admirava. Blackie ficava particularmente impressionado com a história que ouvira de um hopi local sobre como Jim, ainda jovem, laçou uma águia em pleno voo, enquanto ela perseguia um bezerro recém-nascido.

Naquela manhã, estávamos sentados à mesa cambaleante com um forro de linóleo que Jim usava como escrivaninha. Blackie falou que ele e o irmão tinham vendido o rancho a um grupo de investidores ingleses que queriam criar gado. Tinham pedido a ele e ao irmão que recomendassem alguém para administrar o rancho, e Blackie disse que, se Jim quisesse, indicariam seu nome.

Jim pegou minha mão por debaixo da mesa e apertou tão forte que minhas articulações estalaram. Sabíamos que os únicos empregos existentes na Califórnia eram para catar uvas e laranjas, e que os migrantes estavam brigando pelo pouco trabalho que havia, enquanto os grandes empresários continuavam reduzindo o pagamento de todos. Mas nem cogitávamos mostrar a Blackie o quão desesperados estávamos.

— Parece algo a se considerar — disse Jim.

Blackie enviou um telegrama para Londres e, alguns dias mais tarde, veio nos visitar para dizer a Jim que o emprego era dele. Suspendemos o leilão, e Jim ficou com a maioria de suas ferramentas, mas vendeu a bomba de gasolina e os pneus a um mecânico de Sedona. Galo trouxe uma carroça de Red Lake, e nós a enchemos com nossa mobília, colocamos as crianças e Mei-Mei no banco traseiro do Calhambeque e, então, com Jim ao volante, Galo na carroça e eu atrás, montando Malhada, demos início à nossa pequena procissão até Seligman — a cidadezinha mais próxima do rancho.

Aquela parte da viagem foi tranquila e passou rapidamente, porque, pela primeira vez, a Rota 66 estava sendo pavimentada com uma camada de asfalto preto e brilhoso. Seligman não era tão grande quanto Ash Fork, mas tinha tudo de que uma cidadezinha rural precisava: um prédio que funcionava tanto como cadeia quanto correio, um hotel, um bar, um café e o Comércio Central — uma loja que vendia de tudo, onde montes de calças Levi's, dispostas em pilhas de mais de um metro de altura, ficavam no chão de tábuas largas ao lado de pás, rolos de corda e de arame, baldes e latas de biscoitos.

De Seligman, fomos na direção oeste por uns 24 quilômetros, atravessando imensos descampados cobertos de arbustos rasteiros, capim e pés de zimbro. As montanhas Peacock, a distância, eram verde-escuro, e o céu estava azul-claro. Terminado o percurso, saímos da Rota 66 e seguimos por uma estrada estreita, de terra, por mais 14 quilômetros. Levamos um dia inteiro para ir de Seligman ao rancho, de carroça. Finalmente, no final da tarde, chegamos a uma porteira onde a estrada simplesmente acabava.

À direita e à esquerda da porteira, uma cerca de arame farpado, sustentada por pés de zimbro cuidadosamente podados, estendia-se até onde a vista alcançava. Não havia cartazes na cancela, que estava fechada, mas como nos esperavam, a porteira não estava, realmente, trancada — a corrente que a mantinha fechada estava presa por um cadeado que fora deixado aberto. Para além da porteira, tinha um longo caminho. Nós o seguimos por outros seis quilômetros e, finalmente, chegamos a um conjunto de construções feitas de madeira, sem pintura, sombreadas por enormes cedros.

As construções ficavam no sopé de uma colina, pontilhada de pinhos do Colorado e arbustos. A leste, viam-se quilômetros e mais quilômetros de descampado que desciam, gradualmente, até formar uma bacia chamada de platô do Colorado. A bacia estendia-se até a escarpa conhecida como Mogollon Rim — grandes formações elevadas, de coloração avermelhada, onde a terra havia sido deslocada ao longo de uma falha geológica que prosseguia até o Novo México. De onde estávamos, avistava-se o horizonte, e não havia nenhuma outra casa, ser humano ou qualquer sinal de civilização, somente o céu imenso, as planícies verdejantes intermináveis e as montanhas distantes.

Os irmãos Camel tinham dispensado a maioria dos trabalhadores, e o rancho estava deserto, a não ser por um último empregado, o Velho Jake, um velhote grisalho que mascava fumo de rolo e que saiu capengando de dentro do celeiro para nos cumprimentar. O Velho Jake tinha um andar claudicante porque, a fim de evitar ser mandado para o *front* na Primeira Guerra Mundial, colocou o pé no trilho do trem e deixou que uma roda passasse em cima dos dedos.

— Não vou ganhar nenhum concurso de dança, mas num preciso de dedo do pé pra andá a cavalo, e é melhor do que escarrá gás mostarda — disse ele.

O Velho Jake nos mostrou as instalações. Havia uma casa principal com uma varanda comprida — a madeira natural estava ficando acinzentada por causa da ação do sol. O celeiro era enorme, e havia quatro pequenas cabanas de madeira anexas: o silo de grãos, a ferraria, a "casa de charque" — onde peles e fatias de carne bovina eram colocadas para secagem — e a "casa dos remédios" — cheia de prateleiras repletas de garrafas e frascos contendo remédios, poções, bebidas alcoólicas e solventes, todos fechados com rolhas ou trapos enrolados. O Velho Jake chamava a atenção para os detalhes — os pacotes de súlfur e os vidros de piche usados no tratamento dos animais feridos, o amolador de facas na ferraria, as calhas que recolhiam as águas das chuvas dos telhados.

Ele nos levou a outros prédios exteriores, incluindo a cabana de ferramentas, o galinheiro e o dormitório. Então, fomos até uma garagem onde havia 26 carruagens, charretes e veículos: de dois lugares e esportivos, com quatro rodas; de quatro lugares para lazer, com quatro rodas; uma carroça Conestoga, de quatro rodas, coberta, para transporte de carga; alguns carros velhos e gastos; uma picape Chevrolet enferrujada. O Velho Jake falava com orgulho de cada um. Ele nos mostrou o poço na garagem, onde se pode descer, e alguém empurra um carro por cima, e não se precisa trabalhar nele deitado, de costas no chão.

Finalmente, ele nos conduziu pelo celeiro até dois currais anexos: um era cercado com pedaços de madeira de dois metros de altura, colocados verticalmente e rentes uns aos outros, e usado para amansar cavalos; e o outro era convencional, feito de estacas madeira e arame, contendo uma pequena manada de cavalos jovens e parrudos.

Jim caminhou pelo lugar, balançando afirmativamente a cabeça e ouvindo as informações. Ambos podíamos ver que, embora os prédios estivessem meio gastos pelo tempo, eram sólidos e bem-construídos. Não havia nada de sofisticado, era um verdadeiro rancho operacional, e as ferramentas estavam penduradas nos lugares certos, as cordas estavam enroladas corretamente, os arreios estavam em bom estado, as estacas das cercas estavam empilhadas em pequenos montes e o chão do celeiro tinha sido varrido. Num rancho, era preciso encontrar uma ferramenta rapidamente em caso de urgência, e, quanto a isso, tinha-se de tirar o chapéu para os irmãos Camel. Eles sabiam a importância de deixar tudo nos devidos lugares.

Galo estava visivelmente impressionado.

— Tem lugares no mundo piores para trabalhar. Jim, sua raposa velha, você tirou a sorte grande. — E, olhando para mim: — De novo.

Dei um tapinha no braço do Galo, e Jim balançou a cabeça, sorrindo. Então, olhou para o extenso descampado e falou:

— Acho que a gente pode aceitar esse emprego.

— É, acho que sim — falei.

Dava para imaginar que a vida no rancho seria de muito trabalho. Estávamos longe demais da cidade para poder contar com quem quer que fosse para o que quer que fosse. Jim e eu teríamos que ser nossos próprios veterinário, ferreiro, mecânico, açougueiro, cozinheiro, assim como transportador de gado, gerente de rancho, marido e mulher, e pai e mãe de duas crianças pequenas. Mas nós dois sabíamos arregaçar as mangas e, em tempos como este, pude entender como tínhamos sorte não apenas por termos trabalho, mas por sermos nosso próprio patrão e fazermos uma coisa que sabíamos fazer.

Senti vontade de ir ao banheiro e perguntei ao Velho Jake onde podia ir. Ele apontou para uma casinha que ficava na parte norte da construção.

— Não tem nada de mais, só um buraco no chão. Nem tem cartaz na porta, porque todo o mundo sabe o que é — disse ele.

Dentro da casinha, depois de fechar a porta, que não tinha nenhuma abertura em cima, a luz que entrava pelas frestas das tábuas era suficiente para eu ver as teias de aranha nos cantos do teto, um saco de cal no chão de terra e uma pazinha para jogar o cal dentro do buraco, para evitar as moscas. Um cheiro distintamente ruim subia de dentro do buraco e, por um instante, senti saudades do meu vaso sanitário chique, comprado pelo catálogo postal, de porcelana branca e brilhante, tampa de mogno e descarga de cordinha. Sentada ali, percebi que é possível ficar tão acostumada a certos luxos que você começa a achar que é uma questão de necessidade, mas quando precisa abrir mão deles, chega à conclusão de que não precisa tanto assim. Havia uma grande diferença entre precisar de algo e querer algo — embora muita gente tivesse dificuldade em distinguir as duas coisas — e, no rancho, estava vendo que teríamos tudo o que era preciso, mas quase nada além disso.

Ao lado do assento, havia uma pilha de catálogos da Sears. Peguei um e virei as páginas. Cheguei a uma página anunciando corpetes de seda e robes rendados. "Não vou encomendar nada desta página", pensei, e, quando terminei o que tinha de fazer, foi essa que rasguei e usei.

Na manhã seguinte, Galo estava se preparando para voltar a Red Lake e veio conversar comigo, em particular, na cozinha.

— Obrigada por ajudar a gente a se mudar — falei, estendendo-lhe uma caneca de café.

Ele ficou me olhando durante um certo tempo.

— Você sabe que sempre gostei de você — disse ele.

— Sei.

— É engraçado, não consigo evitar. — Ele parou e, então, perguntou: — Você acha que ainda vou me casar?

— Acho — respondi. Estava sendo apenas gentil, mas, de repente, vi as coisas de outra forma. A mulher certa estava lá, em algum lugar, esperando por ele. — Acho que sim. Mas você tem que procurar em lugares inesperados.

Depois que Galo partiu, Jim disse que nossa primeira obrigação seria dar uma boa volta pelo rancho. Era uma propriedade grande, com pouco mais de cem mil acres — quase 257,5 quilômetros quadrados —, e isso levaria, pelo menos, uma semana, só para perfazer a cerca externa. Carregamos um cavalo com suprimentos. Jim e Velho Jake montaram outros dois. Montei Malhada, com Pequeno Jim no colo, enquanto Rosemary ia com o pai.

Seguimos para o oeste até chegarmos ao sopé de uma colina de rocha calcária branca e amarela, e, aí, viramos para o sul. Um vento quente e seco soprava por sobre o vale. Passamos por pinhões e zimbros e, volta e meia, víamos uma manada de antílopes de cauda branca sobre encostas distantes, pastando em capim-gigante. O Velho Jake nos mostrou Três Cruzes, um grupo de rochas onde alguém tinha entalhado desenhos de cavalos e cavaleiros carregando três cruzes, no intuito de retratar, de acordo com o folclore local, uma antiga expedição espanhola. No final da tarde, chegamos a um ponto alto nas montanhas Coiote. De lá, podia-se ver todo o sul na direção das montanhas Juniper ("zimbro"), e, ao leste, a escarpa de Mogollon.

— Muita terra — disse Jim. — Nem um fiapinho d'água.

— Mais seca que as tetas de uma velha — disse Velho Jake.

Havia umas pequenas bacias de terra — umas coisinhas tristes escavadas no solo para coletar a água da chuva —, mas a água desaparecia durante os períodos de seca, como naquele momento: eram poços vazios e rachados.

Depois de dez dias, tínhamos completado o círculo, dando a volta pela maior parte do rancho, embora houvesse largas faixas do território que não tínhamos tido tempo de ver. E, apesar de passarmos por uma série de fissuras erodidas e leitos secos de rios que, nitidamente, se cobriam d'água durante as enchentes repentinas, não havia um único córrego, nascente ou fonte natural de água em toda a área.

— Não é de admirar que os irmãos Camel tenham jogado a toalha — comentou Jim.

Jim mandou buscar um especialista em descobrir nascentes, e partiu com ele em outra volta pelas terras, parando em zonas arborizadas e locais onde o capim era mais verde. O especialista caminhou pelo terreno segurando uma varinha bifurcada, com os braços esticados, esperando que a ponta do galho abaixasse, o que indicaria a existência de água no subsolo. Mas a ponta do galho não baixou.

Fiquei pensando em todas aquelas fissuras e leitos secos pelos quais tínhamos passado durante nossa volta pelo rancho. A única água que essa terra veria chegaria do céu. Durante as súbitas inundações, milhares e milhares de litros d'água escoariam violentamente por aquelas fissuras e leitos, mas acabariam atravessando o solo do descampado. Se descobríssemos uma maneira de reter a água e usá-la, teríamos o bastante.

— O que precisamos fazer, mesmo, é construir um dique — falei para Jim.

— Como? — perguntou ele. — Seria preciso um exército inteiro.

Pensei no assunto por algum tempo, até que me ocorreu. Tinha lido artigos em revistas sobre a construção da represa do Pedrão, assim chamada por aqueles que odiavam o presidente Herbert Hoover e se recusavam a chamá-la de represa Hoover. Nos artigos, havia fotografias de escavadeiras modernosas usadas na construção.

— Jim, vamos alugar uma escavadeira.

Primeiro, Jim pensou que estava maluca, mas botei na cabeça que deveríamos ao menos pensar mais seriamente na questão. Fui até Seligman, e alguém conhecia outro alguém em Phoenix que tinha uma empresa de construção com uma escavadeira. Claro que, quando consegui achá-lo, ele disse que, se estivéssemos dispostos a pagar, poderia mandar a escavadeira e o técnico operador até Seligman, de trem. Teríamos de encontrar um caminhão de caçamba baixa que a levasse até o rancho. Não seria barato, mas, quando a escavadeira chegasse, poderia construir uma represa bem grande em poucos dias.

Jim falou que precisávamos apresentar essa ideia aos investidores ingleses. Um grupo deles estaria vindo em algumas semanas para nos conhecer e supervisionar a propriedade.

Os *Poms* chegaram de carroça, depois de uma travessia de barco a vapor da Inglaterra até Nova York, e de um trem até Flagstaff — uma viagem de três semanas. Tinham um sotaque empertigado e usavam chapéus-cocos e ternos com coletes. Nenhum deles jamais usara um par de botas de caubói, nem estalara um chicote, mas isso não representava o menor problema para nós dois. Eram homens de negócios, não bobões querendo brincar de caubói. E eram educados e inteligentes. Dava para perceber, pelas perguntas que faziam, que sabiam o que desconheciam.

Na noite em que chegaram, o Velho Jake fez uma fogueira no pátio e assou um pernil. Não parava de debochar, em voz baixa, dos investidores, imitando as expressões inglesas com sotaque inglês, enrolando seu chapéu de caubói para que ficasse parecido com um chapéu-coco, a ponto de eu ter que dar uns cascudos em seu cangote. Preparei especialidades locais, como ensopado de cascavel e *prairie oysters* — bebida à base de suco de tomate, molho inglês, molho de pimenta e uma gema inteira crua — para dar-lhes o que comentar quando voltassem a seus clubes londrinos.

Depois nos sentamos em volta da fogueira, comendo fatias de pêssego em lata. Jim pegou sua sacolinha de tabaco, enrolou um cigarro, fechou a sacola puxando a cordinha amarela com os dentes, como sempre fazia, e começou a discorrer.

Ele falou que as duas únicas coisas que importavam num rancho eram a terra e a água. Tínhamos bastante terra nessas redondezas, mas não água suficiente, e, sem ela, a terra não valia nada. A água era tudo. A água aqui era preciosa, continuou ele, mais preciosa do que os cavalheiros aqui presentes, que vivem naquela ilha chuvosa, podem imaginar. Era por isso que, havia séculos, índios, mexicanos e "anglos" vinham lutando por ela, e famílias eram destruídas por causa dela, e porque vizinhos se matavam uns aos outros.

Um dos ingleses interveio, dizendo que percebeu logo de cara que a água era preciosa, porque, no hotel em Seligman, haviam cobrado dele uma taxa extra de cinquenta centavos para tomar banho. Todo mundo deu risada, o que me levou a ter esperanças de que o discurso de Jim fosse ouvido com simpatia.

Como todos podiam ver, o rancho não tinha fontes naturais de água, disse Jim, e era preciso criar uma, para que se pudesse cuidar de um rebanho de grandes proporções. Alguns donos de rancho perfuravam poços em busca de água, mas, mesmo que se conseguisse cavar todo tipo de poço seco até conseguir achar água, não havia nenhuma garantia de quanto tempo o poço duraria. Quando a ferrovia de Santa Fé precisou de água para as máquinas a vapor, perfurou-se um poço de um quilômetro de profundidade nesta área, que agora estava seco.

O que fazia mais sentido, Jim continuou, era construir um grande dique para armazenar água da chuva. Ele descreveu a minha ideia de trazer uma escavadeira de Phoenix. Quando Jim mencionou o custo, os *Poms* se entreolharam, alguns levantaram as sobrancelhas, mas

Jim despejou uma série de números que eu tinha calculado e explicou que, sem o dique, só poderiam ter alguns milhares de cabeças de gado no rancho. Com ele, poderiam chegar a vinte mil — o que significava levar cinco mil cabeças ao mercado todos os anos. O dique se pagaria em pouco tempo.

No dia seguinte, os ingleses foram até Seligman para enviar um telegrama aos demais investidores. Depois de muito leva e traz acerca de detalhes de engenharia, obtivemos o sinal verde. Os ingleses assinaram um belo cheque antes de partir, e, em questão de dias, um enorme caminhão de fundo achatado estava estacionando no rancho com uma grande escavadeira amarela na traseira. Era a primeira escavadeira que se via naquelas paragens, e veio gente de todas as partes do condado de Yavapai para se maravilhar, enquanto ela cavava.

Como estávamos com a maldita geringonça em nossas mãos, resolvemos construir diques por todo o rancho. O operador da escavadeira cavucava nas laterais das fissuras e dos leitos secos, alinhando o fundo com barro bem batido, e usando a terra escavada para consolidar as paredes que segurariam a água das enchentes. O maior de todos os diques que construímos, muito maior que os demais, tão grande que eram precisos cinco minutos para dar a volta nele, era o que ficava na frente da casa principal do rancho.

Quando as chuvas de dezembro chegaram, a água escorreu pelas fissuras e foi despejada diretamente dentro dos fossos criados pelos diques. Era exatamente como encher uma banheira. Aquele inverno foi particularmente chuvoso, e, na primavera, havia um metro d'água retido no fundo do dique maior — a mais bela massa de água que eu vira desde o lago Michigan.

De certa forma, aquele dique não passava de um buraco no chão, mas Jim o tratava como nossa maior posse, e era exatamente isso que ele era. Jim verificava-o todos os dias, media a profundidade da água e inspecionava as paredes. No verão, vinha gente das redondezas querendo dar um mergulho, e sempre deixávamos. Às vezes, durante períodos de seca, vizinhos sem tanta água vinham com carroças cheias de barris e, como eles diziam, pediam água emprestada de nosso dique, embora não houvesse maneira de eles devolverem a água ou pagarem por ela. Nunca cobrávamos nada, já que, como Jim gostava de dizer, ela nos fora dada pelos céus.

O dique e o fosso vieram a ser conhecidos como dique do Grande Jim, e, então, só como Grande Jim. As pessoas do condado passaram a medir a severidade das secas em função da quantidade de água dentro do Grande Jim.

"Como é que tá o Grande Jim?", as pessoas na cidade perguntavam, ou: "Ouvi dizer que o Grande Jim está caído." Eu sempre sabia que estavam falando do nível da água no dique, e não do estado de espírito do meu marido.

O NOME OFICIAL DO RANCHO era Rancho de Gado Arizona Inc., mas chamávamos de RAI, ou só O Rancho. Só os otários e os novatos — gente que imaginava a vida no rancho a partir dos filmes de bangue-bangue e dos romances baratos — arrumavam nomes estapafúrdios para seus ranchos, como Acres do Eden, ou Rancho Miragem, ou Platô Paraíso. Jim gostava de dizer que um nome complicado era um claro sinal de que o proprietário não sabia patavinas a respeito da administração de um rancho.

Com a Depressão ainda firme e forte, proprietários dessa estirpe — assim como muitos outros que sabiam, mal ou bem, tocar um rancho — estavam indo à falência. Isso significava dizer que havia mais gente vendendo do que comprando gado, e Jim viajou por todo o Arizona recolhendo rebanhos inteiros por preços irrisórios. Contratou uma dúzia de vaqueiros, em sua maioria, mexicanos e índios havasupai, para levar o gado até o rancho e marcar as cabeças antes de deixá-las soltas nos pastos. O trabalho de caubói era duro, assim como eram os rapazes que o executavam — em sua maioria, garotos sem eira nem beira, que fugiram de casa ou que tinham sido muito maltratados pela vida. Para esses jovens, a opção era trabalhar em comitivas e ajuntamentos de gado, ou no circo; e iam vivendo como podiam. O que sabiam fazer bem mesmo, mais que tudo, era andar a cavalo, e se orgulhavam muito disso.

Quando os vaqueiros chegaram, a primeira coisa que fizeram foi dirigir-se para o descampado e ajuntar uma manada de cavalos selvagens, que eles começaram a amansar — à sua maneira — no curral de tábuas inteiriças. Os cavalos empinavam e resvalavam como os cavalos bravos dos rodeios, mas aqueles rapazes de traseiro duro preferiam quebrar cada um dos ossos do corpo a pedir penico. Eles mesmos ainda eram meio indomados.

Fiquei lá espiando com a Rosemary.

— Estou com pena dos cavalos — disse ela. — Só querem ser livres.

— Nessa vida, quase ninguém faz realmente o que quer — comentei.

Quando cada caubói tinha seu grupo de cavalos, todos começaram a trazer o gado e a marcar cada rês. Estavam todos acomodados no dormitório, e eu tinha uma trabalheira e tanto só para cozinhar para todos, além de ajudar na marcação. Os vaqueiros comiam bife com ovo frito no café da manhã, e bife com feijão no almoço, com todo sal e água que desejassem. Quem quisesse, podia comer uma cebola crua — que era tão boa quanto uma laranja para evitar o escorbuto. A maioria daqueles garotos descascava as cebolas e comia como se fossem maçãs.

Não gostava muito que eles ficassem perto da Rosemary, que não tinha permissão para se aproximar do dormitório — onde havia intermináveis xingamentos, bebidas, brigas, jogatina e brincadeiras com facas —, e foi aí que desenvolvi o hábito de dormir com ela em um dos quartos da casa do rancho, enquanto Grande Jim e Pequeno Jim dormiam no quarto principal.

Rosemary também era um pouco indomada. Adorava correr do lado de fora pelada, quando eu deixava. Subia nos cedros, entrava no cocho dos cavalos, fazia xixi no pátio, pendurava-se nos galhos e pulava dos caibros no teto do celeiro para dentro dos montes de feno, gritando para a Mei-Mei sair da frente. Adorava passar o dia montada a cavalo, seguindo o pai por toda parte. As selas eram pesadas demais para ela, então, montava em pelo na sua pequena mula, Jenny, subindo agarrada à crina, colocando pé ante pé sobre as patas do animal.

Jim disse à Rosemary, certa vez, que ela era uma carne de pescoço tão dura que qualquer cavalo que a mordesse cuspiria fora; e ela adorou a ideia. Rosemary nunca tinha medo dos coiotes nem dos lobos e odiava ver qualquer animal enjaulado, amarrado ou preso. Achava que até as galinhas deviam ser libertadas dos galinheiros, que o risco de serem comidas por coiotes era um preço que valia a pena ser pago e que, além disso, dizia ela, os coiotes também precisavam comer. Foi por isso que sempre culpei Rosemary pelo que aconteceu a Bossie, a vaca.

Os *Poms* ficaram tão animados com o trabalho de Jim no rancho que nos mandaram uma vaca Guernsey puro-sangue. Bossie era marrom, grande e linda, e nos dava dois galões de leite gordo e cremoso. Era uma leiteira tão boa que eu estava planejando cruzá-la no outono, vender o novilho na primavera e guardar o lucro. Já tinha começado a pensar em poupar dinheiro para o dia em que poderíamos comprar nosso próprio rancho.

Mas, certa manhã, alguém deixou Bossie solta. Ela entrou no depósito de grãos e comeu uma saca quase inteira de ração. Quando o Velho Jake descobriu, ela estava toda inchada e reclinada contra a parede do celeiro, gemendo de dor no estômago inflado.

Jim e Velho Jake fizeram tudo o que puderam. A fim de fazê-la vomitar, prepararam uma mistura do que eles imaginaram haver de pior: tabaco, leite de magnésio, uísque e água com sabão. Colocaram tudo numa garrafa de uísque e tentaram despejar goela abaixo, mas Bossie não queria engolir, e o líquido escorreu pelas laterais da boca. Então, o Velho Jake abriu suas mandíbulas com as mãos, e Jim enfiou a garrafa bem fundo na sua garganta, enfiando também o braço, até o cotovelo.

Ele colocou o líquido diretamente no estômago da Bossie, e ela chegou a vomitar um pouco, mas já estava tão mal que, àquela altura, não fazia mais diferença. Seus joelhos arriaram, e ela caiu lentamente no chão. Desesperado, o Jim abriu sua barriga com um canivete, para que o gás saísse. Mas isso também não funcionou e, uma hora depois, a nossa grande e linda Guernsey estava morta, uma massa enorme caída, com os olhos vidrados, no chão do celeiro.

Fiquei furiosa e magoada com a morte de Bossie, e inconformada com a perda do que esperara poder ganhar com os filhotes. Tinha certeza de que tinha sido Rosemary, com suas noções equivocadas sobre animais e liberdade, quem tinha deixado Bossie solta. Ela ficou horrorizada demais ao ver o pai e o Velho Jake tentando salvar a vaca, e a encontrei na varanda comprida, soluçando por causa de sua morte. Tive vontade de dar umas boas bofetadas naquela menina, mas ela disse e repetiu que não foi ela quem soltara a vaca, que tinha sido Pequeno Jim, e, como eu não tinha qualquer prova contra nenhum dos dois, me vi obrigada a deixar a história esfriar.

— Mas não esqueça uma coisa — falei para ela. — É isso que acontece quando um bicho fica em liberdade. Os animais agem como se detestassem ficar presos, mas o fato é que não sabem o que fazer com a liberdade. E, muitas vezes, morrem de liberdade.

Pouco tempo depois de o rebanho chegar, Jim se lançou no conserto de todas as cercas do rancho. O serviço durou um mês. Ele levava Rosemary na picape, e eles passavam vários dias fora, dormindo no chão do caminhão, cozinhando sobre pequenas fogueiras e só retornando para pegar mais suprimentos de comida e arame. Rosemary idolatrava o pai, e ele não se deixava alterar pelos modos selvagens dela. Adoravam passar horas juntos; ela, falando sem parar, e ele, quase sem dizer nada, só balançando a cabeça e sorrindo — com um ocasional "Não diga!" ou "Que coisa!" — enquanto cavava buracos, podava galhos e esticava fios de arame.

— Essa garota nunca cala a boca? — perguntou, certa vez, Velho Jake.

— Ela tem muito o que dizer — contou-lhe Jim.

Enquanto ficavam fora, fui me acostumando à vida no rancho. Todos os dias, tinha sempre mais por fazer do que conseguia dar conta, e, rapidamente, estabeleci certas regras para mim mesma. Uma era dispensar toda faxina desnecessária — nada de fazer trabalho de doméstica. O Arizona era um lugar empoeirado, mas um pouco de poeira nunca fez mal a ninguém. Aquela história de deixar tudo brilhando de limpo era uma tremenda baboseira, na minha opinião. Na verdade, achava que era simplesmente acintoso. Todo mundo que trabalhava com terra ficava sujo, e em Chicago, tinha visto muita gente de mãos sujas em mansões brilhando de limpas. Por isso, eu dava uma geral na casa de tantos em tantos meses, entrando numa agitação frenética e desvairada, fazendo uma faxina completa num único dia.

Quanto às roupas, simplesmente me recusava a lavá-las. Dei um jeito para que todos usássemos roupas frouxas no corpo, com as quais pudéssemos nos abaixar e levantar os braços — nada daqueles trajes abotoados até o pescoço de que minha mãe fazia tanta questão. Usávamos as camisas até ficarem sujas, e, então, virávamos pelo avesso, e, depois, virávamos de novo. Vestíamos aquelas roupas mais tempo do que muita gente cheia de frescura podia conceber. Quando as roupas chegavam ao estágio em que o Jim brincava dizendo que iam assustar até os bichos, eu levava a pilha toda até Seligman e pagava a lavanderia a quilo.

As Levi's nem sequer lavávamos. Encolhiam demais, e os fios ficavam fracos. Então, usávamos, e usávamos, e usávamos mais um pouco as calças até que ficassem lustrosas de lama, esterco, sebo de bicho, baba de bicho, gordura de fritura, graxa de máquina e óleo de casco — e aí continuávamos usando. Até que, finalmente, as calças chegavam a um ponto em que a saturação da imundície tinha atingido o limite, em que elas davam a sensação de estarmos tocando em pele engordurada, e tinham ficado não somente impermeáveis à água como aos espinhos — e era então que a gente sabia que tinha passado dos limites. Quando uma Levi's chegava a esse grau de saturação, parecia com uma espécie de presunto defumado ou *bourbon* envelhecido, e nem pagando se conseguia que um caubói a lavasse.

Eu também cozinhava o estritamente essencial. Não preparava pratos como as donas de casa sofisticadas do Leste faziam — suflês, molhos, acompanhamentos e recheios. Fazia comida. Minha especialidade era o feijão. Sempre tinha uma panela de feijão no fogão, que geralmente durava de dois a cinco dias, dependendo de quantos vaqueiros havia por perto. Minha receita era relativamente simples: cozinhe os feijões e coloque sal a gosto. O que eu mais gostava neles era que bastava adicionar água de tempos em tempos para que não ficassem cozidos demais.

Quando não comíamos feijão, comíamos bife. Minha receita para bife também era relativamente simples: frite ambos os lados e coloque sal a gosto. Com o bife, eu fazia batatas: ferva depois de descascar, coloque sal a gosto. De sobremesa, comíamos pêssegos em lata, cobertos de deliciosa calda. Gostava de dizer que o que minha culinária perdia em variedade, ganhava em consistência. Eu dizia aos caubóis:

— Nada de surpresa, mas, também, nada de decepção.

Uma vez, o leite azedou e resolvi ousar: fiz queijo *cottage*, do jeito que minha mãe fazia quando eu era pequena. Fervi o leite azedo e cortei nacos com a faca. Depois, envolvi os pedaços com retalhos de saco de juta e deixei o soro escorrer durante a noite. No dia seguinte, cortei novamente os nacos, salguei e distribuí durante o jantar. A família gostou tanto que todos engoliram tudo em menos de um minuto. Eu mal conseguia acreditar que tinha dado tanto duro por algo que tinha desaparecido tão rapidamente.

— Foi a maior perda de tempo. Nunca mais cometo esse erro — falei.

Rosemary ficou me olhando fixamente.

— Que isso sirva de lição, mocinha — disse-lhe eu.

Jim nunca pôde levantar a mão para a filha, e, quando ele e Rosemary voltaram do reparo das cercas, ela estava ainda mais selvagem que antes. Embora fosse uma menininha, eu já pressentia o início de uma diferença de opinião fundamental entre ela e mim. Senti que precisava ensinar-lhe muita coisa. Queria lhe dar logo bases de aritmética e leitura, mas, mais que isso, desejava que ela entendesse que o mundo era um lugar perigoso e que a vida era imprevisível, e que era preciso ser esperto, concentrado e determinado para viver a vida. Era necessário estar disposto a trabalhar duro e perseverar diante das adversidades. Até os nascidos com inteligência e beleza não tinham o que era preciso para arregaçar as mangas e fazer o que tinha que ser feito.

Desde os três anos de idade, eu ensinava os números à Rosemary. Se ela pedisse um copo de leite, dizia-lhe que só daria se soletrasse "leite". Tentei fazer com que ela visse que tudo na vida — de Bossie ao queijo *cottage* — era uma lição, mas que cabia a ela entender o que havia aprendido. Rosemary era uma garotinha esperta em muitos sentidos, mas ficava confusa com matemática e ortografia, assim como ao responder a perguntas já ensaiadas antes — o que ela achava chato —, e também com a rotina das tarefas diárias. Jim tentou me tranquilizar, dizendo que ela só tinha quatro anos, mas, nessa idade, eu já colhia os ovos do galinheiro e cuidava de minha irmã menor. Comecei a ficar preocupada com o fato de que Rosemary não se concentrava em nada, e que, se não mudássemos logo essa característica, esta se tornaria parte permanente de sua personalidade.

— Ela vai superar isso com o tempo — disse Jim. — E, se não superar, é porque faz parte da natureza dela, não uma coisa que a gente possa mudar.

— Cabe à gente colocar essa menina no caminho certo. Transformei crianças mexicanas analfabetas em leitores. Posso dar um jeito na minha própria filha.

Rosemary estava sempre se metendo em situações perigosas, quase como se fosse atraída por elas. Vivia caindo dentro de valas e despencando de árvores. Sempre gostava do cavalo mais rebelde. Adorava pegar cobras e escorpiões, mantendo-os dentro de vidros durante algum tempo, mas, depois, ficava com medo de que eles se sentissem sozinhos e com saudades da família e soltava-os.

Naquele primeiro outubro no rancho, compramos uma abóbora em Seligman, esculpimos um rosto cheio de dentes e colocamos uma vela acesa dentro para festejar Halloween. Rosemary tinha se vestido para a festa com um velho vestido de seda todo rasgado, que encontrara em um baú no depósito da fazenda; e ergueu o tecido sobre a abóbora, fascinada com os desenhos que a chama fazia através da trama fina. Jim e eu não estávamos prestando muita atenção quando ele pegou fogo, e a seda ressecada incendiou.

Rosemary estava gritando quando Jim pegou seu gibão de couro de cavalo e envolveu-a com ele a fim de apagar as chamas. Tudo acabou num segundo. Nós a levamos até o quarto; Jim ficou conversando baixinho com ela, até que ela se acalmasse e eu cortasse o que restara do vestido de seda. Rosemary tinha uma enorme queimadura na barriga, embora não fosse muito profunda. O hospital mais perto ficava a duas horas de distância e, além disso, eu não fazia questão de dar meu dinheiro a um médico, então, besuntei a queimadura com vaselina — que curava tudo, de furúnculo à urticária — e envolvi-a com gaze. Quando finalmente acabei, olhei para ela e balancei a cabeça.

— Você tá zangada comigo, mamãe? — perguntou ela.

— Não tanto quanto deveria estar.

Eu simplesmente não concordava em paparicar as crianças quando elas se machucavam. Fazer toda uma lenga-lenga não iria ajudá-las a compreender o erro que tinha cometido.

— Você é a garotinha mais propensa a acidentes que já vi na vida. Espero que, pelo menos, tenha aprendido o que acontece quando se brinca com fogo.

Ainda assim, ela fora muito valente — eu tinha de admitir que ela era sempre uma menina corajosa — e abrandei um pouco.

— A mesma coisa aconteceu com meu irmão, Buster, quando era pequeno, e com meu avô. Então, deve ser coisa de família.

NAQUELE PRIMEIRO INVERNO, JIM E EU pagamos cinquenta dólares por um maravilhoso rádio de ondas largas numa loja da cidade. Ele tinha uma enorme antena de metal que dois vaqueiros nos ajudaram a instalar, pendurando-a entre dois dos grandes cedros do lado de fora da casa.

— Traz o século XX ao condado de Yavapai — falei a ele.

Como não tínhamos luz elétrica, o rádio funcionava com duas pilhas enormes, que custaram outros cinquenta dólares e pesavam uns cinco quilos cada. Quando as pilhas estavam novas, captávamos estações até da Europa, com radialistas falando sem parar, em francês e alemão. Adolf Hitler tomara o controle da Alemanha, e uma guerra civil estava devastando a Espanha. Mas não estávamos particularmente interessados nos problemas europeus. A razão pela qual tínhamos investido tanto dinheiro foi podermos ouvir a previsão meteorológica, que era muito mais importante para nós do que o que os alemães estavam aprontando.

Todos os dias, levantávamo-nos antes do amanhecer, e Jim ligava o rádio baixinho, agachando-se a seu lado para ouvir a previsão do tempo de uma estação da Califórnia. As frentes que chegavam até nós costumavam começar lá, embora, às vezes, fôssemos atingidos por tempestades de inverno vindas do Canadá. Com água tão parca e tempestades tão perigosas — a ponto de afogar ou congelar o gado, arrasar celeiros, levar famílias inteiras em corredeiras e os raios podendo eletrocutar cavalos que usassem ferraduras — vivíamos estritamente de acordo com aqueles noticiários. Pode-se dizer que éramos fanáticos por previsão do tempo. Acompanhávamos uma tempestade que começasse em Los Angeles e se deslocasse para o leste. As nuvens costumavam ficar presas no topo das Montanhas Rochosas, onde despejavam a maior parte de sua umidade, mas, às vezes, elas iam para o sul, abrindo caminho por uma passagem sobre o Golfo da Califórnia — e era aí que tínhamos nossas chuvas grossas.

Rosemary e Pequeno Jim adoravam as tempestades, mais do que tudo. Quando o céu ficava escuro e o ar, pesado, eu os chamava até a varanda e ficávamos olhando a tempestade, com suas nuvens borbulhantes e raios trovejantes, as garras brancas dos relâmpagos e as rajadas ondulantes de chuva negra assolando os descampados.

Uma tempestade distante, por vezes, parecia pequena na grande imensidão do platô e escurecia uma parte da terra, enquanto tudo o mais continuava banhado de sol. Outras vezes, a tempestade desviava-se e nem passava perto de nós. Mas, se ela caísse no pátio, a animação era para valer: trovoadas e relâmpagos cortavam os céus, água martelava sobre o telhado de zinco e escorria pelas laterais, enchendo cisternas, leitos secos e diques.

Viver num lugar onde a água era tão pouca tornava momentos raros como esse — quando o céu despejava uma abundância de água e a terra dura se enternecia e se tornava verde e exuberante — mágicos, quase milagrosos. As crianças sentiam uma vontade irresistível de sair e dançar na chuva. Eu sempre permitia e, algumas vezes, juntava-me a eles; e todos pulávamos a esmo, com os braços levantados, enquanto a água caía em nosso rosto, empapando nossos cabelos e encharcando nossas roupas.

Depois, corríamos até as valas que levavam até o dique Grande Jim, e, quando o primeiro jorro d'água tivesse entrado, eu deixava que as crianças tirassem as roupas e fossem nadar. Ficavam lá horas a fio, dando braçadas, transformando-se em jacarés, golfinhos ou hipopótamos. Também se divertiam loucamente brincando nas poças de água de chuva. Quando a água se infiltrava pela terra e só restava lama, continuavam brincando, rolando pelo chão até que tudo nelas, a não ser pelos brancos dos olhos e pelos dentes, estivesse emplastrado de lama. Quando a lama secava, o que não levava muito tempo para acontecer, descascava e caía, deixando as crianças bem limpinhas, e elas voltavam a vestir suas roupas.

Durante o jantar, quando Jim voltava para casa, depois de uma tempestade, as crianças descreviam suas aventuras na água e na lama, e Jim contava seu vasto repertório de histórias de água. No passado, o mundo era apenas uma imensa massa de água, ele explicava, e, olhando para a gente, ninguém diria, mas nós também éramos feitos basicamente de água. O que tinha de milagroso na água, dizia, era que ela nunca acabava. Toda a água do mundo estivera aqui desde o princípio dos tempos; só tinha se deslocado entre rios, lagos, oceanos, nuvens, chuvas e poças e tinha entrado solo adentro até os rios subterrâneos, fontes e poços, onde era bebida por pessoas e animais, e retornava a rios, lagos e oceanos.

A água em que vocês, crianças, estão brincando, disse ele, provavelmente, já esteve na África e no Polo Norte. Gengis Khan ou são Pedro ou até o próprio Jesus talvez já a tenha bebido. Cleópatra pode ter se banhado nela. Os índios podem ter lavado seus cavalos com ela. Tem vezes em que a água é líquida. Noutras, é dura que nem pedra: o gelo. E noutras ainda é completamente invisível, vapor flutuando pelo céu como as almas dos mortos. Não havia nada como a água sobre a face da Terra, disse Jim. Fazia o deserto desabrochar, mas também transformava terras de várzea em pântano. Sem ela, morreríamos, mas também pode nos matar, e é por isso que nós a amamos, até ansiamos por ela, e, também, temos medo dela. Nunca menospreze a água, Jim falou. Sempre reverencie a água. Sempre desconfie dela.

As chuvas geralmente chegavam em abril, agosto e dezembro, mas, em nosso segundo ano no rancho, abril transcorreu sem chuvas. Assim como agosto e dezembro e, no ano seguinte, estávamos em meio a uma seca muito grave. O descampado ficou arenoso, o vento açoitava-o e as bacias com lama ficaram secas e racharam.

Todos os dias, Jim ouvia a previsão do tempo com a cara amarrada, esperando em vão um anúncio de chuva, e verificávamos o nível de água do Grande Jim. Os dias eram lindos, com um interminável céu azul intenso, mas todo aquele tempo bom nos deixava desesperados, com uma sensação de desamparo, ao ficarmos lá, parados, olhando o nível da água ir descendo até o fundo do dique ficar visível. E, aí, a água desapareceu por completo, e só havia lama, e a lama secou com rachaduras tão grandes que dava para colocar um braço no seu interior.

No início dessa seca, Jim teve o pressentimento de que ia durar. Ele crescera no deserto e sabia que havia uma grande seca a cada dez ou 15 anos; tinha reduzido o rebanho ao máximo, vendendo novilhos e novilhas, mantendo apenas o gado mais saudável para a procriação. Ainda assim, quando a seca atingiu o ápice, tivemos que trazer água de fora. Jim e eu atrelamos a maior carroça que tínhamos à picape, e a rebocamos até Pica — uma parada a quarenta quilômetros ao longo da ferrovia de Santa Fé, onde poderíamos nos abastecer de água. Enchemos tambores de combustível com o máximo que a carroça podia transportar e a rebocamos de volta — com a suspensão da carroça rangendo debaixo de todo aquele peso — até o rancho, e despejamos a água no Grande Jim.

Fizemos aquela viagem algumas vezes por semana. Nossas costas ficaram em pedaços de tanto encher e esvaziar aqueles tambores cheios d'água, mas salvamos o rebanho, enquanto muitos rancheiros das redondezas quebraram.

Em agosto do ano seguinte, as chuvas voltaram. E, quando voltaram, como que num espírito de vingança, caíram como um tremendo dilúvio, algo que jamais havia visto antes. Ficamos sentados à mesa da cozinha — comprida, de madeira, com uma superfície de linóleo pregada com tachinhas — ouvindo a chuva martelando no telhado. Diferentemente de outras tempestades, esta não abrandou depois de meia hora; continuou chovendo, chovendo, batendo contra o telhado de zinco com tanto estrondo, sem parar, que aquilo começou a me dar nos nervos. Depois de algum tempo, Jim começou a ficar preocupado com o Grande Jim. Se água demais fosse drenada para dentro do dique, ele disse, as paredes poderiam arrebentar e perderíamos tudo.

Na primeira vez em que Jim saiu para verificar o dique, voltou dizendo que a estrutura estava aguentando, mas, uma hora mais tarde, com a chuva ainda castigando, constatou que, se nada fosse feito, o dique romperia. Tinha um plano: sair no meio da tempestade e cavar aberturas nas valas e nos fossos que levavam ao dique para drenar a água antes que chegasse ao Grande Jim. Para cavar as aberturas, atrelaria o velho Bruck — nosso cavalo de carga *percheron* — ao arado.

Jim estava usando seu gibão de couro de cavalo, que estava encharcado e pingando. Coloquei uma capa de chuva e saímos sob a chuva, que caía com tanta fúria que, numa questão de instantes, já tinha penetrado pela gola virada de minha capa, pelas mangas, e estava entrando pelos sapatos. Senti os pingos por todo o corpo, e, até antes de chegarmos ao celeiro, já tinha desistido da ideia de tentar ficar seca.

O celeiro estava escuro por causa da chuva, e não conseguíamos encontrar os arreios, que não eram usados havia anos. O Velho

Jake, que tinha torcido o pé que não era o aleijado por uma queda de cavalo, estava mancando mais que nunca e começou a ficar em pânico diante da perspectiva do dique estourar e varrer o gado; mas eu lhe disse para engolir a língua. Todos sabíamos o que estava em jogo, e, se quiséssemos salvar o rancho, precisaríamos manter a cabeça fria.

Sugeri a Jim atrelar o arado à picape. Ele poderia segurar o arado, e eu dirigiria. Ele gostou da ideia. O Velho Jake estava imprestável, e o deixamos apavorado no celeiro, mas levamos as crianças conosco. Nessa hora, a água no pátio já estava cobrindo os calcanhares, e a chuva caía tão intensamente que praticamente derrubava Rosemary no chão. Jim pegou-a no colo. Segui atrás com o Pequeno Jim, que ainda era bebê, agarrada a uma caixa de madeira para que tivéssemos onde colocá-lo, e fomos caminhando a duras penas até a picape.

Na cabana das ferramentas, Jim entrou e pegou o arado, com algumas cordas e correntes, e jogou no fundo da picape. Quando chegamos à vala acima do dique, prendemos o arado ao gancho da picape. Fui para o volante e coloquei o Pequeno Jim dentro da caixa, no chão do carro, para que não deslizasse muito de um lado para o outro.

Olhei pelo retrovisor, mas a chuva que batia contra o vidro do carro era tanta que Jim era apenas uma mancha disforme. Mandei Rosemary ficar de pé no assento e colocar a cabeça para fora, a fim de ouvir as instruções do pai. Jim gesticulava e berrava, mas ainda assim era difícil entender o que estava querendo.

— Mãe, não tô ouvindo ele — disse Rosemary.

— Faça o melhor que puder. É só isso que dá pra fazer a essa altura.

Precisava fazer a picape andar a um ritmo de caminhada, mas ela não estava calibrada para ir tão devagar, e não parava de acelerar e brecar, arrancando o arado das mãos de Jim e derrubando Rosemary em cima da caixa do Pequeno Jim. Para piorar as coisas, a terra ao redor do dique estava coberta daquela maldita rocha vulcânica, que fazia as rodas escorregarem e girarem no mesmo lugar, até agarrarem numa irregularidade e nós sermos jogados para a frente.

Sabíamos que não tínhamos muito tempo, e Jim e eu estávamos xingando feito marinheiros, enquanto Rosemary, com os cabelos escorridos, rastejava de volta ao assento cada vez que era derrubada e fazia o que podia para entender os gestos e berros do pai e transmiti-los a mim. Finalmente, imaginei que se engatasse a marcha, levantando o pé da embreagem só um pouquinho e, depois, pisando fundo novamente, isso poderia fazer a picape avançar somente alguns centímetros de cada vez, e foi assim que conseguimos fazer o que tinha de ser feito: cavamos quatro valas nas laterais do fosso, drenando a água que estava subindo do interior do dique.

Continuava a chover desesperadamente. Jim recolocou o arado na picape e entrou no carro a meu lado. Estava tão molhado que parecia ter caído em um cocho de cavalo. A água esguichava de dentro de suas botas, caía da beirada de seu chapéu, empapava seu gibão de couro de cavalo e escorria para o assento.

— A gente fez um bom trabalho. O melhor possível — disse ele. — Se estourar, estourou.

NÃO ESTOUROU.

Nosso rancho foi poupado, mas nem todos tiveram a mesma sorte. As chuvas arrastaram algumas pontes e muitos quilômetros de trilhos de trem. Rancheiros perderam gado e instalações. Seligman foi inundada, várias casas foram varridas, e as outras tinham marcas de lama de até um metro de meio de altura — o que era tão surpreendente que ninguém quis pintar novamente as paredes. Por vários anos, as pessoas que tinham passado por essa tempestade apontavam para essas marcas de lama numa mistura de descrédito e orgulho.

— A água subiu até aqui — diziam, balançando a cabeça.

Mas, algumas horas depois de a chuva ter parado, o platô ficou verde-claro e, no dia seguinte, o rancho estava coberto pela mais espetacular variedade de flores que eu já tinha visto. Havia pincéis índios cor de carmim, papoulas-da-califórnia cor de laranja, plantas-de-mariposa brancas com interior fúcsia, varas-douradas e tremoços azuis, e ervilhas-de-cheiro cor-de-rosa e roxas. Era uma espécie de arco-íris que se podia tocar e cheirar. Toda aquela água deve ter remexido em sementes que estavam enterradas havia décadas.

Rosemary, que ficou radiante com aquilo, passou dias colhendo flores.

— Se a gente tivesse essa água o tempo todo — falei a ela —, a gente teria de fazer que nem todo mundo e batizar esse rancho com um nome de gente vinda do Leste, do tipo Platô Paraíso.

VI
SENHORA PROFESSORA

Lily Casey Smith antes de uma aula de pilotagem

A ÁGUA QUE COMPRAMOS DURANTE A grande seca tinha custado uma fortuna, mas os ingleses sabiam que cuidar de um rancho era uma empreitada a longo prazo, somente para pessoas com carteiras recheadas o suficiente para aguentar o tranco nos momentos difíceis, e, aí, matar a pau nos bons momentos. Na verdade, viram a seca e as falências que ela estava causando como uma oportunidade de compra. Assim como Jim. Por mais terras que possuíssemos, ele compreendeu que, para o rancho conseguir sobreviver até a próxima seca, precisávamos de ainda mais terras — terras com fontes d'água próprias. Convenceu os investidores a comprarem um rancho vizinho, chamado Hackberry. Ele tinha um terreno com colinas e uma fonte abundante durante o ano todo e, no descampado plano, havia um poço profundo com um moinho que bombeava água até os cochos do gado.

Jim estava pensando em deslocar o rebanho entre idas e vindas, de um rancho a outro, mantendo o gado no Hackberry durante o inverno e trazendo-o de volta ao platô, perto do Grande Jim, no verão. Quando os dois ranchos foram reunidos, totalizaram 180 mil acres. Era uma extensão enorme — uma das maiores do Arizona — e, nos anos bons, era possível levar umas dez mil cabeças de gado até o mercado. Quando os ingleses viram essas cifras, ficaram mais que satisfeitos por terem apostado no Hackberry.

Na primeira vez que fomos até o novo rancho, eu, literalmente, caí de amores por ele. Ficava na descida do platô, entre as montanhas Peacock e Walapai, em terras salpicadas de chaparral. Cursos d'água escorriam das montanhas para a planície, e também havia aquela fonte d'água no sopé das colinas de granito. A casa, aninhada numa concavidade do terreno, era um antigo clube de dança que fora desmembrado, movido até o local, e rejuntado, com chão de linóleo e paredes com cartazes pintados com dizeres como "Dance com moderação" e "Vá brigar lá fora".

Na primeira vez que vi o moinho, bebi um pouco da água do poço, que vinha de grande profundidade, abaixo de nossos pés, e que tinha estado lá por dezenas de milhares de anos, à espera de que eu a provasse. Aquela água de poço era mais doce do que o mais fino licor francês. Tinha gente que, para dizer que tinha ficado rica, falava que estava cheia da grana. Era assim que eu estava me sentindo: rica. Só que estávamos cheios de água. Nossos dias de ficar com as costas moídas de carregar os tonéis de combustível cheios d'água pelas estradas de terra tinham ficado definitivamente para trás.

Depois que os ingleses compraram o Hackberry, uma das primeiras coisas que Jim fez foi ir dirigindo até Los Angeles na picape e voltar com o caminhão cheio de grossos canos de chumbo. A casa ficava a dois quilômetros da fonte, e montamos uma tubulação por toda a extensão, fazendo as conexões entre os canos com conduítes e amarrando com arame flexível. Não se tratava de encanamento interior — e não era exatamente estético —, mas trazia um constante suprimento de água da fonte até a porta da cozinha, jorrando água potável e cristalina sempre que se abria a bica.

Ao lado da bica, tínhamos uma caneca de metal, e havia poucas coisas melhores na vida do que voltar de uma cavalgada quente e empoeirada, encher aquela caneca de água fria e bebê-la, despejando o resto no cocuruto da cabeça.

Levamos o rebanho de volta para o Hackberry no outono e ficamos lá até a primavera. Sempre gostei de cores alegres, e lá, resolvi que ia me fartar. Pintei cada cômodo da casa de uma cor diferente — rosa, azul e amarelo —, coloquei tapetes navajos no chão e arrumei umas cortinas de veludo vermelho para as janelas, aproveitando os carnês de selos de compras que acumulara ao longo dos anos.

Rosemary gostava ainda mais do que eu de cores. Ela já estava demonstrando algum talento artístico, fazendo pequenos desenhos perfeitos sem levantar o lápis do papel sequer uma vez. As duas crianças eram loucas pelo Hackberry, suas montanhas verdes, os lilases, os pássaros do paraíso, os larícios ao redor do galinheiro. Havia vários *canyons* profundos que desciam pelas montanhas e, depois que chovia, eu corria com as crianças até a beirada de um deles para observarmos e vibrarmos com as corredeiras que se formavam quando a água descia com violência pelos leitos secos dos riachos, estremecendo o solo abaixo de nós.

Rosemary e Pequeno Jim também eram fascinados pelas histórias de fantasmas do rancho. Anos antes, a casa tinha pegado fogo com duas crianças dentro. A mãe correu para o interior e salvou o menino, e, depois, voltou para salvar a menina, mas ambas morreram nas chamas, e o menino, que ficara do lado de fora, pôde ouvir os seus gritos desesperados. Poucos meses depois, ele estava num balanço e começou a mover-se cada vez mais rápido, para mais alto, empurrando forte com as pernas, tentando chegar aos céus para estar com a mãe e a irmã; e foi tão alto que caiu do balanço e morreu também.

Os três eram os supostos fantasmas do rancho, e Rosemary, em vez de ficar assustada, não parava de procurar por eles. Andava pela casa à noite, chamando por eles, e, sempre que ouvia um barulho repentino — um lince ruivo a distância, o farfalhar das folhas dos larícios, tambores de óleo que expandiam com estrondo devido ao calor — ficava animada, pensando que pudesse ser os fantasmas. Tinha particular interesse pelo fantasma do garotinho e queria explicar-lhe que, já que havia se juntado à mãe e à irmã, estava tudo bem, e que estavam todos livres para irem para o paraíso.

Desde que mudamos para aquele rancho, Jim e eu conversamos, muitas e muitas vezes, sobre comprá-lo, ou, pelo menos, comprar algo que fosse nosso um dia, mas já tínhamos bastante trabalho administrando e fazendo melhorias no rancho — e a compra sempre parecera um sonho distante. Agora que já tinha passado algum tempo em Hackberry — esse belo terreno com água de sobra —, eu o queria e estava determinada a transformar meu sonho em realidade.

Precisávamos de dinheiro vivo. Jurei que nunca mais contrairíamos outra dívida e que não perderíamos esse rancho da forma como perdemos a casa e o posto de gasolina em Ash Fork. Fiz os cálculos e concluí que poderíamos realizar a compra em dez anos, se eu começasse a juntar dinheiro. E fizemos tudo para poupar e economizar, sem desperdiçar um centavo sequer.

Sempre tivéramos uma vida frugal. Os ingleses ganhavam muito dinheiro com Jim, mas aos pouquinhos de cada vez, reutilizando pregos, aproveitando arame farpado velho, construindo cercas com mudas de zimbro — e não com postes. Nunca jogávamos nada fora. Guardávamos pedaços de madeira para o caso de precisarmos de calços. Quando nossas camisas velhas finalmente se desintegravam, tirávamos os botões e os colocávamos na caixa de botões; as camisas eram usadas como trapos ou eram doadas a costureiras de Seligman, que as transformavam em típicas colchas de retalho.

Só que agora tinha inventado outras maneiras de poupar dinheiro. Fizemos cadeiras para as crianças com caixotes de laranjas. Rosemary desenhava em sacolas de papel usadas — em ambos os lados — e pintava tábuas velhas. Usávamos latas de café como caneca, com arame amarrado ao lado como se fosse uma asa. Sempre que possível, dirigia atrás dos caminhões para que o vácuo criado me puxasse e eu economizasse gasolina.

Imaginei toda sorte de recursos para ganhar dinheiro, uns mais bem-sucedidos do que outros. Vendi enciclopédias de porta em porta, mas isso não rendeu muito, já que não tinha muita gente letrada entre os trabalhadores rurais do condado de Yavapai. Tive muito mais sucesso indo às casas dos vizinhos para intermediar encomendas por catálogo postal — e nem tinha que inventar truques, como jogar terra no chão das pessoas, à semelhança de meu ex-marido trambiqueiro. Também ficava até tarde da noite escrevendo contos sobre caubóis e pistoleiros para revistas de segunda categoria —

usando o nome artístico de Legs Leroy, porque achei que os editores da revista não comprariam histórias de faroeste de uma mulher —, mas não consegui compradores. Catei ferro-velho com a picape e vendi a peso. Também comecei a jogar pôquer com os ajudantes do rancho, mas Jim pôs um fim a isso depois que dois deles perderam tudo o que tinham.

— A gente já não paga direito a eles e não pode tirar o pouco que têm — falou.

Nos fins de semana, ia de carro pela Rota 66 com as crianças, para que elas catassem as garrafas que as pessoas tivessem jogado pelas janelas dos carros. Rosemary ficava de um lado da estrada, Pequeno Jim, do outro, cada qual arrastando atrás de si um saco de juta. O depósito dava dois centavos por garrafas de Coca-Cola, cinco por garrafas de creme de leite, dez por garrafas de leite e 25 por galões de leite vazios. Um dia, coletamos trinta dólares de garrafas.

Às vezes, outros motoristas paravam para saber se estávamos bem.

— Vocês tão precisando de uma ajuda? — gritavam eles.

— A gente é garrafeiro. Tem alguma garrafa vazia aí? — respondíamos.

Rosemary adorava nossas expedições de coleta. Certa vez, nós quatro visitamos nossos vizinhos, os Hutter. Depois do almoço, estávamos voltando para a picape, estacionada atrás do celeiro, quando Rosemary viu uma garrafa dentro do tambor de gasolina que eles usavam como latão de lixo. Ela correu para pegar.

— Lily, isso não tem o menor cabimento — disse Jim. — A gente não tá tão duro assim pra nossa filha sair catando garrafas de dois centavos na lata de lixo dos outros.

Rosemary levantou a garrafa.

— Não é de dois centavos, pai. É de dez — disse ela.

— Grande garota — falei para ela. Depois virei para o Jim. — Dez centavos contam. E, de qualquer maneira, estou ensinando as crianças a serem criativas.

A ESSA ALTURA, ESTAVA COM 39 ANOS E ainda havia uma coisa que eu nunca tinha feito, mas sempre tinha desejado. Num dia de verão, Jim, as crianças e eu tínhamos ido no Calhambeque até o condado de Mohave para dar uma olhada num touro reprodutor que o Jim estava querendo comprar, quando passamos por um rancho onde havia um pequeno avião parado perto da porteira. Um cartaz pintado à mão no vidro para-brisa dizia: "Aulas de pilotagem: cinco dólares".

— Aquilo é comigo — falei.

Pedi ao Jim que estacionasse na entrada, e paramos para olhar o avião. Tinha dois lugares, um atrás do outro, com o *cockpit* aberto, uma demão de tinta verde já desbotada, anéis de ferrugem ao redor dos rebites e um estabilizador que rangia com o vento.

Lembrei-me da primeira vez em que vira um avião, enquanto cavalgava com Malhada pelo deserto, voltando para Red Lake. Adorava Malhada, mas aquela tinha sido uma jornada longa e dolorida para o traseiro. Num avião, a viagem não teria passado de um pulo rápido.

Um sujeito saiu de uma barraca atrás do avião e veio apressado até o Calhambeque. Ele tinha o rosto queimado pelo vento, um cigarro pendurado no canto da boca e um par de óculos de aviação apertado contra a testa. Apoiou os cotovelos sobre a beirada do vidro aberto do Jim e disse:

— Querendo umas aulas?

Eu me inclinei sobre a caixa de marchas.

— Pra ele não, pra mim — falei.

— Puxa! — disse Óculos. — Nunca dei aula pra uma mulher antes.

Ele olhou para Jim.

— Será que a mocinha aí vai conseguir? — perguntou a Jim.

— Não venha com "mocinha" pra cima de mim. Amanso cavalos. Marco novilhos. Dirijo um rancho com duas dúzias de vaqueiros malucos e ganho de todos eles no pôquer. Seria o fim da picada se um bobalhão viesse me dizer que não consigo voar naquele monte de lata velha.

Óculos ficou me olhando, e Jim deu uma batidinha no seu braço.

— Ninguém nunca ganhou uma aposta contra ela — Jim disse.

— Não me admira nem um pouco — disse Óculos.

Ele pegou um cigarro novo e o acendeu com o velho.

— Dona, gostei do seu jeito. Vamos voar.

Óculos trouxe um traje especial para mim, além de um capacete de couro e um par de óculos. Depois que coloquei tudo, demos uma volta completa ao redor do avião verificando os sustentadores das asas, mostrando os ailerons, explicando os rudimentos da decolagem e os ventos, falando sobre como manusear o manche do copiloto. Mas o Óculos não gostava muito de teoria, e, logo, logo, subiu a bordo e mandou que eu subisse também. Ao entrar, percebi que a fuselagem não era feita de metal, como tinha imaginado, mas de lona. Aquele avião era uma casquinha de ovo.

Em seguida, estávamos taxeando pela pista, sacolejando, aumentando a velocidade. O sacolejo parou, mas, a princípio, como o momento foi muito suave, nem percebi que estávamos voando mas, aí, vi o chão se afastando abaixo de nós e entendi que estávamos nos ares.

Demos umas voltas. As crianças corriam de um lado para o outro, acenando enlouquecidamente, e até Jim gesticulava com ânimo com o chapéu. Inclinei-me para fora e acenei de volta. O céu estava azul-marinho e, ao ganharmos altitude, vi as planícies do Arizona se estendendo por todas as direções, a escarpa de Mogollon ao leste, e, bem ao fundo, para o oeste, além de um rio serpenteante, as Rochosas, com algumas nuvens altas pairando acima. A Rota 66 costurava seu caminho, parecendo uma listra marcando o deserto, com alguns minúsculos carros circulando por ela. Sendo habitante do Arizona, estava acostumada à visão da imensidão, mas, mesmo assim, a imagem da terra estendendo-se infinitamente abaixo de mim, me fez sentir gigantesca e destacada de tudo, como se estivesse vendo o mundo inteiro, vendo o todo pela primeira vez à maneira dos anjos.

Óculos manuseou os comandos durante a maior parte da aula, mas, ao manter minhas mãos sobre o manche, pude acompanhar os procedimentos para aprumar, subir e embicar. Perto do fim da aula, ele me deixou pilotar e, depois de algumas guinadas de tirar o fôlego, pude pilotar o avião numa virada longa e firme, que nos colocou bem de frente para o sol.

Depois, agradeci ao Óculos, paguei e disse que ele me veria novamente. Ao retornarmos até o carro, Rosemary disse:

— Achei que a gente devia economizar dinheiro.

— Mais importante ainda do que economizar dinheiro, é fazer dinheiro — respondi. — E, às vezes, para fazer dinheiro, é preciso gastar dinheiro.

Disse-lhe que, com uma licença para pilotar, eu poderia ganhar dinheiro pulverizando plantações, entregando o correio e levando gente rica para passear.

— Essa aula foi um investimento — falei. — Em mim.

A IDEIA DE TRABALHAR COMO PILOTO me ocorreu como uma forma gloriosa de ganhar dinheiro, mas sabia que levaria algum tempo até obter a licença, e precisávamos de dinheiro imediatamente. Finalmente resolvi que a maneira mais inteligente que tinha de fazer entrar algum trocado era voltar a praticar o meu mais vendável talento: o ensino. Escrevi para Grady Gammage, que tinha me ajudado a conseguir o emprego em Red Lake, para perguntar se ele sabia de alguma oportunidade.

Ele respondeu dizendo que tinha uma vaga numa cidadezinha chamada Main Street, "rua principal". Ficava ao norte do estado, no Arizona Strip, e que eu seria bem-vinda por lá, porque Main Street era tão remota e, muito francamente, tão esquisita que nenhum professor com grau universitário queria trabalhar na cidade. Continuou dizendo que era preciso ressaltar que as pessoas da região eram quase todas mórmons, poligâmicas, que tinham se mudado para aqueles confins a fim de fugir da perseguição do governo.

Nem a distância nem a esquisitice me incomodavam, e, quanto aos mórmons, tinha me casado com um, então, imaginei que poderia conviver com alguns poligâmicos. Respondi a Grady Gammage pedindo para que me atribuísse o posto.

O mais lógico a fazer era levar Rosemary e Pequeno Jim comigo. Por isso, um dia, no final do verão, carregamos o Calhambeque, que ainda funcionava, embora a duras penas, e rumamos para o Arizona Strip. Jim nos seguiu na picape para nos ajudar a nos instalar.

O Arizona Strip era o canto mais setentrional do condado de Mohave, separado do restante do estado pelo Grand Canyon e pelo rio Colorado. Para chegar lá, era preciso passar pelos estados do Nevada e do Utah, e, então, voltar para o sul, entrando novamente no Arizona.

Queria que meus filhos conhecessem as maravilhas da tecnologia moderna, e paramos na Barragem Boulder, onde quatro enormes turbinas geravam energia elétrica, que era enviada até a Califórnia. Jim quis visitar, também, uma das cidades em ruínas dos índios hohokam — tribo antiga e extinta que havia construído complexas casas de quatro andares e elaborados sistemas de irrigação. Ficamos lá algum tempo, olhando para aquelas construções de arenito desmoronadas e as calhas que tinham levado água até as casas dos hohokam.

— O que foi que aconteceu aos hohokam, papai? — perguntou Rosemary.

— Eles acharam que podiam civilizar o deserto, e foi exatamente o que acabou com eles. A única maneira de sobreviver ao deserto é reconhecendo que é um deserto — respondeu Jim.

O Arizona Strip era uma região desolada, mas linda. Havia platôs verdejantes, onde montanhas distantes luziam com o reflexo da mica, e colinas e fendas de arenito que tinham sido escavadas em formatos inacreditáveis — ampulhetas e piões e lágrimas — pelo vento e pela água. A visão de toda aquela rocha erodida pelo tempo, talhada grão por grão ao longo de milhares e milhares de anos, fazia com que o relevo parecesse criado por um deus muito paciente.

A cidade de Main Street era tão pequena que não constava na maioria dos mapas. Na verdade, a rua principal de Main Street era a única rua, onde ficavam, lado a lado, alguns casebres, um armazém-geral e a escola — e seu anexo para o professor. Este não tinha nada de mais, era só um pequeno cômodo com duas janelas e uma única cama, que Pequeno Jim, Rosemary e eu teríamos de partilhar. O barril com água do lado de fora da cozinha estava cheio de girinos.

— Pelo menos, sabemos que não está envenenada — disse Jim. — É só beber com os dentes bem apertados.

Muitas das pessoas das redondezas pastoreavam ovelhas, mas a terra tinha sido exaurida pelo excesso de uso, e era incrível como todos eram tão maltrapilhos. Ninguém tinha carro. Usavam carroças, ou, pobres demais para terem uma sela, montavam cavalos sentados sobre cobertores. Alguns moravam dentro de galinheiros. As mulheres usavam tocas nos cabelos, e as crianças iam à escola descalças, vestidas com sobretudos ou vestidos feitos de sacos de mantimentos. A roupa de baixo — quando usavam — também era de saco. Alguns mórmons usavam as roupas íntimas cerimoniais costuradas sobre o corpo durante cultos especiais, e, como deveriam proteger contra o mal, as más línguas chamavam-nas de as cuecas celestiais dos mórmons.

Assim que chegamos, os habitantes da cidade foram educados, mas reservados, até ficarem sabendo que meu marido era filho do grande Lot Smith, que lutara contra os agentes federais com Brigham Young, fundara Tuba City e tivera oito esposas e 52 filhos. Aí, todos foram muito simpáticos.

Tinha trinta alunos, de todas as idades; e era uma turma gentil e bem-educada. Por serem polígamos, eram quase todos parentes, de uma forma ou de outra, e falavam de suas "outras mães" e "primos-irmãos". As meninas paparicavam Rosemary, que estava, agora, com seis anos de idade, e Pequeno Jim, que tinha quatro, enchendo-os de mimos, penteando seus cabelos, vestindo-os com cuidado e treinando para serem mães. As meninas estavam todas inscritas no "Livro da Alegria", o que significava que estavam aptas ao casamento e que aguardavam que seu "tio" decidisse com quem se casariam.

As casas em que moravam, como vim a descobrir, eram essencialmente fábricas de procriação, onde até sete esposas deveriam gerar um bebê por ano. Pela perspectiva dos mórmons, Deus havia povoado a Terra com seres à sua semelhança, e, se os homens mórmons quisessem seguir o caminho de Deus, teriam que ter as próprias linhagens, que povoariam seu mundo paradisíaco no além. As meninas eram criadas para serem dóceis e submissas. Nos primeiros meses de minha estada, duas meninas de 13 anos simplesmente desapareceram, levadas por seus casamentos arranjados.

Rosemary era fascinada por essas crianças, com todas suas inúmeras mães e aqueles pais com todas aquelas esposas. Vivia pedindo-me que explicasse tudo. Estava particularmente curiosa quanto às roupas íntimas dos mórmons, e perguntava se lhes davam, de fato, poderes especiais.

— É nisso que eles acreditam — respondi. — O que não quer dizer que seja verdade.

— Então, por que acreditam?

— A América é um país livre. E isso quer dizer que as pessoas são livres para acreditar no que quer que lhes dê na veneta.

— Então, eles não têm que acreditar, se não quiserem?

— Não, não precisam.

— Mas sabem que não precisam?

Garota inteligente. Esse, como vim a saber, era o nó da questão. A gente era livre para escolher uma vida de submissão, mas a escolha só era livre se a gente soubesse quais eram as alternativas. Comecei a achar que minha tarefa ali era garantir que as meninas a quem estava ensinando aprendessem que havia um mundo imenso lá fora e que havia outras coisas que elas poderiam fazer além de serem éguas procriadoras vestidas com sacos de mantimentos.

Na aula, eu passava a maior parte do tempo nos fundamentos da leitura, da ortografia e da arimética, mas também salpicava as aulas com conversas sobre enfermagem e magistério, oportunidades nas grandes cidades, a 21ª Emenda da Constituição — relativa à Proibição — e os feitos da pioneira da aviação Amelia Earhart e de Eleanor Roosevelt. Discursava sobre como, na idade delas, já amansava cavalos, sobre a vida em Chicago e sobre aprender a pilotar aviões. Qualquer uma delas poderia fazer isso também, dizia, se assim tivessem vontade.

Algumas das crianças — tanto meninos quanto meninas — ficavam chocadas, mas muitas pareciam sinceramente curiosas.

Não estava em Main Street havia muito tempo quando recebi uma visita do Tio Eli, o patriarca dos polígamos locais. Ele tinha uma longa barba grisalha, sobrancelhas desgrenhadas e nariz adunco. Seu sorriso era calculado e seus olhos, frios. Dei-lhe um copo com uma água que tinha girinos e, enquanto conversávamos, ele ficou segurando minha mão e dando uns tapinhas leves, chamando-me de "Senhora Professora".

Segundo ele, algumas das mães tinham dito que suas filhas, ao voltar da escola, falavam sobre defesa do voto feminino e mulheres pilotando aviões. O que eu precisava compreender era que ele e sua gente haviam mudado para aquela região a fim de se afastar do resto do mundo, e eu estava trazendo o mundo, justamente, para dentro da sala de aula, ensinando coisas às crianças que suas mães e seus pais consideravam perigosas e, até, blasfêmias. Meu trabalho, prosseguiu, era ensinar-lhes aritmética e leitura suficientes para que cuidassem de uma casa e lessem as páginas do Livro dos Mórmons.

— Senhora Professora, a senhora não está preparando essas meninas para a vida. Só as está deixando tristes e confusas. Chega de conversas sobre coisas mundanas.

— Olhe aqui, Tio — comecei. — Não trabalho para o senhor. Trabalho para o estado do Arizona. Não preciso que me diga como trabalhar. Meu trabalho é dar a essas crianças uma formação escolar, e parte disso consiste em dizer a elas como o mundo é, de fato.

O sorriso do Tio não se alterou. Rosemary estava sentada à mesa, desenhando, e ele andou até ela e acariciou seus cabelos.

— O que você está desenhando? — perguntou ele.

— Essa aqui é minha mãe montada no Diabo Vermelho — respondeu Rosemary.

Era uma de suas histórias favoritas sobre mim, e ela estava sempre fazendo desenhos disso. Olhou para cima, para Tio Eli, e disse:

— Meu pai era mórmom.

— E não é mais?

— Não, é rancheiro.

— Então, está perdido.

— Papai nunca se perde nem precisa de bússola. Só diz que mamãe fez ele jogar fora a cueca celestial que tinha. O senhor usa cueca celestial?

— Nós a chamamos de roupa do templo — disse Tio. — Você vai ser uma boa esposa para alguém, um dia desses. Podemos colocar seu nome no Livro da Alegria?

— Deixa ela fora disso — falei. — E deixa ela fora dessa droga desse livro.

— Não tenho mais nada a falar com a senhora. Se não me obedecer, vamos todos afastar a senhora como afastamos o demônio.

NO DIA SEGUINTE, DEI UMA AULA particularmente entusiasmada sobre liberdade política e religiosa, falando sobre os países totalitários onde todos eram forçados a acreditar numa única coisa. Na América, ao contrário, as pessoas eram livres para pensar por si mesmas e para seguir seu coração em se tratando de assuntos de fé.

— É como aquelas maravilhosas lojas de departamentos de Chicago — falei. — Você pode sair experimentando diferentes vestidos até encontrar um que caia bem.

Naquela noite, quando saí para jogar fora a água suja da pia, Tio Eli estava parado no pátio, com os braços cruzados, olhando fixamente para mim.

— Boa noite — falei.

Ele não respondeu. Apenas continou me olhando fixamente, como se estivesse me agourando.

Na noite seguinte, olhei para a janela, depois de arrumar a louça da janta, e lá estava ele, novamente, parado diante da janela, olhando fixamente com aquelas sobracelhas desvairadas e com a mesma expressão sinistra.

— Que é que ele quer, mãe? — perguntou Rosemary.

— Ah, ele só tá querendo brincar de sério comigo.

Nosso cômodo não tinha cortinas, e, no dia seguinte, costurei uns sacos de mantimentos e preguei na janela. À noite, ouvi alguém batendo à porta. Quando abri, Tio Eli estava lá.

— O que o senhor deseja? — perguntei.

Ele ficou me olhando, e fechei a porta. As batidas recomeçaram, lentas e obstinadas. Fui até o quarto onde dormíamos e carreguei meu revólver de cabo da madrepérola. Tio Eli ainda batia à porta. Ao abrir, levantei a arma rapidamente na sua direção, de forma que, quando deu por si, a arma estava apontada bem para ele.

A última vez em que apontara a arma fora para aquele bêbado em Ash Fork, que tinha chamado Helen de vadia suicida, porque eu não queria lhe vender álcool. Não tinha atirado então, mas, desta vez, mirei para a esquerda do rosto do Tio Eli e puxei o gatilho.

Quando o tirou soou, Tio Eli berrou de medo e, instintivamente, levantou as mãos para o alto. A bala passou de raspão por sua orelha, mas o canhão tinha estado perto o bastante para que seu rosto ficasse salpicado de pólvora. Ele ficou me olhando, mudo.

— Se vier bater à minha porta de novo, é melhor estar usando sua cueca celestial, porque, da próxima vez, não vou mirar pra errar.

Dois dias depois, um xerife do condado veio até a escola. Era um sujeito tranquilo, da roça, e tinha um bócio na garganta. Investigar uma professora por atirar num velho polígamo não era uma coisa que fizesse todos os dias, e ele parecia não saber direito como fazê-lo.

— Recebemos uma queixa, madame, alegando que a senhora deu um tiro na direção de um dos moradores daqui.

— Era um intruso perigoso, e eu estava protegendo a mim e a meus filhos. Vou ficar feliz em levar o assunto à corte e explicar exatamente o que aconteceu.

O xerife suspirou.

— Por aqui, a gente gosta que as pessoas resolvam suas diferenças entre si. Mas se a senhora não conseguir se dar bem com esse pessoal, e muita gente não consegue, provavelmente não deveria continuar morando aqui.

Depois disso, sabia que era uma mera questão de tempo. Continuei a dar aulas em Main Street, dizendo àquelas meninas o que achava que deveriam saber sobre o mundo, mas parei de receber convites para jantar nas casas dos pais dos alunos, e muitos deles tiraram os filhos da escola. Na primavera, recebi uma carta do superintendente do condado de Mohave dizendo que não achava que seria uma boa ideia eu continuar a dar aulas em Main Street no ano seguinte.

ESTAVA DESEMPREGADA NOVAMENTE, O QUE me deixou muito irritada, porque havia agido no interesse de meus alunos. Felizmente, naquele verão, um posto de professor ficou vago em Peach Springs, uma pequenina cidade na reserva walapai, a uns 105 quilômetros do rancho. O salário era de cinquenta dólares por mês, mas, além disso, o condado reservara dez dólares por mês para um faxineiro de meio expediente, dez dólares para um motorista de ônibus e mais dez dólares para alguém que preparasse o almoço das crianças. Disse que faria tudo, o que representavam oitenta dólares por mês, e conseguiríamos colocar a maior parte do montante na poupança.

O velho ônibus escolar tinha quebrado, e o condado também tinha previsto um orçamento para comprar um novo — ou, pelo menos, algum tipo de transporte — e, depois de procurar um pouco, encontrei o veículo perfeito numa concessionária de veículos de segunda mão: um magnificamente elegante carro fúnebre azul-escuro. Como só tinha bancos na frente, dava para encher a traseira com um monte de crianças. Peguei um pouco de tinta prateada e, em letras garrafais, escrevi "ônibus escolar" em ambas as laterais.

Apesar de meu letreiro chique, as pessoas daquela região, inclusive o meu marido, levavam tudo ao pé da letra, e todos continuaram a chamar o veículo de rabecão.

— Não é rabecão — falei para Jim. — É ônibus escolar.

— Pintar a palavra "cachorro" nas costelas de um porco não faz dele um cachorro.

Ele tinha uma certa razão e, depois de algum tempo, comecei a chamar o veículo de rabecão, também.

Eu me levantava por volta das quatro da madrugada e perfazia 320 quilômetros por dia, entre a ida e a volta a Peach Springs, e a coleta e a entrega das crianças nos diferentes pontos do distrito. Dava a aula sozinha, levava todo mundo para casa, voltava para fazer a faxina na escola, e, só então, retornava para o rancho. Contratei nossa vizinha, a Dona Hutter, para fazer a merenda da escola a cinco dólares por semana, e ela fazia panelões de ensopado, que eu levava até a escola. Aqueles eram dias longos, mas eu adorava o trabalho, e o dinheiro começou a acumular com bastante rapidez.

Rosemary tinha sete anos e Pequeno Jim, cinco, e eu os levava comigo de manhã, fazendo com que se tornassem parte da turma. Rosemary odiava ser minha aluna, sobretudo porque, às vezes, eu a repreendia na frente dos outros alunos para servir de exemplo e mostrar que não estava favorecendo a ninguém. O Pequeno Jim também me dava certo trabalho, e ele também teve sua dose de broncas, embora umas palmadas nunca tenham evitado que qualquer um dos dois pestinhas fizesse besteiras por muito tempo.

Tinha de realizar duas viagens para pegar todo mundo, e deixava Rosemary, Pequeno Jim e as crianças da cidade de Yampi na escola enquanto fazia minha habitual segunda viagem para buscar a criançada de Pica. Certa manhã, quando voltei para a escola, Pequeno Jim estava deitado de costas sobre minha mesa, completamente inconsciente. As outras crianças explicaram que ele havia caído do balanço e que tinha ido para o paraíso, feito o menininho fantasma.

Fiquei num impasse terrível. Precisava levar Pequeno Jim para o hospital, mas o mais próximo era o de Kingman, a 56 quilômetros de distância, e não podia deixar as crianças sozinhas por tanto tempo. Coloquei o máximo possível no rabecão e mandei que os demais ficassem em pé nos estribos, pendurados para fora, segurando nas bordas das janelas abertas. Rosemary estava segurando o Pequeno Jim desacordado no colo, ao meu lado, e, antes de rumar para Kingman, comecei a entregar as crianças às suas famílias, indo de Yampi a Pica. As crianças, em pé no estribo do carro, iam fazendo farra, gritando, berrando, agindo como se estivessem num desfile de carnaval.

Estávamos correndo loucamente pela Rota 66 quando, de repente, o Pequeno Jim se sentou ereto.

— Onde é que eu tô? — perguntou.

Rosemary, achando aquilo engraçadíssimo, começou a gargalhar, mas fiquei furiosa. Queria levar o Pequeno Jim ao hospital, de qualquer maneira, mas ele repetiu várias vezes que estava bem, até ficou em pé no banco do carro e começou a dançar para provar que estava mesmo — o que me deixou ainda mais furiosa. Fizera todas aquelas voltas por nada, cancelado a aula por nada e tive medo de que me descontassem o dia de trabalho.

— Agora vamos dar meia-volta e pegar a garotada de novo — falei.

— Mas eles já foram pra casa — disse Rosemary. — Vão estar na rua, brincando. Não vão querer voltar.

— Já falei pra você antes: na vida, não se faz só o que se quer.

Rosemary ficou com um ar contrariado. Então, começou a dizer que não estava se sentindo muito bem, que estava tonta e que precisava voltar para casa.

— Ah, então agora é você quem está doente? — perguntei.

— É, mamãe.

— Bom, então vou ter que te levar para o hospital.

— Só quero ir pra casa.

— Nem mais uma palavra, mocinha. Se você está doente, não precisa de mimos, precisa de tratamento.

Quando ela tentava protestar, eu repetia o que já tinha dito. Dirigi até o hospital de Kingman. Depois de conversar com uma das enfermeiras sobre minha filha que queria fingir-se de doente, consegui que Rosemary passasse a noite num quarto do hospital, sozinha, onde poderia refletir sobre a verdade e as consequências do que dizemos. Se eu ia perder um dia de salário, ao menos uma pessoa, que fosse, ia aprender uma lição a partir da experiência.

— Está se sentindo melhor? — perguntei à Rosemary quando fui pegá-la, no dia seguinte.

— Tô.

E não estendemos o assunto. Mas ela nunca mais fingiu que estava doente.

NAQUELE OUTONO, NUMA MANHÃ DE SÁBADO, ao sair para o quintal, olhei para o rabecão estacionado ao lado do celeiro. Estava simplesmente parado ali, e aquilo me pareceu um enorme desperdício. Diferentemente dos cavalos, carros não precisavam de um dia de repouso de vez em quando. Se pudesse colocar o rabecão para trabalhar para mim nos fins de semana, descontada a gasolina, ele me renderia lucros. Resolvi dar início a um serviço de táxi.

Na lateral do carro, debaixo de "ônibus escolar", usei a mesma tinta prateada para acrescentar "e táxi". Jim teve a ideia de instalar uns assentos na traseira para quando tivéssemos passageiros que pagassem pelo conforto.

Não havia muita gente parada pelas estradas tentando chamar um táxi naquela parte do Arizona, mas havia pessoas sem carro que, volta e meia, precisavam ir até o fórum de Kingman ou que as buscassem na estação de trem de Flagstaff, e elas me chamavam. Deixavam recado com Seu Johnson, agente da polícia de Seligman, e, de dois em dois dias, eu passava em seu escritório para saber se tinha algum cliente.

A maior parte do dinheiro ia para nossa poupança, mas eu reservava algum para uma aula de pilotagem ocasional.

Era uma excelente motorista. Não gostava particularmente de dirigir na cidade, com todos aqueles sinais, placas e guardas de trânsito, mas, na estrada, eu me esbaldava. Conhecia os atalhos e as estradas secundárias e não hesitava na hora de entrar descampado adentro, passando a toda velocidade sobre a vegetação rasteira e assustando os papa-léguas que se abrigavam sob os arbustos.

Se ficássemos atolados, enquanto estivesse transportando as crianças da escola, eu as fazia descer e empurrar, enquanto todos recitávamos Aves-Marias. Eu gritava "empurrem e rezem", controlava o volante, pisava no acelerador e deslocava areia e pedras, que eram espalhadas pelo giro dos pneus e pelas derrapagens no esforço de sair do atoleiro. Meus passageiros particulares também deveriam ajudar a empurrar se ficássemos atolados. Eu não mandava que eles rezassem a Ave-Maria, mas dizia a mesma coisa: "Empurrem e rezem."

Quando contei isso ao Jim, ele falou:

— Você devia pintar isso naquele rabecão também.

Num fim de semana de dezembro, três senhoras do Brooklyn estavam hospedadas com nossa vizinha e prima delas, a Dona Hutter — a mulher que preparava os ensopados para a escola. Elas me contrataram para levá-las até o Grand Canyon. Coloquei uma cesta de piquenique no rabecão e trouxe Rosemary junto.

Imaginei que aquelas mulheres do Brooklyn seriam duronas e espertas, mas eram umas dondocas que usavam maquiagem demais e não paravam de reclamar do calor do Arizona, dos assentos desconfortáveis do carro e do fato de que não havia nenhum lugar em todo o estado onde podiam tomar um bom *milk-shake*. Tinham sotaques nova-iorquinos carregados, e eu lutava contra a tentação de corrigir suas atrozes pronúncias.

Tentava puxar assuntos positivos, ressaltando que a cidadezinha de Jerome tinha sido batizada em homenagem à família da mãe do Winston Churchill, mas elas respondiam coisas como: "Mas o que vocês têm pra fazer por aqui?" ou "Como é que vocês conseguem viver sem luz elétrica?"

Também insistiam em trazer à baila o Natal de Nova York, a árvore armada no Rockefeller Center, as vitrines decoradas da Macy's, os presentes, as luzes, as crianças fazendo fila para conversar com papais noéis vestidos de vermelho.

— O que é que o Papai Noel vai trazer pra você nesse Natal? — perguntou uma das mulheres à Rosemary.

— Quem é Papai Noel? — perguntou ela.

— Você nunca ouviu falar em Papai Noel? — A mulher pareceu incrédula.

— A gente não dá muita bola pra essse tipo de coisa por aqui — falei.

— E aí, quem é Papai Noel? — Rosemary perguntou.

— Esse é o outro nome de são Nicolau — respondi. — O padroeiro das lojas de departamentos.

Perto da subida de Picacho Butte, notei que o freio de mão tinha estado puxado o tempo todo e, sem dizer palavra, baixei a mão e desapertei o freio. Nesse exato instante, chegamos a uma longa descida íngreme, na borda do platô. O carro começou a ganhar velocidade, e, quando pisei para frear, o pedal foi até o fim sem qualquer resistência. Estávamos sem freio.

Comecei a virar o volante de um lado para o outro, o carro saía e voltava para a estrada, na esperança de que a areia e o cascalho no acostamento pudessem nos desacelerar. As mulheres do Brooklyn ficaram todas agitadas, me pediam para ir mais devagar, perguntavam o que estava acontecendo e exigiam que eu as deixasse sair do carro.

— Para esse carro!

— Fiquem calmas, meninas. A gente só tá num carro desgovernado, mas está tudo sob controle. Vou tirar a gente dessa enrascada — falei para elas.

Olhei para Rosemary, que me observava com olhos arregalados, e dei uma boa piscada para mostrar que estávamos nos divertindo muito. A criaturinha sorriu. Ela era, definitivamente, destemida, diferentemente daquelas peruas estridentes lá atrás.

Mas todas aquelas viradas de um lado para o outro não reduziram nossa velocidade, e compreendi que a situação exigia medidas mais drásticas. Chegamos a um trecho da estrada que era escavado na montanha. Do nosso lado, ela descia em declive, e do outro lado, subia.

— Prontas pra umas boas risadas? — gritei.

— Oba! — respondeu Rosemary, mas as mulheres do Brooklyn continuaram se lamuriando.

— Segurem firme! — gritei.

Levei o carro para a outra pista, e subimos pelo pé da encosta, chacoalhando entre buracos e pedras, mas a encosta era íngreme e, embora tivéssemos começado a perder velocidade, também começamos a virar de cabeça para baixo, e o carro capotou, numa volta completa, aterrissando sobre as quatro rodas, exatamente como eu havia planejado.

Levamos uns safanões com o tranco, mas ninguém ficou seriamente machucado, e saímos engatinhando pelas janelas abertas. As mulheres do Brooklyn estavam histéricas, xingavam e ameaçavam me processar, ou me pôr na cadeia, ou fazer com que eu perdesse a carteira.

— Você quase matou a gente!

— A única coisa que aconteceu com vocês foi que levaram um susto daqueles e estão de perna bamba. Em vez de ficar aí reclamando, vocês deviam me agradecer, porque minha competência no volante salvou a pele das duas. Quando você anda a cavalo, tem que saber cair, e, quando anda de carro, tem que saber bater.

AQUELAS MULHERES DO BROOKLYN ERAM UMAS frescas, mas me fizeram pensar no Natal. A maioria dos pioneiros não tinha muito tempo ou dinheiro para dar presentes e decorar árvores e tendia a tratar o Natal como tratava a Proibição — outra esquisitice do Leste que não lhes interessava muito. Poucos anos antes, quando uns missionários tentaram ludibriar os navajos a converter-se, trouxeram um Papai Noel cheio de presentes, que saltou de um avião em pleno voo, mas o paraquedas não abriu, e ele aterrissou com um barulho seco na frente dos índios — o que os convenceu, e a muitos de nós, que, quanto menos tivéssemos a ver com o bom velhinho, melhor seria.

Ainda assim, fiquei pensando que talvez estivesse privando meus filhos de uma experiência especial, e, naquela mesma semana, comprei umas daquelas luzes de Natal cheias de complicação, em Kingman, e dois brinquedos no armazém-geral de Seligman.

Na manhã de Natal, pedi a Jim que, sem que as crianças percebessem, subisse no telhado e começasse a sacudir um monte de velhos guizos de carroças, enquanto eu explicava a elas que era o Papai Noel e seu trenó voador, e que ele visitava todas as crianças do mundo, trazendo-lhes brinquedos que fabricara com seus elfos no Polo Norte durante o ano inteiro. A expressão da Rosemary passou do encantamento à dúvida, e, aí, começou a balançar a cabeça e a sorrir.

— Do que é que você tá falando, mãe? Qualquer bobalhão sabe que as renas não sabem voar — disse ela.

— Essas renas são mágicas, caramba — expliquei.

Contei que o próprio Papai Noel era mágico, e que era assim que ele conseguia visitar todas as crianças do mundo, deixando-lhes presentes dentro de meias, durante uma única noite. Então, dei uma meia a Rosemary e outra a Pequeno Jim.

Rosemary tirou uma laranja, avelãs, um pacotinho de balas e uma caixa de amendoins.

— Isso não vem do Polo Norte — disse ela, ao examinar a caixa de amendoins. — É do armazém-geral. Eu vi disso lá.

Fui até a janela e coloquei a cabeça para fora.

— Desce daí, Jim — berrei. — Eles não acreditaram.

Embora não tenha conseguido fazer as crianças engolirem a história do Papai Noel, elas adoraram as luzinhas das guirlandas de Natal. Todos entramos no carro, fomos até as colinas e cortamos um pequeno pinheiro que as crianças escolheram. Jim fez um buraco no quintal da frente e nós o enfiamos ali, socando a terra em volta e pendurando as guirlandas ao redor dos galhos. A tarde toda, Rosemary e Pequeno Jim dançaram ao redor da árvore e gritaram para o sol, mandando que fosse embora logo.

Quando ficou escuro, chamamos os vaqueiros, que estavam no dormitório, e Jim estacionou o rabecão ao lado do pinheiro. Abriu o capô, conectou um cabo à bateria, fizemos um grande círculo em volta do pinheiro. Ele suspendeu o cabo e a ponta do fio da guirlanda e ligou um ao outro. A árvore explodiu em cores e todos prendemos a respiração com o vermelho, o amarelo, o verde, o branco e o azul das luzes, que brilhavam intensamente na noite fria — as únicas por quilômetros e mais quilômetros, na imensa escuridão do descampado.

— É mágico! — gritou Rosemary com uma vozinha aguda.

Muitos dos trabalhadores do rancho jamais haviam visto luz elétrica, e alguns retiraram os chapéus, colocando-os sobre o coração.

E aquelas mulheres do Brooklyn pensaram que não sabíamos festejar o Natal em grande estilo.

Em meu segundo ano em Peach Springs, tinha 25 alunos numa única turma. Seis deles — quase um quarto do grupo — eram filhos do Delegado Johnson, um homem de rosto anguloso, que não parava de fumar, usava um velho chapéu de feltro e tinha bigodes caídos sobre os lábios. De uma forma geral, eu gostava do Seu Johnson. Em sua função de agente de polícia do município, ele fingia que não via infrações de pouca monta e costumava dar às pessoas o benefício da dúvida, contanto que reconhecessem que ele era a lei e quem decidia o que era certo e o que era errado. Mas podia ser duro com quem resolvesse bater de frente com ele. O delegado tinha um total de 13 filhos, e, como ele era um dos homens da lei do condado, eles faziam mais ou menos o que bem entendiam, esvaziando os pneus dos carros, jogando bombinhas quando as pessoas estavam usando as casinhas e deixando a babá amarrada a uma árvore durante a noite toda.

Um dos filhos do Delegado Johnson era Johnny Johnson, que era dois anos mais velho do que Rosemary. Ele sempre deu muito trabalho, desde que comecei a lecionar em Peach Springs. Talvez porque tivesse irmãos mais velhos que ficavam pela sala contando histórias obscenas sobre as meninas, Johnny não conseguia tirar as mãos de cima delas — um típico cafajeste em potencial. Tinha dado um beijo na boca de Rosemary — coisa que soube poucos dias depois por um dos outros alunos. Rosemary disse que tinha sido só uma coisa meio nojenta que tinha acontecido, nada que merecesse maiores alvoroços. Johnny, por sua vez, chamou Rosemary e o outro aluno de mentirosos deslavados e disse que eu não poderia provar coisa alguma.

Não valia a pena levar o garoto aos tribunais, mas eu ainda estava irritada com a história duas semanas mais tarde, quando, um dia, durante a aula, o pestinha se aproximou e enfiou a mão dentro do vestido de uma adorável garotinha mexicana chamada Rosita. O garoto precisava aprender a controlar aquelas mãos. Por isso, coloquei meu livro sobre a mesa, andei até ele e dei-lhe um bom tapa na cara. Ele ficou me olhando, com os olhos esbugalhados de susto, levantou a mão e deu-me um tapa na cara.

Durante um segundo, fiquei sem fala. Um sorriso começou a se esboçar no rosto do Johnny. O pestinha pensou que eu tinha chegado ao meu limite. Foi então que o puxei para cima e o joguei de frente contra a parede, suas mãos presas nas costas, e o empurrei repetidas vezes, até que ele encolhesse no chão. Peguei minha régua e comecei a bater no seu traseiro.

— A senhora vai se arrepender — gritava ele. — Vai se arrepender!

Não me importava. Johnny Johnson precisava aprender uma lição que jamais esquecesse, e não era uma coisa que se escrevesse no quadro-negro, tinha de ser gravado no seu traseiro. Além do mais, corria o risco de se tornar um cretino feito meu primeiro marido e feito o produtor que seduzira Helen, tinha de entender que havia consequências quando se maltratava uma garota. Então, continuei dando reguadas nele, talvez até mais do que era merecido, e, verdade seja dita, fiquei mais do que feliz com elas.

Como eu tinha imaginado, o Delegado Johnson apareceu na escola no dia seguinte.

— Não estou aqui para uma conversa — disse ele. — Estou aqui pra dizer à senhora que não encoste mais a mão no meu menino, entendeu?

— O agente policial pode achar que manda no condado de Yavapai, mas eu mando na minha sala de aula — respondi. — E vou disciplinar as crianças do jeito que considerar adequado, entendeu?

Quando o Jim voltou para casa naquela noite, contei-lhe o ocorrido.

— Isso está ficando quase previsível — disse ele.

— Do que é que você está falando?

— Esses desenlaces. Estão se tornando um padrão.

— Seria um padrão tanto eu ter de me impor como de me menosprezarem.

O Delegado Johnson não pôde fazer com que eu fosse despedida imediatamente, já que teriam dificuldades em me substituir no meio do ano letivo, mas, poucos meses mais tarde, recebi outra daquelas drogas de cartas dizendo que meu contrato não seria renovado. Àquela altura, eu já tinha perdido a conta das vezes em que tinha sido despedida e estava ficando cansada daquilo.

No dia em que a carta chegou, sentei-me à mesa da cozinha e pensei na minha situação. Se tivesse que voltar no tempo, faria tudo de novo. Eu não estava errada. As regras é que estavam. Era uma professora danada de boa e vinha fazendo o que era necessário, não somente para Rosita, mas também para Johnny Johnson, que precisava de rédeas antes que se metesse em confusões mais sérias. Ainda assim, tinha sido posta para fora novamente, e não havia nada que pudesse fazer a respeito.

No momento em que eu estava sentada ali, ruminando esse problema, Rosemary entrou na cozinha e, ao me ver, um olhar de apreensão estampou-se em seu rosto. Ela começou a acariciar meu braço.

— Não chora, mamãe. Para com isso, por favor — disse ela.

Foi só então que me dei conta de que lágrimas estavam descendo por minhas faces. Lembrei-me de como ficava perturbada, quando era menina, ao ver minha mãe chorar. Agora, ao deixar minha própria filha me ver frágil e patética, senti que tinha falhado com ela de uma grave maneira e fiquei furiosa comigo mesma.

— Não estou chorando — falei. — É só poeira nos olhos.

Empurrei sua mão para o lado.

— Porque não sou fraca. Você não precisa se preocupar com isso. Sua mãe não é uma mulher fraca — falei.

E, com isso, fui até o monte de lenha e comecei a rachar as toras, colocando-as de pé, cortando cada bloco de madeira com toda a força que tinha ao baixar o machado, espalhando farpas brancas por todos os lados, enquanto Rosemary ficou me olhando. Foi quase tão extasiante quanto bater no Johnny Johnson.

O Delegado Johnson fez questão de que todo mundo soubesse que eu tinha sido demitida, sem ocultar quem estava por trás do feito. Quando eu encontrava com as pessoas no armazém-geral, sabiam que não podiam me perguntar como iam as coisas na escola, como sempre faziam, e havia silêncios constrangedores que todos os que já foram demitidos conhecem bem.

Mas eu estava mais do que resolvida a mostrar às pessoas que o Delegado Johnson não tinha me derrotado, e eu estava pensando numa maneira de fazer isso quando anunciaram que haveria uma pré-estreia de *E o vento levou* em Kingman. Resolvi ir e usar o vestido mais chique que se tinha visto no condado.

E o vento levou era, de longe, meu livro preferido, depois da Bíblia, e eu achava que continha muitas lições. Li o livro quando foi lançado, e, depois, reli. Também já lera boa parte dele em voz alta para Rosemary. Scarlett O'Hara era meu tipo de mulher. Ela era durona, ousada, sabia o que queria e nunca deixava que algo ou alguém atrapalhasse seu caminho.

Como a maior parte das pessoas no condado, eu tinha vontade de ver aquele filme havia anos. Era o filme mais caro já feito — rodado inteiramente em *technicolor* —, e revistas e jornais tinham acompanhado todos os detalhes da escolha de elenco e da produção. Agora que ele estava finalmente terminado, o estúdio estava promovendo pré-estreias por todo o país, inclusive em Kingman, cobrando cinco dólares pela entrada — quantia astronômica comparada aos cinco centavos que a entrada costumava custar.

As mulheres deveriam usar vestidos longos, e os homens, *smokings*, ou, pelo menos, o terno de domingo, na pré-estreia. Como nunca tivera um vestido longo, e não gastaria uma fortuna comigo mesma — a entrada já era extravagância suficiente —, resolvi que tiraria minha inspiração da própria Scarlett: eu mesma faria meu vestido, com as cortinas da sala de estar. No meu entender, ter cortinas nos quartos fazia sentido, mas não precisava, a bem da verdade, na sala de estar. Aquelas cortinas de veludo que tinha comprado com os selos de compras acumulados só estavam lá, penduradas nas janelas da sala de Hackberry, juntando poeira e começando a desbotar com o sol do Arizona. E vermelho era minha cor preferida.

Meu vestido não seria do tipo justinho no busto, com cintura marcada e fina, como o que Scarlett teve de usar. Seria comprido, sim, mas simples e largo no corpo, mais grego do que estilo pré-guerra civil americana. Pedi uma máquina de costura emprestada à minha vizinha, Dona Hutter — que era uma excelente costureira. Ela me ajudou a fazer o modelo e os ajustes, mas costurei tudo sozinha. Usei o puxador da cortina como cinto.

Eu não tinha um espelho de corpo inteiro, mas dava para ver, quando terminei a costura e o coloquei pela primeira vez, que o vestido era, sem falsa modéstia, uma obra de arte.

— Você parece uma estrela de cinema — disse Rosemary.

— Isso é que é vestido — disse Jim. — Com certeza, todos notarão sua chegada.

Jim recusou-se a ir à pré-estreia comigo. Ele não via sentido no cinema. Tínhamos ido a alguns bangue-bangues, e ele chegou a sair no meio de uns, totalmente enojado com o que considerava um falso retrato da vida do caubói — a maneira como os caubóis do cinema se sentavam em volta da fogueira, cantando, depois de um dia supostamente cansativo na lida; a maneira como ficavam pelo curral fazendo truques com as cordas, em vez de remendar as cercas; a maneira como usavam chapéus limpos e coletes enfeitados e perneiras fofinhas de pele de carneiro; e, sobretudo, a maneira como pulavam dos topos dos telhados sobre os cavalos.

— Não é nem parecido com isso — disse Jim.

— Claro que não — falei para ele. — Quem pagaria um monte de dinheiro pra ver um caubói de verdade e fedorento? Você vai ao cinema pra fugir da maneira como as coisas são realmente.

— Acho que um gângster também reclamaria do gângster do cinema.

Mas Jim concordou em ser meu chofer em Kingman. Na noite da pré-estreia de *E o vento levou*, cheguei de rabecão — um pouco amassado depois do acidente com as mulheres do Brooklyn — em Kingman. Quando paramos diante do cinema, os espectadores estavam perambulando pela calçada, observando as pessoas que chegavam todas arrumadas. O Delegado Johnson estava na frente da entrada, usando seu uniforme, orientando o trânsito. Jim saiu do carro e abriu a porta do meu lado; desci e pisei no tapete vermelho, acenando animadamente para a multidão — e para o Delegado Johnson — ao som dos estouros dos flashes das câmeras dos fotógrafos.

VII
O JARDIM DO ÉDEN

Rosemary e Pequeno Jim no Velho Buck

Falei a Rosemary e ao Pequeno Jim que não queria que ficassem amigos das crianças da escola, porque, se o fizessem, elas esperariam tratamento especial de minha parte. E mesmo que não esperassem, as outras crianças achariam que seria privilégio se algum dos amigos tirasse boas notas.

— Tenho que ser que nem esposa de imperador: acima de qualquer suspeita.

Vivíamos bastante isolados no rancho, pois não havia outras crianças por perto, mas Rosemary e Pequeno Jim se viravam muito bem juntos. Na verdade, aqueles dois pestinhas eram os melhores amigos. Depois das tarefas matinais, quando não havia escola, ficavam livres para fazer o que bem entendessem e adoravam perambular pelas instalações do rancho. Certa vez, encontraram uns espartilhos antigos e usaram-nos por semanas a fio. Iam passear no velho cemitério indígena, catavam pontas de flechas, nadavam no dique e nos cochos dos cavalos, atiravam seus canivetes em alvos variados e trabalhavam na ferraria, esquentando peças de metal e, de vez em quando, fabricando o que eles chamavam de Expresso das Rodas da Carroça: duas rodas de carroça com um eixo e uma barra central, de ferro, que eles fundiram um ao outro; a barra ficava se arrastando atrás das rodas. Eles puxavam o Expresso das Rodas da Carroça até o topo das colinas e sentavam-se sobre a barra, enquanto a engenhoca descia rampa abaixo.

O que mais gostavam de fazer era cavalgar. Ambos já cavalgavam desde antes de começar a andar, e faziam como criancinhas índias. Os ingleses, em agradecimento ao Jim pelo sucesso do rancho, mandaram um pônei *shetland* para Rosemary e Pequeno Jim. Era a criatura mais malvada do rancho todo, sempre tentando desmontar quem estivesse em cima dele; mas Rosemary divertia-se muito tentando montá-lo, enquanto ele saía dando pinotes e se enfiava debaixo de galhos baixos, na esperança de fazer com que ela caísse.

Na maior parte do tempo, ela e Pequeno Jim colocavam as selas no Meias e no Raio, dois cavalos quartos-de-milha marrons, e sumiam no descampado. Um de seus passatempos prediletos era apostar corrida com o trem. A via férrea de Santa Fé cortava o rancho, e, todas as tardes, eles esperavam pelo trem das 2h15. Quando ele chegava apitando, os dois galopavam ao lado dele, e os passageiros se debruçavam nas janelas e acenavam para eles, e o maquinista tocava o apito até que o trem, inevitavelmente, tomasse a dianteira.

Era uma corrida que eles nunca se importavam de perder. Voltavam para casa suados e quentes de calor, e os cavalos cheios de espuma pelo corpo.

As crianças tiveram sua dose de tombos. Estavam sempre despencando de árvores, de telhados e de cavalos, ficando cheias de arranhões e machucados; mas Jim e eu nunca suportamos choramingações.

— Aguenta firme — dizíamos a eles.

Eles rolavam como pedregulhos, um por cima do outro, do alto das colinas. Desafiavam-se a comer ração de cavalo e formigas. Atiravam um no outro com estilingues e espingarda de ar comprimido. Levavam carreiras de bois e pisões de cavalos. Um dia, quando estavam brincando no lago, Pequeno Jim entrou num buraco no fundo e foi tragado para dentro. O Grande Jim, que estava trabalhando no dique, mergulhou sem tirar as botas. Ficou nadando, pelo fundo do lago, tateando em busca do filho, até, finalmente, tocar num de seus braços, que estava esticado para fora da camada de lodo. Puxou o magro corpo do Pequeno Jim para cima e, com Rosemary ajoelhada a seu lado, ficou apertando o peito do garoto até que a água enlameada esguichasse pela boca e ele começasse a arfar.

Um dia, em pleno verão, quando Rosemary fez oito anos de idade, ela e eu estávamos andando de picape, fora da estrada, atravessando o platô do Colorado, levando suprimentos para Jim e alguns assistentes, que estavam reparando a parte norte da cerca e fechando algumas brechas. Como tinha chovido poucos dias antes, passei por cima de uma poça de lama que era mais profunda do que pensei, e ficamos atoladas. Tentamos empurrar, mas o carro nem mexeu. Eu não estava muito animada com a perspectiva de uma caminhada de cinco horas debaixo do sol escaldante até em casa e recostei sobre o capô, tentando analisar minhas opções, quando percebi uma manada de cavalos selvagens pastando num arvoredo de álamos, a meio quilômetro de distância.

— Rosemary, a gente vai lá pegar um cavalo — falei.

— Como mãe? A gente não tem nem corda!

— Olha o só o que vou fazer.

Na traseira da picape tinha uma sacola de ração para os cavalos dos trabalhadores do rancho e um balde contendo alguns pregos meio enferrujados. Joguei os pregos no fundo do caminhão e despejei um pouco de ração no balde, colocando o restante junto com os pregos. Então, cortei o saco de ração vazio em tiras com meu canivete, amarrei-os bem amarrados e fiz uma pequena argola com uma das extremidades. Fiz uma rédea.

Dei o balde a Rosemary, e caminhamos até onde estavam os cavalos. Eram seis e, à nossa aproximação, todos levantaram as cabeças e nos olharam com desconfiança, tentando resolver qual seria o momento de sair em disparada. Eles eram uns bichinhos bem desmazelados, com cascos lascados, crinas compridas e desgrenhadas, além de marcas de dentadas pelos lombos — mas muitos dos cavalos soltos no descampado tinham sido montados em algum momento de sua vida e, com o agrado certo, poderiam voltar a sê-lo.

Mandei que Rosemary chacoalhasse os grãos dentro do balde, e, quando um dos cavalos, uma égua vermelha com patas negras, espichou as orelhas na direção do barulho, soube que tinha uma candidata. Lembrei à Rosemary a única regra de meu pai: manter os olhos abaixados para o chão para que o cavalo não pensasse que você era um predador. Em vez de abordar diretamente a égua, demos uma volta ao seu redor, Rosemary chacoalhando o balde sem parar. Quando nos aproximamos, os outros cavalos se afastaram, mas a égua ficou onde estava, observando. Viramos as costas para ela. Não havia a menor possibilidade de pegá-la se corrêssemos atrás dela, mas eu sabia que, se ela se aproximasse de nós, ganharíamos a partida.

A égua deu um passo em nossa direção e demos um passo para mais longe dela, o que a encorajou a dar mais um passo. Depois de alguns minutos assim, ela se aproximou o suficiente e ficou a nosso alcance. Pedi que Rosemary segurasse o balde, deixando a égua comer um pouco, e foi aí que coloquei o arreio ao redor de seu pescoço. Ela olhou para cima, espantada, e puxou a cabeça para trás. Puxei-a de volta para baixo, mas ela entendeu que a tínhamos pegado e, em vez de se debater, voltou a comer a ração.

Deixei que terminasse, pedi à Rosemary que me ajudasse a montar e icei-a à minha garupa.

— Mãe, não dá pra acreditar que a gente pegou um cavalo xucro sem nem ter uma corda — disse ela.

— Quando eles já conhecem o gosto dos grãos de ração, nunca mais esquecem.

Rosemary adorou a ideia de que aquele animal selvagem tinha ido até ela tão mansa, voluntariamente. Quando voltamos ao rancho, mandei que deixasse o cavalo ir embora, e ela abriu a porteira, mas o cavalo ficou parado. Ele e Rosemary ficaram se olhando, com olhos tristonhos.

— Quero ficar com ela — disse Rosemary.

— Pensei que você quisesse que todos esses animais fossem livres.

— Quero que façam o que quiserem. Esta quer ficar comigo.

— A última coisa de que a gente precisa por aqui é de mais um cavalo semixucro. Dá uma palmada no lombo dele. Ele pertence ao descampado.

POR MAIS DIVERTIDA QUE FOSSE A VIDA NO rancho para as crianças, eu achava que precisavam de mais civilização do que o lugar oferecia. Jim e eu resolvemos mandá-las para o colégio interno. Enquanto estivessem fora, eu ia, finalmente, obter aquele raio de diploma, arranjar um emprego permanente no magistério e me sindicalizar — para que cabeças de bagre como Tio Eli e o Delegado Johnson não pudessem me demitir por não gostar do meu estilo.

Como o rabecão ficara bastante avariado depois da capotagem — e porque o Pequeno Jim havia queimado os assentos com o isqueiro do painel de controles —, o condado me vendeu o carro por uma ninharia. Colocamos as malas e as crianças nele e fomos para o sul; primeiro deixando Pequeno Jim, que estava com oito anos, no internato de meninos de Flagstaff, e, depois, Rosemary, que estava com nove e ficou no internato feminino católico de Prescott. Fiquei sentada no carro, olhando a freira levá-la pela mão até o dormitório. Na porta de entrada, Rosemary virou-se para mim, as faces molhadas de lágrimas.

— Ora, ora, seja corajosa — gritei para ela.

Eu havia adorado meus anos nas Irmãs de Loretto, quando era pequena, e tinha certeza de que, quando Rosemary tivesse superado as saudades de casa, também gostaria da experiência.

— Algumas crianças matariam por uma oportunidade dessas. Considere-se uma menina de sorte! — berrei para ela.

Chegando a Phoenix, encontrei uma pensão bem simples e me matriculei em dois turnos de aulas. Calculei que, se eu passasse 18 horas por dia indo às aulas e estudando, poderia conseguir o diploma em dois anos. Adorei meus anos na universidade e fiquei mais feliz do que tinha imaginado ser possível, ou apropriado. Alguns dos outros alunos ficavam assustados com minha carga horária, mas eu achava aquilo uma moleza. Em vez de fazer as tarefas do rancho, cuidando do gado doente, levando e trazendo alunos para a escola, esfregando o chão da escola e lidando com pais briguentos, estava aprendendo sobre o mundo e aperfeiçoando minha mente. Não tinha qualquer obrigação com quem quer que fosse, a não ser comigo mesma, e tudo na minha vida estava sob controle.

Rosemary e Pequeno Jim não tinham o mesmo entusiasmo pela vida acadêmica. Na verdade, eles a detestavam. Pequeno Jim não parava de fugir do internato, pulando cercas e janelas, arrancando pregos quando as janelas estavam pregadas, amarrando lençóis para descer de andares altos. Era um fugitivo tão criativo que os irmãos jesuítas começaram a chamá-lo de Pequeno Houdini (aquele mágico que desatava correntes).

Mas os jesuítas estavam acostumados a lidar com meninos da roça, indomados, e consideravam Pequeno Jim mais um dos fujões intempestivos. As professoras de Rosemary, entretanto, achavam que ela não estava bem onde estava. A maioria das garotas da escola eram mocinhas recatadas e frágeis, mas Rosemary brincava com seu canivete, cantava à tirolesa no coro, fazia xixi no pátio e pegava escorpiões — que colocava em vidros e guardava debaixo da cama. Adorava pular do alto da escada principal da escola, e, certa feita, depois de dois saltos degraus abaixo, atropelou a madre superiora. Ela se comportava mais ou menos como no rancho, mas o que parecia normal em uma situação era simplesmente estapafúrdio em outra, e as freiras viam Rosemary como uma criança chucra.

Rosemary não parava de me escrever cartinhas tristes sobre sua vida. Gostava de aprender a dançar e tocar piano, mas achava bordado e noções de etiqueta insuportáveis, e as freiras viviam dizendo-lhe que tudo o que fazia estava errado. Cantava alto demais, dançava com entusiasmo demais, falava sem pedir permissão e desenhava caricaturas nas margens dos livros.

As freiras também reclamavam de ela fazer comentários inapropriados, embora, às vezes, estivesse apenas repetindo coisas que eu tinha lhe dito. Uma vez, quando me perguntou sobre o menino que tinha morrido tentando subir de balanço até o paraíso, eu respondi que, talvez, tivesse sido melhor assim, porque ele poderia ter crescido e se tornado um maníaco assassino, mas, quando ela repetiu isso a uma colega, cujo irmão tinha morrido, as freiras mandaram-na para a cama sem jantar. Outras colegas implicavam com ela. Chamavam-na de "caipira", "capiau" e "filha de roceiro", e, quando Jim doou 23 quilos de carne-seca para a escola, elas desprezaram aquela "carne de caubói", e recusaram-se a comer, e as freiras jogaram fora.

Mas Rosemary sabia se defender. Uma noite, escreveu que, quando estava lavando a louça, uma colega começou a debochar de Jim, dizendo:

— Seu pai acha que é John Wayne.

— Comparado com meu pai, John Wayne parece um mariquinhas.

Rosemary enfiou a cabeça da garota na pia cheia d'água. Muito bem-feito, pensei, ao ler a carta. Talvez haja alguma coisa de mim nela, afinal de contas.

Em suas cartas, Rosemary dizia que sentia saudades do rancho. Sentia falta dos cavalos e dos bois, dos lagos e do descampado, do irmão, da mãe e do pai, das estrelas e do ar puro e do som dos coiotes à noite. Os japoneses tinham bombardeado Pearl Harbor em dezembro, e todos na escola — tanto as alunas quanto as freiras — viviam com medo. Uma das meninas da sala de Rosemary tinha um irmão no encouraçado *Arizona*, e, quando ela ouviu a notícia de que ele tinha sido afundado, atirou-se no chão aos prantos. As freiras passaram a colocar cobertores nas janelas durante a noite, seguindo os procedimentos do blecaute. As pessoas temiam que os bombardeiros japoneses enchessem os céus do Arizona, e Rosemary disse que nem conseguia respirar direito naquele lugar.

"Seja corajosa", era tudo o que eu podia dizer quando respondia às cartas. "Seja corajosa."

Eu também corrigia os erros de gramática em suas cartas e as devolvia assim. Não teria feito um favor à menina se tivesse deixado que aqueles erros passassem em branco.

Chegando perto do final do primeiro ano de Rosemary no internato feminino, recebi uma carta da madre superiora dizendo que achava melhor que Rosemary não retornasse para o segundo ano. Suas notas eram ruins e seu comportamento era péssimo. Naquele verão, testei os conhecimentos da Rosemary e, como suspeitara, ela era muito inteligente. Na verdade, a não ser em matemática, ela tirou notas altíssimas. Só estava precisando sossegar o facho e se concentrar. Escrevi para a madre superiora, assegurando-lhe que Rosemary era inteligente e pedindo-lhe uma segunda chance. A madre superiora aceitou com relutância, mas as notas e o comportamento tumultuoso da Rosemary ficaram ainda piores durante o ano e, quando ele acabou, a decisão da madre foi definitiva: Rosemary e a escola não combinavam.

Pequeno Jim não se saíra melhor. A essa altura, eu já obtinha meu diploma de faculdade e acabei levando as duas crianças de volta para o rancho comigo. Estavam tão contentes em voltar para casa que saíram correndo, abraçando tudo e todos — os vaqueiros, os cavalos, as árvores — até que, finalmente, colocaram as selas no Meias e no Raio e rumaram para longe, no descampado, atiçando os cavalos para um galope, vociferando como bandoleiros.

AGORA QUE TINHA MEU DIPLOMA UNIVERSITÁRIO, fui em busca de um emprego de professora e consegui um posto em Big Sandy — outra pequenina cidade com uma escola de uma única turma, onde matriculei tanto Rosemary quanto Pequeno Jim. Rosemary ficou encantada de não ter que voltar para o internato.

— Quando eu crescer — disse-me ela —, a única coisa que quero fazer é viver no rancho e ser artista. Esse é meu sonho.

Nessa época, a guerra estava acirrada, tanto no Pacífico quanto na Europa, mas, a não ser pela escassez de gasolina, houve pouco impacto sobre nossa vida no platô do Colorado. O sol ainda amanhecia em Mogollon Rim, o gado ainda pastava e errava pelos descampados e, apesar de eu rezar pelas famílias que colocavam estrelas douradas nas janelas porque tinham perdido filhos em combate, a bem da verdade, ainda nos preocupávamos mais com as chuvas do que com os japoneses e os nazistas.

Plantei uma Horta da Vitória, sobretudo para ser patriótica, já que tínhamos toda a carne e os ovos que quiséssemos comer. Mas, entre meus talentos, não estava o do dedo verde, e, entre minhas aulas e o trabalho no rancho, nunca conseguia tempo para regar as plantas. Em meados do verão, aqueles tomates e melões tinham secado nos pés.

— Não esquente com isso, querida — disse Jim. — Somos rancheiros, não fazendeiros.

Minha mãe morrera quando eu ainda morava em Phoenix. Ela se foi por conta de uma septicemia, devido a seus dentes bem ruins, e tudo aconteceu tão de repente que não tive tempo de voltar ao Rancho Casey a tempo de encontrá-la.

Durante o verão que se seguiu ao meu primeiro ano em Big Sandy, recebi um telegrama de papai. Depois da morte da mamãe, Buster e Dorothy colocaram papai num asilo para idosos em Tucson, pois ele precisava de cuidados especiais e eu estava ocupada demais com os estudos para poder cuidar dele. Mas agora, disse papai, ele estava apagando-se rapidamente e queria estar com a família. "Você sempre foi meu maior apoio. Por favor, venha me buscar", escreveu ele.

Ia ser uma longa viagem. O governo estava racionando a gasolina e não tínhamos cupons suficientes para percorrer aquela distância toda. Mas não havia a menor possibilidade de eu deixar meu pai morrer sozinho, numa cidade desconhecida.

— O que você vai fazer pra conseguir gasolina? — perguntou Jim.

— Implorar, pegar emprestado ou roubar — respondi.

Troquei nacos de carne por cupons com algumas pessoas que eu conhecia em Kingman e juntei aos que já tínhamos recebido do governo. Ainda não era o suficiente, mas parti no rabecão mesmo assim. Levei comigo um galão vazio, uma mangueira e Rosemary, achando que todos seriam úteis.

Estávamos no auge do verão, num dia insuportável ao sol do Arizona, que deixou o teto do rabecão tão quente que não dava para encostar nele. Fomos para o sul, numa estrada que fazia meandros ao longe. Rosemary estava estranhamente silenciosa, olhando fixamente pela janela.

— O que foi? — perguntei.

— Tô triste pelo vovô.

— Quando você ficar triste, é só agir como se estivesse se sentindo bem, e, daí a pouco, você estará mesmo — disse-lhe, e comecei a cantar minha canção preferida.

Rosemary tinha rompantes de humor, que, na maioria das vezes, não duravam muito, e, em pouco tempo, estávamos cantando animadamente pela estrada.

Sempre dávamos carona a soldados que esperavam na beira da estrada — e fazíamos com que cantassem também —, mas nenhum deles tinha cupons e, quando chegamos a Tempe, o ponteiro da gasolina estava indicando tanque vazio. Estacionei numa parada de caminhões, ao lado de uns caminhões de carga. Então, levando Rosemary com uma das mãos e segurando o galão de gasolina com a outra, entrei na lanchonete.

Os clientes eram quase todos homens que usavam chapéus de caubói manchados de suor, sentados ao balcão, bebendo café e fumando cigarros. Alguns levantaram os olhos quando entrei.

Respirei fundo.

— Será que poderia ter a atenção de vocês, por favor? — gritei. — Minha filhinha e eu estamos tentando chegar a Tucson para pegar meu pai, que está morrendo. Mas estamos ficando sem gasolina, e, se alguns de vocês pudessem ter a gentileza de contribuir com um galãozinho, ou só meio galão, a gente poderia chegar mais perto de nosso destino.

Houve um momento de silêncio, enquanto cada homem olhava em volta, para os demais, esperando para ver como reagiriam. E, então, um fez que sim com a cabeça, e, logo, mais dois e, de repente, aquilo se tornou a coisa certa a ser feita.

— Claro, dona — disse um deles.

— É um prazer ajudar uma dama em apuros — disse outro.

— E, se a senhora ficar mesmo sem gasolina, o velho Tim, aqui, empurra a senhora.

Nessa hora, já estavam todos sorrindo e levantando de seus banquinhos, praticamente atropelando-se para ter a chance de fazer uma boa ação. No estacionamento, todos os homens retiraram um galão de seus tanques com a mangueira e, em pouco tempo, tínhamos quase um terço de tanque no rabecão. Dei um abraço e um beijo em cada um deles e, ao partirmos, olhei para Rosemary.

— A gente conseguiu, garota — falei.

Eu estava sorrindo, sentindo-me a mais encantadora das mulheres.

— Quem foi que disse que não posso passar por uma dama?

Fomos obrigadas a parar mais uma vez para encher o tanque. Tivemos um probleminha de nada quando um espertalhão disse que me daria um galão se eu chupasse a mangueira dele, mas lhe dei um belo tabefe na cara, e fomos até a próxima parada de caminhões, na esperança de que alguns dos homens a quem pedíssemos ajuda se revelassem cavalheiros — o que eram.

Chegamos a Tucson no dia seguinte. O asilo de idosos onde papai estava era, na verdade, uma pensão caindo aos pedaços, administrada por uma mulher que tinha poucos quartos disponíveis.

— Não consegui arrancar uma palavra de seu pai desde que chegou aqui — disse ela ao nos levar pelo corredor até o quarto de papai.

Papai estava deitado, de barriga para cima, no meio da cama, com o lençol cobrindo-o até o pescoço. Tínhamos ido visitá-lo com a mamãe no Novo México algumas poucas vezes, mas eu não o via havia vários anos, e ele não estava com uma aparência boa. Estava magro, com a pele amarelada e os olhos afundados nas órbitas. Falou com dificuldade, mas pude entendê-lo bem, como sempre.

— Vim pra levar o senhor pra casa — falei.

— Não vou conseguir. Estou doente demais pra levantar.

Sentei-me a seu lado na cama. Rosemary sentou-se a meu lado e pegou sua mão. Fiquei orgulhosa de ver como ela estava completamente à vontade, apesar do estado do avô. Tinha ficado triste por causa dele durante o trajeto até lá, mas, agora que tinha chegado, estava à altura da situação. Apesar do que as freiras pensavam, a garota tinha cabeça, coluna vertebral e coração.

— Parece que vou morrer aqui — disse papai. — Mas não quero ser enterrado aqui. Promete que você vai me levar de volta pro Rancho Casey.

— Prometo.

Papai sorriu.

— Sempre pude contar com você.

Ele morreu naquela noite. Era como se tivesse aguentado até eu chegar, e, quando soube que poderia ser enterrado lá no rancho, parou de preocupar-se e relaxou.

Na manhã seguinte, alguns dos homens do asilo nos ajudaram a carregar o corpo de papai até o rabecão e colocaram-no na traseira. Abri todas as janelas antes de partirmos. Precisaríamos de muito ar fresco. No meio da cidade de Tucson, paramos num sinal vermelho, e duas crianças que estavam paradas numa esquina de rua começaram a berrar:

— Ei! Aquela dona tá levando um morto na traseira!

Não tinha nem como ficar zangada, já que o que estavam dizendo era verdade; então me contentei em acenar para eles e acelerei assim que o sinal abriu. Rosemary, entretanto, afundou no assento, abaixo da janela.

— A vida é curta demais, minha querida, para você se preocupar com o que os outros pensam de você.

Em uma questão de minutos, tínhamos deixado Tucson e estávamos voando pelo deserto, rumando para o leste, na direção do sol da manhã. Nunca tinha dirigido tão rápido antes — os carros que estavam indo na direção oposta passavam zunindo por nós —, pois queria ter certeza de chegar ao rancho antes que o corpo começasse a se decompor. Achei que se fosse parada pela polícia, não seria punida, em função da carga que transportava.

Tive de parar duas outras vezes para pegar gasolina. Vendo que os motoristas podiam perceber o corpo quando saíam para tirar gasolina de seus tanques, mudei minha fala:

— Cavalheiros, estou com o cadáver de meu pai na traseira de meu carro e estou tentando chegar em casa para que ele seja enterrado o mais rápido possível, por causa do calor.

Isso causava um susto e tanto. Um sujeito quase engasgou com o café. Mas estavam ainda mais ansiosos para me ajudar do que os anteriores, e chegamos ao rancho a tempo de evitar que o fedor se tornasse insuportável.

Sepultamos papai no pequeno cemitério de muro de pedra onde todo mundo que morria no rancho era enterrado. Conforme seu pedido, o deixamos com seu chapéu Stetson, de cem dólares, que tinha uma fita com contas e guizos de cascavel — de duas cascavéis que ele mesmo matara. Papai queria que escrevêssemos em sua lápide usando o sistema fonético, mas não respeitamos essa vontade, achando que as pessoas pensariam que não sabíamos escrever.

A morte de papai não me deixou completamente transtornada, como acontecera com a de Helen. Afinal, ele fora dado como morto por todo mundo quando levou o coice na cabeça, ainda menino. Mas driblara a morte e, apesar do andar manco e da dificuldade de fala, viveu uma vida longa fazendo exatamente o que gostava de fazer. Ele não tirara as melhores cartas do baralho, mas jogara muito bem com as que tinha na mão, então, por que lamentar?

Papai deixou o Rancho Casey para Buster e o terreno em Salt Draw para mim. Contudo, verificando os documentos, o que não era uma tarefa simples, descobri que devia milhares de dólares em impostos relativos à propriedade do Texas. Durante a longa viagem de volta para Seligman, ao lado de Rosemary, ponderei sobre nossas possibilidades. Deveríamos vender a propriedade para pagar os impostos devidos? Ou mantínhamos o terreno e pagávamos os impostos com o dinheiro que tínhamos economizado para comprar Hackberry?

Ainda precisávamos parar a fim de pedir ajuda para o tanque de gasolina e, algumas vezes, insisti para que Rosemary fizesse a cena dramática. A princípio, ela ficou tão encabulada que quase não conseguia falar, e achei que precisava aprender a arte da persuasão. Ao cabo de certo tempo, ela já se entregava de corpo e alma às representações, encantada com a ideia de que, embora só tivesse 12 anos de idade, conseguia convencer adultos desconhecidos a fazerem algo por ela.

Em recompensa, resolvi fazer um desvio até Albuquerque, para que nós duas pudéssemos ver a Madona da Estrada Velha. A estátua fora erguida alguns anos antes, e eu sempre quisera dar uma olhada. Ela ficava em um pequeno parque, sobre um pedestal, a uns sete metros de altura. Era a imagem de uma pioneira da ocupação do Oeste, que usava uma touca no cabelo e botinas pesadas, segurava um bebê no colo com uma das mãos e um rifle com a outra e tinha um menininho agarrado à barra da saia. Eu me considerava uma pessoa sensível, sem ser dada a pieguices — e a maioria das estátuas e quadros me pareciam mero desperdício —, mas havia alguma coisa naquela madona que quase me deixou com lágrimas nos olhos.

— A estátua é meio feia — disse Rosemary. — E a mulher é meio assustadora.

— Você não pode estar falando sério. Isso é arte — falei.

Quando voltei para o rancho, Jim e eu nos sentamos para decidir o que fazer com as terras no oeste do Texas. Jim estava dividido, mas, por alguma razão, ver aquela estátua tinha me deixado firmemente resolvida a manter as terras que papai me deixara.

Para início de conversa, terras eram o melhor dos investimentos. A longo prazo, e contanto que fossem tratadas com o devido respeito, elas valorizavam bastante. Se, por um lado, a terra do oeste texano, em si, era simplesmente estéril, por outro, havia muita prospecção de petróleo por todo o estado — os papéis de papai continham uma correspondência com a Standard Oil —, e nossas terras poderiam muito bem estar fincadas sobre um enorme lençol de ouro negro.

Mas aquelas terras de papai mexiam comigo por uma razão mais profunda. Talvez fosse o meu sangue irlandês, pois todos os meus familiares, até meu avô — que tinha vindo de County Cork, onde as terras eram propriedades de ingleses que nem sequer moravam nelas e que se apoderavam da maior parte do que se plantava —, tinham sido obcecados pela terra. Agora, pela primeira vez na vida, tinha a oportunidade de possuir algo meu. Nada se comparava à possibilidade de ocupar a própria terra, adquirida legal e corretamente. Ninguém podia mandar a gente embora nem se apoderar dela, ninguém podia dizer o que fazer com ela. A terra nos pertencia, assim como cada pedra, cada folha de grama, cada árvore e cada gota d'água e os minérios debaixo da terra, até o centro da Terra. E, se o mundo de repente ficasse de pernas para o ar — como parecia estar ficando —, sempre poderíamos nos retirar para nossa terra, ficarmos instalados definitivamente lá e viver em paz. A terra era nossa e dos nossos, para sempre.

— Aquela é uma terra danada de ruim — disse Jim.

Ele argumentou que não poderíamos criar um rebanho muito grande em 160 acres e que o pagamento daqueles impostos faria um rombo nos fundos para a compra do Hackberry.

— Talvez a gente nunca tenha condições de comprar Hackberry — retruquei. — Já isto é seguro. Sou jogadora, mas uma boa jogadora; e uma boa jogadora sempre aposta no que é seguro.

Pagamos os impostos e nos tornamos legítimos barões da terra texanos. Senti que a Madona da Estrada Velha teria aprovado.

Geralmente, levávamos o gado até o mercado na primavera e no outono, mas, naquele ano, o ajuntamento tinha sido adiado até o Natal porque, devido à guerra, os militares estavam usando a estrada de ferro para transportar tropas e equipamentos por toda a parte, e aquela era a única época em que os trens estariam disponíveis. Entretanto, isso significava que Rosemary, Pequeno Jim e eu poderíamos trabalhar também. Fato que veio a calhar porque a guerra criara uma escassez de caubóis. Normalmente, tínhamos mais de trinta vaqueiros trabalhando conosco; mas, nesse ano, havia somente a metade disso.

Rosemary e Pequeno Jim vinham participando de ajuntamentos desde que começaram a andar — primeiramente cavalgando atrás, comigo e com Jim, e, depois, em seus próprios cavalos. Ainda assim, o Grande Jim não queria que ficassem no meio da carreata, onde até os melhores cavaleiros podiam ser derrubados de seus cavalos e pisoteados pelo gado nervoso. Então, mandava que Rosemary e Pequeno Jim trabalhassem fora da comitiva, perseguindo as cabeças desgarradas e retardatárias, escondidas nas valas do caminho. Eu seguia o rebanho com a picape, transportando os cobertores e a boia.

Fazia frio naquele mês de dezembro, e dava para ver o vapor quente subindo das peles dos cavalos enquanto iam e vinham, mantendo o rebanho junto durante o movimento de travessia do descampado. Rosemary estava montando o Velho Buck, o *percheron* de cor caramelo que era tão inteligente que Rosemary podia perfeitamente largar as rédeas, que ele mesmo perseguia os desgarrados, por conta própria, mordendo-os no traseiro, para redirecioná-los para o rebanho.

Rosemary adorava as comitivas, a não ser por um detalhe: ela torcia secretamente pelo gado. Achava que os bichos eram bonzinhos e inteligentes e que, no fundo de seus corações, sabiam que nós os levávamos para a morte — o que explicava que seu mugido tivesse um timbre tão patético. Eu suspeitava que ela havia ajudado um ou outro boi a escapar. Certo dia, no meio da comitiva, Jim viu que uma rês se extraviara e estava subindo a encosta de uma vala, e mandou que Rosemary fosse atrás. Ouvimos Velho Buck relinchando, mas, pouco tempo depois, Rosemary voltou com os olhos mais inocentes do mundo, dizendo que não conseguira encontrar a rês.

— Ela simplesmente desapareceu — disse, levantando as mãos para cima e encolhendo os ombros. — É um mistério.

Jim balançou a cabeça e mandou Fidel Hanna, um jovem havasupai, ir procurá-la. Logo ele voltou trotando, com a rês à frente.

Jim lançou um olhar severo para Rosemary.

— Que diabos você está fazendo? — perguntou ele.

— Não foi culpa dela, patrão — disse o rapaz. — A rês estava se escondendo bem dentro de uma vala.

Jim ficou com cara de quem não estava muito convencido com a história, mas aquilo livrou Rosemary de sérios problemas. Fidel lançou um olhar de esguelha para Rosemary, e vi que deu uma piscadinha marota para ela.

Rosemary completaria 13 anos naquele ano, o que a colocava às portas da maturidade — as mulheres da minha geração às vezes se casavam com essa idade —, e, a partir daquele momento, ficou gamada por Fidel Hanna. Ele próprio não tinha mais que 16 ou 17 anos. Um rapaz alto e bonitão, com um rosto anguloso, temperamento instável, distraído e gentil. Ele se mexia de forma lânguida, usava um chapéu preto com uma plaquinha oval de prata na frente e cavalgava como se fizesse parte do cavalo.

Rosemary, a essa altura, era bem bonita, com cabelos loiros escuros, uma boca farta e olhos verdes brilhantes. Mas parecia ignorar isso, agindo como se fosse uma garotinha sapeca. Sua paixonite por Fidel Hanna deixou-a confusa, e ela passou a agir de maneira tola. Durante o dia, ele a flagrava olhando para ele. Fazia coisas como desafiá-lo para lutas livres, mas também fazia desenhos dele sobre o cavalo e deixava-os debaixo de sua sela durante a noite.

Os outros vaqueiros perceberam e começaram a debochar de Fidel Hanna. Achei melhor ficar de olho naquela situação.

— Cuidado com o que você faz perto desses rapazes — falei para Rosemary.

— Como assim? — perguntou ela, lançando o mesmo olhar inocente que usara com Jim quando não conseguiu encontrar a rês perdida.

— Você sabe do que estou falando.

Com a demanda de carne em baixa, por causa da guerra, só levamos duas mil cabeças de gado, e não as habituais cinco mil, e, quando juntamos todo o rebanho, nós o conduzimos para o leste, atravessando o platô até os depósitos de embarque em Williams. Quando chegamos, selei Diamante, um de nossos quartos-de-milha, para ajudar na colocação do gado nos currais e, depois, nos vagões. Chegando perto do fim desse processo, duas cabeças pularam da rampa de acesso e correram, passando por uma porteira aberta, rumo ao descampado.

— Vão logo, corram! — gritou Rosemary.

Olhei duro para ela, que tapou a boca com a mão — o que me fez entender que não tinha se dado conta de que havia falado aquilo alto. Ela tinha deixado escapar.

Fidel Hanna e eu perseguimos as duas fugitivas e as trouxemos de volta à rampa, onde foram embarcadas nos vagões de animais com o restante do rebanho. Trotei até Rosemary, que estava montada no Velho Buck.

— Você não disse que queria viver no rancho depois que crescesse? — perguntei.

Ela fez que sim com a cabeça.

— E o que é que você acha que a gente faz num rancho?

— Cria gado.

— Cria gado pra vender, o que significa mandar pros matadouros. Se isso te deixa triste, se vai ficar torcendo pra que o gado fuja antes, é porque não foi feita pra vida de rancho.

Tínhamos voltado para o rancho e estávamos no estábulo desatrelando os cavalos e limpando as peças, quando Rosemary veio até onde Jim e eu estávamos.

— Quero aprender a esfolar um boi — disse ela.

— Mas pra quê? — perguntei.

— É o pior trabalho num rancho — falou Jim. — Pior até do que castrar os bichos.

— Já que serei rancheira, é uma coisa que preciso aprender.

— Acho que você tem razão — disse Jim.

Na hora de reunir os animais, quando tínhamos vários caubóis à nossa disposição, matávamos pelo menos um boi por semana. Poucos dias depois dessa conversa, Jim escolheu um Hereford de três anos, com cara saudável. Levou-o até a casa de charque, cortou sua garganta rapidamente, retirou as vísceras, serrou a cabeça e pendurou o corpo num gancho, e dois ajudantes usaram uma polia para levantá-lo no mastro.

Deixamos a carcaça pendurada por um dia inteiro e, na manhã seguinte, voltamos à casa de charque para cortar a carne. Jim usou o afiador, movido a pedal, para amolar a faca, segurando-a com ambas as mãos, movendo-a para frente e para trás, ao longo da pedra de afiar, enquanto as fagulhas esguichavam.

Rosemary, que estava olhando em silêncio, ficou pálida. Eu sabia que ela pensava nos bois como criaturas gentis e doces, que nunca faziam mal a ninguém, e, agora, estava diante de um boi morto, que seu pai tinha matado, preparando-se para cortá-lo em pedaços. Quando eu era menina, castrar e matar eram coisas rotineiras, mas desde que mudara para o rancho, tínhamos ajudantes para fazer o trabalho sujo, e Rosemary tinha sido poupada disso.

Mas a garota estava tentando ser corajosa e, quando Jim amarrou o avental de couro à sua cintura, ela começou a cantarolar. Jim entregou-lhe a faca e guiou sua mão até o ponto da pata do animal em que ela teria de fazer o primeiro talho. Ao afundar a faca na carne, ela começou a chorar baixinho, mas continuou o gesto, com Jim orientando seus movimentos, mantendo a voz baixa e firme, alertando-a para que não estragasse a carne.

As mãos da Rosemary ficaram logo cobertas de sangue, que esfregou no rosto ao tentar secar as lágrimas, mas não parou de cortar e, apesar de a operação ter levado quase o dia todo, eles acabaram tirando o couro do animal e cortando a carne em postas.

Quando terminaram, joguei pó de serragem no chão, e Jim recolheu as ferramentas. Rosemary pendurou o avental de couro, lavou as mãos num balde e saiu da casa de charque sem dizer palavra. Jim e eu nos entreolhamos, mas também não dissemos nada. Ambos sabíamos que ela provara que podia fazer aquilo, mas que também demonstrara não ter jeito para a coisa; e nunca mais nenhum de nós voltou a mencionar o assunto.

Achei que ela até perderia o apetite por carne, mas a garota tinha um real talento para desanuviar a cabeça de coisas desagradáveis, e, naquela noite, comeu um belo bife, com grande prazer.

No verão seguinte, recebi uma carta de Clarice Pearl, uma chefona do Departamento de Educação do Arizona. Ela queria investigar as condições de vida das crianças da tribo havasupai, que vivia numa área remota do Grand Canyon, e traria consigo uma enfermeira do Departamento de Assuntos Indígenas a fim de determinar se as crianças viviam dentro de padrões de higiene adequados. Ela pediu-me que as levasse de carro até o *canyon* e que arranjasse cavalos e um guia para seguir a longa trilha até a aldeia havasupai.

Fidel Hanna, o jovem havasupai que trabalhava no rancho e por quem Rosemary estava apaixonada, vivia na reserva quando não estava morando no dormitório, e pedi-lhe que providenciasse tudo. Fidel riu e balançou a cabeça quando eu disse o porquê de a superintendente e a enfermeira estarem fazendo aquela viagem.

— Vieram inspecionar os selvagens — disse ele. — Meu pai costumava contar a história de como, durante séculos, os homens havasupai se levantavam de manhã, passavam o dia caçando, pescando, voltavam pra casa, brincavam com os filhos e se deitavam com suas mulheres à noite. Achavam que a vida era boa, mas aí, o homem branco chegou e falou: "Eu tenho uma ideia melhor."

— Estou entendendo — falei. — Mas meu pai costumava choramingar pelo passado também, e já vi como esse tipo de pensamento pode corroer por dentro.

Fui de rabecão até Williams, levando Rosemary comigo, para pegar a Senhorita Pearl e a enfermeira, Marion Finch, na estação. Ambas eram grandalhonas, tinham lábios finos e enrugados e cabelos encaracolados, enrolados com bóbis pequenos. Reconheci logo o tipo: benfeitoras reprovadoras. Sempre tinham níveis de exigência muito elevados e sempre deixavam transparecer que o outro não estava exatamente à altura.

Ao rumarmos para o norte, tentei divertir minhas clientes com um pouco de folclore índio: "pai" significava "povo", expliquei. "Havasupai" queria dizer "povo da água verde-azulada". Também havia os yavapai, o povo do sol, e os walapai, o povo do pinheiro grande. Os havasupai, que viviam numa extensão estreita do vale à beira do rio Colorado, consideravam a água sagrada e mergulhavam seus bebês nela quando completavam um ano e meio de vida.

— Antes que aprendam a ter medo — falei.

— É exatamente esse tipo de prática que nos interessa — disse a Senhorita Finch.

Olhei para Rosemary e, depois, para cima. Ela reprimiu um sorriso.

Duas horas depois, chegamos a Hilltop, "topo da colina", local desolado em meio à vegetação rasteira, na beira do *canyon*, onde a trilha dos cavalos descia até a aldeia. Não havia nem sinal de Fidel Hanna. Saímos todas do carro e ficamos lá, ouvindo o vento; minhas duas clientes nitidamente inconformadas com a falta de confiança dos selvagens em relação a quem tinha vindo ajudar. De repente, um bando de jovens índios montados a cavalo, seminus e com rostos pintados, galopou trilha acima e nos rodeou, berrando e brandindo lanças. A Senhorita Pearl ficou branca, e a Senhorita Finch deu um grito estridente e cobriu a cabeça com os braços.

A essa altura, eu já tinha reconhecido o líder do bando sob sua maquiagem de guerra: Fidel Hanna.

— Fidel Hanna, que raios você pensa que está fazendo? — gritei.

Fidel parou à nossa frente.

— Não se preocupem — respondeu ele, sorrindo. — Índio não qué escalpelá mulhé branca. Cabelo curto demais!

Ele e os outros rapazes havasupai começaram a rir, tão extremamente surpresos e exultantes diante do sucesso em aterrorizar as benfeitoras que quase caíram de seus cavalos. Rosemary e eu não conseguimos ficar sérias, mas minhas clientes ficaram indignadas.

— Vocês todos deviam ir para um reformatório — declarou a Senhorita Pearl.

— Não aconteceu nada — falei. — São só meninos brincando de caubóis e índios.

Fidel apontou para três de seus amigos, que pularam de seus cavalos e foram para a garupa de outros.

— Aquelas são as suas montarias — disse ele, e, virando-se para a Rosemary, estendendo-lhe a mão: — Você pode vir comigo.

Ele a puxou para cima, colocou-a na garupa, e, antes que eu pudesse dizer qualquer coisa, os dois já estavam galopando trilha abaixo.

As senhoritas e eu seguimos lentamente sobre nossos cavalos. A trilha até a aldeia tinha 13 quilômetros de extensão, e levamos a maior parte do dia para percorrê-la. Ela fazia meandros pelas laterais do *canyon*, numa série de circunvoluções, passando por muralhas rochosas com camadas sucessivas de calcário e arenito, dispostas como gigantescas pilhas de papel velho. Vários anos antes, uns missionários tinham tentado içar um piano até a aldeia para que os havasupai pudessem cantar hinos religiosos, mas o instrumento caíra pelo despenhadeiro. Passamos por seus destroços — teclas pretas e brancas, cordas de metal enferrujadas e retorcidas, e madeira despedaçada —, que jaziam sobre as pedras.

Depois de algumas horas, chegamos a um local onde água clara e fria jorrava de um poço artesiano, e era ali que o relevo pedregoso da parte superior do *canyon* cedia a vez a uma vegetação verdejante. Álamos, pés de agrião e salgueiros orlavam o caminho. O ar estava fresco, úmido e calmo.

Rosemary, Fidel e seus amigos nos aguardavam ao lado do curso d'água, deixando seus cavalos pastarem, e todos continuamos juntos. O córrego, alimentado por novas fontes, ficava mais forte e caudaloso à medida que prosseguíamos. Finalmente, chegamos a um lugar em que o riacho descia numa série de pequenas cascatas e continuamos seguindo em frente por certo tempo, até chegarmos ao lugar mais lindo que já tinha visto em toda minha vida. O riacho desembocava em um vão no paredão do penhasco e despencava de uma altura de uns quarenta metros para uma piscina turquesa. O ar estava cheio de vapor de umidade da cachoeira violenta. O azul esverdeado vivo da água devia-se ao limo que surgia das fontes subterrâneas. O vapor no ar continha o mesmo limo e cobria tudo o que havia perto da cachoeira — árvores, arbustos, pedras — com uma crosta branca cristalizada, o que criava um grande jardim perfeito e natural.

Já estávamos no meio da tarde quando chegamos à aldeia havasupai: um punhado de cabanas construídas com galhos e gravetos no ponto em que o riacho desaguava no rio Colorado. Ao redor das cabanas, o riacho alimentava várias piscinas da mesma água turquesa. Crianças havasupai nuas brincavam dentro d'água. Todos desmontamos, e Fidel e seus amigos mergulharam na piscina maior.

— Mãe, posso ir nadar também? — perguntou Rosemary, tão desesperada para entrar na água que pulava de um pé para o outro.

— Você não trouxe roupa de banho — respondi.

— Posso nadar de calcinha.

— Nem pensar — intrometeu-se a Senhorita Pearl. — Já foi suficientemente impróprio que você andasse na garupa daquele jovem índio.

— E não seria higiênico — acrescentou a Senhorita Finch. — Não sabemos o que pode haver nessa água.

Fidel nos mostrou a cabana onde a tribo recebia as visitas. Ficou apertado, mas havia espaço suficiente para que nós quatro nos deitássemos sobre a esteira estendida sobre o chão de terra. As senhoritas Pearl e Finch estavam cansadas e queriam descansar, mas Rosemary e eu ainda tínhamos energia para gastar, e, quando o Fidel se propôs a mostrar o vale, aceitamos.

Ele arrumou cavalos descansados, e fomos passear. Muralhas de arenito de Coconino vermelho e pedra calcária Kaibab cor-de-rosa despontavam íngremes em ambos os lados do rio. A estreita faixa de terra plana ao lado do rio era verde e fértil, e passamos por fileiras de milho fartamente plantado. Há muito tempo, segundo Fidel, os havasupai passavam o inverno caçando os animais do platô e desciam para o vale a fim de cuidar das plantações no verão. Mas, desde que tinham perdido suas terras tradicionais de caça para os colonos britânicos, tinham permanecido acantonados ali em baixo o ano inteiro, no lugar mais remoto de todo o Oeste: uma tribo secreta e escondida que vivia à moda antiga, enquanto a maioria das pessoas do mundo exterior sequer sabia que existia. Fidel apontou para duas pilastras de rocha vermelha que sobressaíam sobre a muralha da escarpa. Aquelas eram as Wigleeva, ele nos disse. Elas protegiam a tribo. Dizia-se que os havasupai que iam embora para sempre eram transformados em rocha.

— Esse lugar parece o paraíso — disse Rosemary. — Ainda mais que o rancho. Eu poderia viver aqui o resto da vida.

— Somente os havasupai vivem aqui — disse Fidel.

— Eu me tornaria uma havasupai.

— Você não pode — falei. — Você tem que nascer havasupai.

— Bom — disse Fidel —, os mais velhos dizem que os anglos não podem se casar com alguém da tribo, mas, que eu saiba, nenhum realmente tentou. Então, talvez você pudesse ser a primeira.

Com o cair da noite, os havasupai ofereceram-nos bolinhos de milho fritos enrolados em folhas, mas as senhoritas Finch e Pearl não quiseram nem provar, por isso, comemos os biscoitos e a carne-seca que eu tinha trazido na bagagem.

No dia seguinte, a Senhorita Finch fez exames médicos nas crianças, enquanto a Senhorita Pearl conversava com os pais sobre educação, usando Fidel, às vezes, como intérprete. A aldeia tinha uma escola com uma única sala, mas, ao longo dos anos, de vez em quando, o estado decidia que aquelas crianças não estavam sendo criadas da maneira adequada, aparecia de repente e arrebanhava as crianças, levando-as para internatos — quer seus pais quisessem ou não. Lá, elas aprendiam inglês e recebiam instrução para trabalhar como carregadores, faxineiros e telefonistas.

Depois de uma manhã inteira trabalhando como intérprete para a Senhorita Pearl, Fidel sentou-se perto de mim e de Rosemary.

— Vocês acham que estão salvando essas crianças. Mas elas acabam despreparadas para o vale e para o mundo lá fora. Eu sou um exemplo disso, eu fui mandado para aquela escola.

— Bom, pelo menos, quando você foi embora, não virou pedra — disse Rosemary.

— O que vira pedra está dentro de você.

De tarde, Rosemary e eu demos uma andada pela aldeia. Ela continuava me amolando com a história de ir nadar. Dava para ver que já podia, realmente, se imaginar vivendo ali.

— Mãe, isso é o Jardim do Éden — repetia ela. — O Jardim do Éden ainda existe sobre este planeta.

— Não idealize esse modo de viver — falei para ela. — Nasci numa casa feita de terra; você se cansa disso em pouco tempo.

À noite, depois de outra refeição de biscoitos e carne-seca, nós nos deitamos cedo novamente, mas acordei no meio da madrugada com uma balbúrdia. Rosemary, encharcada dos pés à cabeça, estava de pé do lado de fora da cabana, enrolada num cobertor. A Senhorita Pearl a segurava pelo braço e a sacudia, gritando, porque ela tinha se levantado para respirar um pouco de ar fresco, ouviu risos e encontrou Rosemary, Fidel e outros jovens índios nadando pelados na piscina, iluminados pela luz da lua.

— Eu não estava pelada! — gritou Rosemary. — Estava usando calcinha.

— Como se isso fizesse alguma diferença — disse a Senhorita Pearl. — Aqueles rapazes podiam *ver* você.

Quase fiquei cega de raiva com o que estava ouvindo. Não conseguia acreditar que Rosemary pudesse ter feito aquilo. Sabia que a Senhorita Pearl estava abismada, não somente com minha filha, mas comigo também, imaginando que tipo de mãe poderia criar uma criança tão desavergonhada. A Senhorita Pearl poderia muito bem decidir que aquilo me tornaria inadequada ao magistério. Mas eu também estava simplesmente furiosa com Rosemary. Tinha dormido ao lado daquela menina todas as noites para protegê-la. Pensei que tivesse lhe ensinado a ser um pouco mais esperta, que os rapazes eram perigosos, que situações aparentemente inocentes poderiam acabar em confusão, que um mau passo poderia levar a um desastre do qual ela poderia nunca mais se recuperar.

Agarrei Rosemary pelos cabelos, puxei-a para dentro da cabana, joguei-a no chão, arranquei meu cinto e comecei a dar-lhe uma sova. Algo sombrio saiu de dentro de mim, tão sombrio que me assustou, mas, mesmo assim, continuei batendo com o cinto naquela garota, que se esgueirava pelo chão chorando, até eu ter a sensação nauseante de ter ido longe demais. Então, joguei o cinto no chão e passei andando duro pelas senhoritas Pearl e Finch, e entrei noite adentro.

No dia seguinte, a cavalgada trilha acima pela escarpa do *canyon* foi longa. Fidel Hanna tinha sumido, mas um dos outros rapazes havasupai veio conosco para levar os cavalos de volta depois. A Senhorita Pearl não parou de falar que prestaria queixa de Fidel Hanna ao xerife por cometer indecências com uma menor de idade, mas Rosemary e eu ficamos caladas. Todas as vezes em que olhei para Rosemary, ela estava com os olhos fixos no chão.

De volta ao rancho, naquela noite, deitei na cama com Rosemary e tentei colocar o braço em volta dela, mas ela me repeliu.

— Sei que está zangada comigo, mas você precisava daquela surra. Não tinha outro jeito de lhe dar uma lição. Você acha que aprendeu alguma coisa?

Rosemary estava deitada de lado, virada para a parede. Durante um minuto, ficou em silêncio, e, aí, falou:

— A única coisa que aprendi foi que, quando tiver filhos, nunca vou bater neles.

Aquela viagem até o Jardim do Éden revelou-se ruim para praticamente todo mundo. Depois de eu contar o que acontecera a Jim, concordamos em jamais pensar em contratar o Fidel Hanna de novo. O que acabou sendo inútil porque, ao ouvir dizer que a Senhorita Pearl estava ameaçando prestar queixa ao xerife, ele entrou para o Exército.

Fidel tornou-se um exímio atirador e foi enviado para lutar nas ilhas do Pacífico, mas acabou se livrando da guerra quando foi mandado para casa com trauma de combate. Pouco tempo depois de sua volta, perdeu totalmente o juízo e atacou, a tiros, uma aldeia hopi. Ninguém morreu, e, quando saiu da penitenciária de Florence, voltou para o vale. Mas os havasupai não permitiram que ficasse na aldeia por ter coberto a tribo de vergonha, e Fidel virou um excluído, vivendo sozinho num canto da reserva. No final das contas, ele tinha realmente se transformado em pedra.

DEPOIS DAQUELA HISTÓRIA COM Fidel Hanna, resolvi que o rancho não era lugar para minha filha adolescente. Se ela tomava banho pelada com Fidel, tomaria com qualquer vaqueiro que fosse de seu agrado. A fim de inculcar um senso de cautela com relação aos homens, dei à Rosemary exemplares da revista *True Confessions*, com artigos como "Nós nos encontrávamos em ruelas ermas e ele me levou pelos caminhos do pecado". Também escrevi para a madre superiora do internato de Prescott, contando que Rosemary havia amadurecido e estava ansiosa para voltar à escola mais uma vez.

Rosemary não queria ir, mas fizemos suas malas e a mandamos para lá novamente. Assim que chegou, começamos a receber cartas falando que sentia saudades, mas também boletins escolares que informavam sobre suas notas baixas. A madre superiora escreveu que a única coisa que Rosemary queria fazer era desenhar e andar a cavalo. Eu estava ficando muito irritada com minha filha, mas, também, com aquelas freiras, que eu gostaria que aprendessem a colocar uma sonhadora de 14 anos de idade nos eixos.

Porém, a essa altura, tínhamos algo muito mais importante com que nos preocupar.

Os ingleses escreveram-nos dizendo que, com a guerra acontecendo, venderiam o rancho e colocariam o dinheiro na indústria bélica. Se pudéssemos reunir um grupo de investidores, eles apreciariam favoravelmente nossa oferta, mas que, a partir de então, o rancho estaria no mercado.

Jim e eu vínhamos poupando cada centavo que podíamos, e nossas economias eram consideráveis — sobretudo porque os ingleses tinham dado bônus a Jim ao longo dos anos —, mas não tínhamos, nem de perto, a soma necessária para comprar Hackberry, e muito menos, todas as terras. Jim conversou com rancheiros vizinhos sobre a formação de diversos tipos de associação. Também teve encontros com banqueiros, e eu liguei para Buster no Novo México. Mas o fato era que, devido à guerra, quase ninguém tinha algum dinheiro sobrando. As pessoas estavam reaproveitando roupa usada, catando latas e plantando Hortas da Vitória.

Pelo menos, a maioria das pessoas.

No final de uma manhã de janeiro, um grande carro preto estacionou na frente da casa do rancho, e três homens saltaram. O primeiro usava um terno escuro, o segundo, uma jaqueta safari e perneiras de couro, e o terceiro, um Stetson bem grande, jeans e botas de pele de cobra. Terninho apresentou-se como o advogado dos ingleses. Perneira revelou-se diretor de cinema, famoso por seus bangue-bangues, e interessado em comprar o rancho. Botinha era um caubói de rodeios que o Perneira tinha colocado em algumas cenas curtas.

Perneira, homem gorducho com o rosto vermelho e barba prateada bem-aparada, era uma dessas pessoas que agem como se tudo o que saía de sua boca, até a observação mais óbvia, fosse profundamente interessante. Todas as vezes que ele falava alguma coisa, dava uma olhada para Terninho e Botinha, que ou riam, concordando, ou faziam que sim com a cabeça, sabiamente. Perneira precisou de meros três minutos para mencionar que tinha trabalhado com o John Wayne, ou, como ele o chamava, o Duque. Dizia coisas do tipo: "O Duque é o máximo do natural." Ou: "A primeira tomada do Duque é sempre a melhor."

Quando o Velho Jake saiu capengando do celeiro, Perneira estava em pé, na varanda, olhando para as terras ao redor. Apontou para um salgueiro ao lado do lago.

— Que pitoresco! Bom lugar pra plantar um salgueiro — disse ele.

— Por aqui a gente não tem tempo pra sair plantando planta pitoresca coisa nenhuma — disse o Velho Jake. — Acho que ele só cresceu, e pronto.

Ele voltou mancando até o celeiro, balançando negativamente a cabeça.

Jim e eu mostramos as instalações, mas, como não estávamos com muita vontade de que o rancho fosse vendido e que ficássemos a ver navios, Jim estava ainda mais taciturno do que de hábito. Perneira, por sua vez, agia quase como se não existíssemos. Não fazia perguntas. Ele e Botinha ficaram trocando ideias sobre como melhorar o rancho. Construiriam uma pista de voo para irem para Hollywood. Instalariam um gerador movido a gasolina e colocariam ar-condicionado na casa. Poderiam até construir uma piscina. Iam dobrar o rebanho e criar palominos. Estava claro que Botinha era um caubói de filme vagabundo que tinha enredado o Perneira com aqueles jargões de rodeio e truques com cordas quando, em realidade, não entendia nada sobre a administração de um rancho.

No meio de nosso passeio, Perneira parou e olhou para o Jim como se o estivesse vendo pela primeira vez.

— Então, você é o administrador? — perguntou.

— Sim, senhor.

— Engraçado, não parece um caubói.

Jim estava usando o que sempre vestia: uma camisa de manga comprida, jeans sujos com a bainha dobrada para fora e botas de trabalho com o bico arredondado. Olhou para mim e encolheu os ombros.

Perneira analisou bem os prédios exteriores com as mãos nos quadris.

— E isso não parece com um rancho.

— Bom, é o que ele é — disse Jim.

— Mas a gente não sente que é — disse o Perneira. — Está faltando magia. A gente precisa dar um toque de magia.

E, virando-se para o Botinha, completou:

— Sabe o que estou vendo aqui? Estou vendo tudo em tábuas de pinho com nós escuros.

E tábuas de pinho com nós escuros foram providenciadas. Depois de comprar o rancho, Perneira derrubou a casa principal e construiu uma casa nova com tábuas aparentes e paredes envernizadas de pinho com nós. Então, derrubou o dormitório e construiu um outro, combinando com a casa principal de pinho. Rebatizou o rancho de Rancho do Espetáculo. Fiel às suas promessas, construiu uma pista de voo e dobrou o tamanho do rebanho.

Perneira também demitiu Jim e Velho Jake. Estavam velhos e ultrapassados demais — "nostálgicos", segundo ele — e disse que precisava de gente que pudesse ajudá-lo a criar magia. Então, demitiu todos os vaqueiros e ajudantes, que eram, em sua maioria, mexicanos e índios, dizendo que eles não pareciam com caubóis. Contratou Botinha para administrar o rancho e trouxe um bando de sujeitos do circuito dos rodeios, que usavam calças jeans apertadas e camisas bordadas, e botões de pressão de madrepérola.

Tínhamos morado naquele rancho por 11 anos e adorávamos o lugar. Conhecíamos cada um dos 180 mil acres — as valas, os leitos secos, as poças de lama, o platô de arbustos rasteiros, as montanhas recortadas de rochedos e os sopés cobertos de zimbros — como a nós mesmos. Tínhamos respeitado a terra. Sabíamos o que ela dava e o que não dava, e nunca exigimos mais do que ela podia nos dar. Nunca tínhamos desperdiçado água, nem deixado que o capim fosse explorado demais, diferentemente de nossos vizinhos. Quem passasse pelos limites de nossa cerca veria dez centímetros de capim do nosso lado e dois centímetros no terreno dos vizinhos. Tínhamos sido bons guardiães. Os prédios podiam ser meio feios de ver, mas estavam em bom estado, ainda sólidos e de boa serventia. Não existia rancho administrado com mais honestidade em todo o Arizona. Sempre soubemos, claro, que não éramos os donos da terra; mas, ao mesmo tempo, não tínhamos como não considerá-la nossa e nos sentimos expropriados, como o meu pai e o pai do meu pai, quando os colonos começaram a colocar cercas no vale Hondo.

— Acho que eles pensam que está na hora de eu ser sacrificado, que nem cavalo doente — disse Jim, depois que o Perneira veio falar com ele.

— Você sabe que é o melhor no que faz — falei.

— Parece que o que faço não precisa mais ser feito.

— A gente nunca teve pena de si mesmo antes, e não vai começar agora. Vamos fazer as malas.

Tínhamos nossas economias e não estávamos numa enrascada financeira. Resolvi que deveríamos mudar para Phoenix e começar tudo do zero. O Arizona estava mudando, o dinheiro estava entrando sem parar. Como o estado tinha o clima perfeito para a aviação, as Forças Aéreas tinham descoberto a região, construído bases e pistas de pouso por toda parte. Ao mesmo tempo, gente com problemas respiratórios estavam chegando aos montes. O ar-condicionado tinha ficado mais barato, o que tornava os prédios em Phoenix mais atraentes para aquele pessoal cheio de não me toques do Leste, que não suportava temperaturas altas. Parecia que a cidade ia decolar.

Quando liguei para Rosemary para dizer que estávamos deixando o rancho, ela quase teve um ataque.

— A gente não pode sair, mãe. É o meu mundo. Está dentro de mim.

— Agora faz parte de nosso passado, querida.

Pequeno Jim também ficou indignado e disse que simplesmente se recusava a partir.

— A decisão não cabe a nós nem a você — falei para ele. — Estamos indo embora.

Já que o trabalho de rancheiro ia fazer parte de nosso passado, eu queria me livrar da maioria das coisas que estavam ligadas a ele. Vendemos os cavalos para Perneira, a não ser Malhada, que estava velha e cansada. Essa dei aos havasupai. Rosemary poderia nunca mais ver o Jardim do Éden novamente, mas, ao menos, saberia que aquele cavalo que tanto amava estava lá.

Guardei, porém, as calças de montaria inglesas e o par de botas que estava usando no dia em que caí do Diabo Vermelho e conheci

Jim — mas foi só. Tudo o que possuíamos coube na traseira do rabecão, e, num lindo dia de primavera, quando os lilases estavam florindo e as mariquitas-amarelas estavam cantando nos topos das árvores, colocamos as malas no carro e partimos estrada afora. Rosemary ainda estava no internato. Ela nunca mais voltaria ao rancho. Pequeno Jim, que estava sentado entre Jim e eu, virou a cabeça para trás, para um último olhar.

— Não olhe pra trás — falei. — Não olhe. Simplesmente, não olhe.

VIII
DETETIVES

Rosemary, aos 16 anos de idade em Horse Mesa

Jim resolveu que deveríamos começar nossa nova vida esbanjando.

— Fala uma coisa que você sempre quis ter — disse.

— Dentes novos — respondi imediatamente.

Meus dentes vinham me amolando havia anos, mas as pessoas do platô do Colorado não davam muita bola para dentistas. Se um dente não parasse de doer, pegava-se um par de pinças e arrancava-se o danadinho. Eu também tinha um espaço entre os dois dentes da frente, onde havia cáries em ambos os lados. Tentava manter o espaço preenchido com um pedaço de cera branca, mas, quando a cera caía, de tempos em tempos, tinha de reconhecer que o aspecto era meio assustador. Os dentes de Jim estavam no mesmo estado lastimável.

— E você também precisa dar um jeito nos seus — falei.

Jim sorriu.

— Dois conjuntos de dentes. Isso deve ajudar a gente a se virar nessa cidade.

Descobrimos um jovem dentista muito simpático que nos deu uma boa dose de anestesia, arrancou nossos dentes gastos e escurecidos e colocou dentaduras em nossas gengivas. A primeira vez que ele as encaixou e pôs um espelho na minha frente, fiquei arrepiada com aquelas fileiras perfeitas de porcelana branca e brilhante, parecendo os azulejos brilhantes e quadrados da cozinha. Do dia para a noite, tinha conseguido um sorriso de estrela de cinema, e Jim tinha rejuvenescido uns trinta anos. Andamos pelas ruas da cidade sorrindo radiantes para nossos novos vizinhos.

Também compramos uma casa na rua North Third. Era grande e velha, com janelas compridas, portas de madeira bem firmes e paredes de adobe de uma espessura de uns cinquenta centímetros. Finalmente, encostamos aquela lata-velha do rabecão e compramos um Kaiser marrom — um novo tipo de carro de passeio fabricado na Califórnia, com grandes para-choques e estribos laterais. Estava orgulhosa daquela casa e daquele carro, mas nada me deixou mais orgulhosa do que minha nova dentadura. Era muito melhor do que dentes de verdade e, de vez em quando, quando estava num restaurante ou num lugar do gênero, falando sobre ela, não conseguia me conter e tirava a dentadura para mostrar e provar que era legítima.

— Olhe só — dizia, levantando-a no alto —, não são dentes. É uma dentadura de verdade.

No início, eu achava Phoenix uma maravilha. Nossa casa ficava perto do centro da cidade, e podíamos ir a pé até as lojas e cinemas. Fiz questão de ir a todos os restaurantes da rua Van Buren. Gostava sobretudo das lanchonetes, porque dava para ver a comida antes de fazer o pedido, em vez de pedir às cegas com um cardápio. Depois de todos aqueles anos sentando em caixotes de laranja e bebendo em latas de café, saí e comprei uma mobília de jantar de mogno entalhado e louça da Bavária. Pela primeira vez em nossa vida, tínhamos um telefone, o que significava que as pessoas que queriam entrar em contato comigo não tinham de deixar recado com o xerife.

Pequeno Jim, porém, odiou Phoenix desde o início.

— A gente se sente preso — disse ele. — E insignificante.

E quando acabou o ano letivo e Rosemary deixou o internato, ela veio se juntar a nós na cidade e também detestou. Eles odiaram o asfalto preto e o concreto cinza. Achavam que ar-condicionado era uma coisa esquisita e barulhenta e que o telefone só fazia com que os abelhudos nos amolassem dia e noite. Phoenix era quadrada e cheia de retas, uma caixa e, sobretudo, era de mentira.

— Nem dá pra ver o chão — reclamou Rosemary. — Tá tudo coberto de asfalto e calçamento.

— Mas pense nas vantagens — falei. — A gente come em lanchonete. E tem água encanada.

— E daí? Lá no rancho, era só agachar e fazer xixi quando tivesse vontade.

Ela acrescentou que viver em Phoenix estava até fazendo com que questionasse a sua fé.

— Tenho rezado todos os dias pra voltar pro rancho. Ou Deus não existe ou Ele não me ouve.

— É claro que Ele existe — retruquei. — Ele tem o direito de dizer não, sabia?

Mas comecei, de fato, a ficar preocupada com o efeito que Phoenix estava tendo sobre aquela menina. Ela não precisava de água encanada, questionava a existência de Deus e até ficou constrangida quando, no dia seguinte, na lanchonete, tirei minha dentadura para mostrá-la à garçonete.

Eu não quis admitir para as crianças, mas, alguns meses depois, também comecei a me sentir meio presa. O trânsito me deixava maluca. No condado de Yavapai, a gente dirigia para onde quisesse na velocidade que bem entendesse e saía da estrada sempre que tivesse vontade. Aqui, havia sinais de trânsito, guardas com apitos, faixas amarelas e toda sorte de placas que mandavam fazer isso e aquilo, proibindo isso e aquilo. Os carros deveriam significar liberdade, mas todas aquelas pessoas ficavam presas no trânsito em ruas de sentido único — onde a gente nem tinha o direito de dar meia-volta para sair daquela droga de engarrafamento — e pareciam estar confinadas em gaiolas. Comecei a brigar constantemente com os outros motoristas, colocando a cabeça para fora da janela do Kaiser, que estava sempre esquentando demais, e berrando para aqueles desmiolados que deviam voltar para o Leste, que era o lugar deles.

Nada nunca me fez sentir tão livre quanto voar, e só faltavam poucas horas para que conseguisse minha licença de piloto, por isso, resolvi voltar a ter aulas. O aeroporto tinha uma escola de pilotagem, mas, quando apareci, certo dia, o recepcionista me entregou uma série de formulários e começou a falar sem parar de exames de vista, exames médicos, horários de decolagem, restrições de altitude e zonas proibidas ao voo. Compreendi que esse pessoal da cidade grande tinha se encaixotado e esquadrinhado o céu do mesmo jeito que havia feito com o chão.

Mas verdade seja dita quanto a Phoenix: a cidade tinha mais empregos disponíveis do que o condado de Yavapai. Jim foi contratado como gerente de um depósito de peças aeroviárias, e consegui um posto de professora numa escola na zona sul da cidade.

Também havia oportunidades de investimento por lá. Depois de pagarmos a casa na rua North Third, ainda tínhamos algum dinheiro, e nós o usamos para comprar outras casas menores, que alugamos. Propriedades abandonadas estavam sempre entrando no mercado imobiliário por uma bagatela. Jim e eu fomos a leilões e arrematamos imóveis, e comecei a ter sempre meu talão de cheques comigo, para o caso de alguém estar precisando vender rapidamente por uma pechincha. Pela primeira vez, estávamos vivendo às custas dos outros, mas era assim que se progredia na cidade. Quando Jim disse que aquilo o fazia sentir-se como um abutre, eu lhe disse que os carniceiros tinham uma fama injusta.

— Os abutres não matam os bichos, eles vivem dos mortos. E é isso que estamos fazendo. Não estamos trazendo infelicidade a essa gente, só estamos tirando proveito dela.

Tinha medo de que alguém pudesse roubar minha bolsa e levar o talão de cheques, e, por isso, vivia com ela agarrada ao peito quando andava pelas ruas da cidade. Essa era uma das várias coisas com que comecei a me preocupar em Phoenix. Compramos um rádio que podíamos ouvir o dia inteiro, agora que vivíamos numa casa com fiação elétrica. Inicialmente, achei que era simplesmente o máximo, mas isso significava que, pela primeira vez, também estaria ouvindo as notícias todos os dias. E quase todos os dias havia relatos de crimes na cidade. As pessoas estavam sempre sendo assaltadas, ou tendo seus carros roubados, ou suas casas invadidas, quando não estavam sendo estupradas, ou levando tiros e facadas. Uma mulher de Phoenix, Winnie Ruth Judd — conhecida como a "Açougueira Loira" e a "Assassina do Porta-Malas", porque tinha matado duas pessoas e colocado os cadáveres na mala do carro —, vivia fugindo do manicômio para onde tinha sido enviada, e os noticiários estavam sempre cheios de possíveis indicações sobre o paradeiro da Assassina do Porta-Malas, juntamente com avisos à população para que trancasse todas as portas e janelas.

Por isso, mantinha meu revólver de cabo de madrepérola debaixo da cama. Também comprei uma pequena pistola calibre 22, que carregava na bolsa ao lado do talão de cheques. Todas as noites, fazia questão de usar todas as trancas das portas — coisa que jamais tinha feito no rancho — e de dormir do lado mais distante da parede, na cama que ainda dividia com a Rosemary. Mantinha a menina do lado da parede para que, se alguém conseguisse passar pelas portas trancadas e nos atacasse, eu pudesse lutar enquanto Rosemary fugia.

— Mãe, você está se preocupando demais! — dizia ela.

Rosemary estava certa. No rancho, nós nos preocupávamos com o tempo, com o gado e com os cavalos, mas nunca com nós mesmos. Em Phoenix, as pessoas se preocupavam consigo mesmas o tempo todo.

As pessoas também se preocupavam com as bombas. Todo sábado à tarde, a sirene que alertava contra ataques aéreos era testada, e um apito ensurdecedor varava toda a cidade. Se a sirene soasse em qualquer outro momento, isso queria dizer que o ataque estava a caminho e que a gente tinha de correr para os abrigos antiaéreos. Rosemary não suportava a sirene e, quando aquilo soava, ela enfiava a cabeça debaixo do travesseiro.

— Não aguento esse barulho — dizia ela.

— É pro seu próprio bem — respondia.

— Bom, isso só tá me assustando, e não vejo vantagem nenhuma nisso.

A garota estava desenvolvendo uma verve de contradição bastante pronunciada. Numa manhã de agosto, quando Rosemary e eu estávamos andando pela calçada da rua Van Buren, passamos pela fachada de uma loja. Havia um bando de gente admirando uma máquina automática de fazer rosquinhas. Ao lado, havia uma barraca de jornaleiro, e foi aí, ao ler as manchetes, que fiquei sabendo da bomba que caíra em Hiroshima. Comprei o jornal, fui lendo o artigo e tentando explicar à Rosemary o que tinha acontecido. Ela não conseguia acreditar que uma única bomba pudesse destruir uma cidade inteira — centenas de milhares de pessoas, não somente soldados, mas também avós, mães, crianças, assim como cachorros, gatos, passarinhos, galinhas, camundongos, todas as criaturas vivas.

— Aquelas pobres criaturinhas — disse ela, soluçando.

Tentei argumentar que tinham sido os japoneses que começaram a guerra e que, por causa de Hiroshima, outros milhares de rapazes americanos não teriam de morrer lutando contra eles, mas Rosemary decidiu que havia algo de doentio na bomba atômica. A morte de todos aqueles camundongos e passarinhos era tão entristecedora para ela quanto a morte das pessoas. Afinal de contas, disse, os animais não começaram a guerra.

Ela também decidiu que havia algo de doentio nos americanos que ficavam lá, parados, diante de uma máquina de rosquinhas, enquanto existia tanta agonia do outro lado do mundo.

— Concentre-se no lado positivo — falei. — Você vive num país onde ninguém tem que fazer rosquinhas à mão.

Os sentimentos da Rosemary ficaram ainda mais sombrios depois do outono. Nós a tínhamos matriculado na escola católica de Santa Maria, a poucos quarteirões de casa, e as freiras, que viviam lembrando às alunas que toda vida era sagrada, mostraram uns noticiários sobre os japoneses e a devastação de Hiroshima e Nagasaki. As cenas de quarteirões arrasados, cadáveres incinerados e bebês deformados pela radiação fizeram com que Rosemary tivesse pesadelos. As freiras disseram-lhe que precisávamos rezar pelos japoneses porque também eram filhos de Deus e tinham perdido filhos e filhas e pais e mães. Aí, concordei menos.

— É isso que acontece quando a gente sai por aí começando guerras — falei.

Mas Rosemary estava arrasada. Ninguém além de Deus, segundo ela, deveria poder matar tantas pessoas tão facilmente e tão rapidamente como tínhamos feito com a bomba atômica. Que seu próprio governo tivesse aquele tipo de poder a deixava com muito medo dele. Agora que ele tinha a bomba atômica, quem bombardearia a seguir? E se resolvesse que ela era o inimigo?

Quando me cansei de explicar que os fins justificavam os meios, disse a Rosemary que parasse de falar de Hiroshima, porque, se ela parasse de falar, pararia de pensar. Ela parou, de fato, de falar sobre isso, mas, um dia, olhei debaixo da cama, que ainda dividíamos, e encontrei uma pasta cheia de desenhos de animais e crianças, todos com olhos puxados e asas de anjo.

ROSEMARY COMEÇOU A DESENHAR E PINTAR de maneira mais obsessiva que antes. Que eu soubesse, era seu único talento. Sua notas ainda eram horríveis. Eu a matriculei em cursos de violino e piano, mas seu professor disse que ela não tinha disciplina para praticar. Tentei defendê-la, argumentando que a improvisação, e não a recitação, era seu ponto forte, mas, um dia, ele disse que, se tivesse que ouvir Rosemary torturando aquele pobre violino mais um minuto sequer, ele perfuraria os próprios tímpanos.

— O que é que vamos fazer com você? — perguntei a ela.

— Não tô preocupada comigo. E ninguém mais deveria estar.

Muitas meninas bonitas perdiam a beleza ao chegar à adolescência, mas Rosemary ainda era linda, embora eu tivesse mantido minha promessa de nunca lhe dizer isso. Entretanto, eu estava ficando meio desesperada, e, um dia, lendo um artigo de jornal sobre um concurso de beleza, achei que, talvez, Rosemary devesse ir fundo e jogar aquela cartada.

— Tive uma ideia. Você pode ser Miss ou modelo — falei.

— Do que é que você tá falando? — perguntou Rosemary.

Falei para ela colocar um traje de banho e andar de um lado para o outro na minha frente. Não era muito promissor. Tinha um rosto e um corpo bonitos, mas andava feito uma vaqueira, não uma Miss de concurso, e balançava os braços com vigor a cada passo largo. Então, eu a matriculei numa escola de modelos, onde aprendeu a andar com um livro sobre a cabeça e a saltar de um carro sem mostrar a calcinha. Porém, em sua primeira sessão de fotos, quando o fotógrafo lhe disse para olhar bem dentro da objetiva, ela não conseguiu parar de dar risinhos, envergonhada, e o homem balançou a cabeça, contrariado.

O que Rosemary queria ser, realmente, era artista.

— Artistas nunca ganham dinheiro — falei. — Costumam ficar malucos.

Rosemary lembrou que Charlie Russell e Frederic Remington tinham, ambos, ficado ricos pintando cenas do Oeste americano.

— A arte é uma excelente maneira de ganhar dinheiro — disse ela.

Pelo preço de uma tela e algumas bisnagas de tinta, continuou, a gente podia criar um quadro que valeria milhares de dólares. Em que outra linha de trabalho podia-se fazer isso? Uma tela em branco, ela insistiu, era um tesouro esperando para acontecer.

Finalmente, levei alguns de seus desenhos para umas lojas de molduras e perguntei aos vendedores se achavam que minha filha tinha talento. Disseram que ela prometia; então, consegui que ela tivesse aulas com a Ernestine, uma professora de arte que usava uma boina, para o caso de não se compreender, pelo seu sotaque, que ela era francesa.

Ernestine ensinou Rosemary que o branco não era realmente branco, que o preto não era realmente preto, que todas as cores tinham outras cores dentro delas, que toda linha era composta de mais de uma linha, que era preciso amar as ervas daninhas tanto quanto às flores, porque tudo no planeta tinha sua própria beleza, que cabia ao artista descobrir essa beleza e que, para o artista, a realidade não existia porque o mundo era o que se escolhia ver.

Tudo isso me pareceu com um monte de baboseiras, mas Rosemary mergulhou de cabeça na história.

— Sabe qual é a melhor coisa em pintar? — perguntou ela, certo dia.

— O quê?

— Se houver uma coisa de que você não gosta no mundo, você pode fazer um quadro que transforma essa coisa no que você quer que ela seja.

Com as aulas da Ernestine, os quadros da Rosemary tornaram-se cada vez menos o que ela estava pintando, e cada vez mais o que estava sentindo no momento. Em torno dessa época, ela começou a escrever seu nome Rose Mary, porque achava que, assim, a assinatura era mais bonita. Continuei a pagar as aulas à francesa, mas lembrava à Rosemary que a arte trazia uma vida cheia de incertezas e que a maioria das mulheres ainda tinha de escolher entre ser enfermeira, secretária e professora, e que eu ainda apostava na cartada do magistério.

O engraçado era que eu dizia isso no momento em que experimentava, pela primeira vez, o desgosto por meu trabalho. Dava aulas de matemática e de inglês numa grande escola secundária. Muitos dos alunos eram de famílias grã-finas, usavam roupas chiques — alguns até dirigiam seus próprios carros — e recusavam-se a obedecer quando resolviam que não precisavam. Também era a primeira vez em que não ensinava por conta própria em turmas únicas. Tinha diretores e outros professores dando palpites, formulários para preencher e comitês para participar. A metade do meu dia era passada com a papelada da burocracia.

Havia mais regras para os professores do que para os alunos, e aqueles burocratas faziam muita questão de que a gente seguisse aquelas regras. Certa vez, quando abri minha bolsa na sala dos professores, uma professora viu a minha pistola e quase teve um ataque.

— Isso é uma arma! — disse ela, retendo a respiração.

— Não exatamente. É só um calibre 22 — corrigi.

Ainda assim, ela foi contar ao diretor, que me avisou que, se eu voltasse a levar uma arma à escola, seria demitida.

— Como é que vou me proteger e aos meus alunos? — perguntei.

— É para isso que existe a polícia — respondeu.

— Quem vai nos proteger contra a polícia?

— Deixe a arma em casa, certo?

JIM NÃO RECLAMAVA, MAS EU SABIA QUE estava tão chateado com seu trabalho quanto eu com o meu. Ele se entediava: um sujeito grande, de ombros largos, sentado apertado atrás de uma escrivaninha de metal, verificando a lista do estoque e olhando os trabalhadores mexicanos colocando peças de avião em caixotes. Jim não era um homem de escritório. Também tinha muito tempo ocioso, com o qual não estava acostumado, e passava uma boa parte dele jogando conversa fora com a contadora — uma recém-divorciada com quem eu não simpatizava, chamada Glenda. Ela chamava Jim de "Smithy" e vivia pedindo que ele acendesse o seu cigarro.

Meu marido simplesmente não via sentido na vida da cidade, não entendia como alguém podia querer viver daquele modo. Tantas coisas naquilo tudo lhe pareciam contrárias à maneira correta e natural de se viver. Pouco tempo depois de nos mudarmos para a cidade, as laranjeiras e os álamos que sombreavam as ruas foram cortados para criar mais espaço para estacionamento.

— Pra mim, parece que se perde mais do que se ganha — falou Jim.

A verdade nua e crua era que ele sentia falta da vida ao ar livre. Sentia falta do suor, da poeira e do calor do trabalho do rancho, dos odores e do trabalho duro. Sentia falta da maneira como a vida no rancho forçava-o a analisar o céu e a terra todos os dias, tentando adivinhar as intenções da natureza. Aos domingos, começamos a dar caminhadas no parque Encanto, que ficava no meio da cidade e, por uma questão de hábito, Jim continuava a prestar atenção no que as plantas e os bichos transmitiam. Com a chegada daquele outono, ele percebeu que os pássaros estavam migrando para o sul antes do costume, os esquilos estavam armazenando mais nozes e seus rabos estavam estranhamente mais grossos, as nozes estavam particularmente grandes, a casca dos álamos estava mais espessa, assim como as cascas das nozes-pecãs.

— Esse inverno vai ser duro — disse ele.

Os sinais estavam por toda a parte. Ele esperava que as outras pessoas também os estivessem lendo.

E o inverno foi duro. Chegou cedo, e, em janeiro, nevou pela primeira vez em Phoenix, em muitos e muitos anos. No rancho, uma nevasca como aquela teria exigido muita atitude, forçando-nos a correr aqui e ali à procura de lenha, trazendo os cavalos para o estábulo e recolhendo o feno dos campos. Jim construiria uma proteção contra o vento para o gado. Esvaziaria todas as carroças da garagem e faria uma muralha com elas, entre a casa e o estábulo, cobrindo-a com lonas, casacos e cobertores, e, depois, fazendo um suporte com caixotes, bigornas, terra e pedras, e tudo o mais que pudesse encontrar. Colocaria o maior número possível de cabeças de gado no celeiro e no estábulo, e, quando a tempestade nos atingisse, estaria do lado de fora, montado a cavalo, mantendo o gado em movimento, para o sangue circular bem. De duas em duas horas, faria uma rotação, colocando outro grupo em proteção, atrás da muralha de carroças, para que o gado pudesse descansar do vento e da neve.

Morar na cidade significava aumentar o aquecedor e ouvir os estalidos do encanamento interno.

A neve continuou a cair e, no dia seguinte, o governador falou no rádio, declarando estado de emergência. As escolas estavam fechadas e a maior parte do comércio, também. A Guarda Nacional foi chamada para salvar pessoas isoladas em partes remotas do estado.

Jim disse que estava torcendo para que o Botinha e o Perneira soubessem o que estavam fazendo. Desejava que todo o gado tivesse sido retirado do platô e levado para os pastos de inverno, e que os ajudantes tivessem quebrado a camada de gelo dos lagos.

— A primeira coisa a fazer é quebrar o gelo. O gado morre de sede antes de morrer de fome.

No terceiro dia de nevasca, ouvimos uma batida à porta. Era um homem do Departamento de Agricultura do Arizona. Segundo ele, o gado estava morrendo por todo o estado. Os rancheiros precisavam de ajuda, e o nome que todos mencionavam era Jim Smith. Eles tinham levado algum tempo para localizar seu paradeiro, disse o homem, mas estavam precisando de ajuda.

Jim enfiou roupas grossas em seu velho saco militar, de lona, pegou o chapéu e saiu porta afora em menos de cinco minutos.

A primeira coisa que Jim fez foi organizar a distribuição de feno. Mandou que um grande avião de carga fosse enchido com grandes rolos de feno e decolou a bordo, em meio à tempestade. Quando o avião chegou ao descampado, a tripulação despejou os rolos pela traseira aberta do cargueiro, e todos olharam enquanto caíam na neve e quicavam no chão.

Como as estradas estavam intransitáveis, Jim pediu que o governo fornecesse um pequeno avião e um piloto, e eles voaram ao longo do estado, aterrissando em ranchos isolados. Jim explicava aos rancheiros, muitos dos quais nunca tinham visto uma nevasca como aquela na vida, o que deveriam fazer. É preciso quebrar o gelo das poças e lagos, dizia, e cortar o arame das cercas. Deixar o gado vagar. Ele precisa manter-se em movimento para conservar a circulação sanguínea, e, instintivamente, vai se deslocar para o sul; mas, se forem impedidos por uma cerca de arame, todos vão se espremer contra ela e morrer. Deixem que se juntem em grandes rebanhos e se encostem uns nos outros em busca de calor. Pode-se separá-los depois pelas marcas nos lombos.

Num dos ranchos, no topo de uma colina, não havia meio de aterrissar, e Jim nunca tinha colocado um paraquedas antes, ainda menos pulado com um nas costas. Ainda assim, ele colocou um e amarrou bem.

— Conte até dez, puxe a cordinha e role no chão ao cair — disse o piloto.

E Jim atirou-se do avião.

A tempestade tinha terminado, mas as temperaturas ainda estavam gélidas quando Jim chegou ao Rancho do Espetáculo. Até mesmo antes de aterrissar, ele pôde ver do ar que ninguém tinha quebrado o gelo do Grande Jim. Carcaças de bois mortos estavam caídas à beira do lago. Quando entrou na casa principal, encontrou o Botinha e os novos vaqueiros sentados ao redor do fogão chique, movido a propano, que o Perneira tinha adquirido, com os pés para cima, bebendo café.

Qualquer imbecil pode administrar um rancho em tempos tranquilos. Só dá para saber quem é bom nisso quando acontece uma calamidade. Aqueles pasmacentos, sentados ao redor do fogão, podiam não ter sabido ler a casca das árvores, mas poderiam, ao menos, ter ouvido as previsões meteorológicas, e, quando ouvissem que aquela tempestade infernal ia se abater, vinda do Canadá, teriam tido 24 horas para se preparar. Eu teria jogado isso na cara do Botinha e dos outros sujeitos, mas Jim não faria uma coisa dessas. Entretanto, ele fez com que se mexessem dali e montassem seus cavalos para quebrar o gelo e fazer com que o gado ficasse em movimento.

Havia milhares de cabeças de gado caídas mortas, duras feito pedra, na neve, empilhadas ao longo das cercas que davam para o sul. Alguns bois que tinham sobrevivido estavam tão fracos que não conseguiam andar, por isso Jim fez com que os homens trouxessem feno e água e os alimentassem com as próprias mãos. Massageou suas patas, que estavam feridas pela tentativa de quebrar o gelo sozinho, e ajudou-os a ficar de pé novamente. Se os homens conseguissem fazer com que os bois se movimentassem, Jim sabia que sobreviveriam.

Jim esteve fora por duas semanas. Durante esse tempo todo, eu não sabia onde ele estava, ou como estava, e foram as duas semanas mais compridas de minha vida. Quando finalmente voltou para casa, tinha perdido nove quilos. Seu rosto e suas mãos estavam feridos pelo vento e pelo frio. Não tinha dormido durante vários dias e estava com profundas olheiras escuras. Mas estava feliz. Não tinha se sentido útil assim desde que saíra do rancho. Estivera fazendo o que sabia fazer. Era o Grande Jim novamente.

Poucos dias depois de seu retorno, ele recebeu uma ligação do Perneira. Quando Jim esteve no condado de Yavapai, durante a nevasca, as pessoas contaram-lhe que o Perneira tinha andado por toda a parte dizendo que ele era uma "velharia", e um "idoso ultrapassado". Mas isso fora antes da tempestade. Agora, Perneira estava tão impressionado com a maneira como o Jim tinha salvado o restante do rebanho do Rancho do Espetáculo que estava oferecendo seu antigo emprego de administrador de rancho de volta. Ele tinha até construído a cabana de pinho com nós escuros para o capataz.

— Você é um administrador de verdade — disse ele.

Jim e eu discutimos a proposta, mas concordamos logo de cara que aquilo não era para nós. Antes, tínhamos sido os administradores do rancho, tomávamos todas as decisões. A tempestade tinha mexido com o Perneira até certo ponto, mas ainda tinha suas noções estapafúrdias sobre como incrementar o rancho. Jim não queria obedecer ao Perneira, nem perder tempo discutindo com ele por causa de suas noções absurdas. Além disso, não havia a menor possibilidade de virmos a comprar o rancho algum dia. Eu disse a Jim que não queria morar na cabana do capataz, mesmo que tivesse tábuas de pinho com nós, para ficar esperando que o proprietário chegasse de avião com seus amigos de Hollywood para festas de fim de semana e levar os bobalhões em passeios pelas trilhas. Já tinha sido empregada antes, mas uma vez era o bastante.

No mês seguinte, num feriado escolar, estava no centro da cidade fazendo umas compras, quando resolvi dar um pulo no depósito do Jim. Um artigo sobre o trabalho que ele tinha feito, salvando rebanhos durante a nevasca, tinha saído no jornal, junto com uma foto sua de pé, ao lado do avião do qual tinha saltado. A manchete era: "Caubói salta de paraquedas em plena nevasca e salva gado." Meu marido agora era uma espécie de herói local. As pessoas o reconheciam nas ruas e paravam para apertar sua mão. Um sujeito até gritou:

— É o Caubói Paraquedista!

Jim achava aquilo tudo meio ridículo, mas não dava para não perceber que as mulheres sorriam e paqueravam o Caubói Paraquedista quando ele as cumprimentava com o chapéu ou abria-lhes a porta.

Jim não estava me esperando naquele dia, e, quando entrei no depósito, Glenda, a lambisgoia da contadora, estava parada diante da porta do escritório dele, de conversinha. Tinha cabelos negros e estava usando batom vermelho vivo, um vestido roxo apertado, recostada contra o portal, mostrando as formas do corpo. Ela também estava usando um daqueles sutiãs com estrutura de arame que empurravam os peitos para a frente, como se fossem bicos de avião, em cone.

Quando me viu, em vez de ficar sem graça, sacudiu os peitos ligeiramente e olhou para meu marido.

— Ih, Smithy. Será que a gente se encrencou? — perguntou ela.

Meu sangue ferveu, e tive uma vontade doida de dar uns tabefes naquelazinha. Mas olhei para o Jim, para ver sua reação. Se estivesse assanhado, o caldo ia entornar, mas ele pareceu constrangido, mais por ela do que por ele mesmo.

— Para com isso, Glenda.

Nós dois saímos para almoçar numa lanchonete, e não falei nada sobre a pequena artimanha de Glenda, mas resolvi ficar de olho naqueles dois.

A bem da verdade, com o passar dos dias, não pude parar de pensar que talvez houvesse alguma coisa, de fato, acontecendo entre Jim e Lambisgoia. Havia momentos em que ficavam sozinhos no grande galpão, e tinha um monte de esconderijos, cantos e recantos que permitiam muita safadeza. E ambos tinham hora de almoço, o que, mais uma vez, lhes dava bastante tempo para se meterem em algum motel barato. Em outras palavras, tinham a oportunidade, e ela, claramente, tinha vontade. A questão era: será que meu marido também tinha?

Não fazia sentido exigir explicações. Porque, se ele se revelasse outro calhorda, como meu primeiro marido, simplesmente mentiria. Eu achava que conhecia o Jim, mas também sabia que não podia — ou não devia — confiar nos homens. Um homem que, habitualmente, seria sensato, poderia ser levado à loucura se uma tentação irresistível se apresentasse. E tinha muito mais tentações dando sopa em Phoenix do que jamais houvera no condado de Yavapai. Além disso, os homens podiam mudar. Talvez essa história de Caubói Paraquedista tivesse lhe subido à cabeça; todas as mulheres encantadas, e seus cílios batendo rapidamente, e peitos em forma de cone poderiam estar fazendo com que se sentisse o próprio garanhão vencedor da feira rural, em plena fazenda de procriação. Talvez aquilo tudo tivesse trazido à tona o polígamo latente que havia dentro dele.

De qualquer forma, com o passar dos dias, percebi que não teria nenhuma paz de espírito com esses pensamentos, a não ser que averiguasse o assunto. Resolvi investigar.

Não queria contratar um detetive particular, como faziam nos filmes. Os detetives eram sempre homens, e não podia confiar nos homens. Não queria seguir Jim pelas ruas, como tinha feito com meu primeiro marido em Chicago. Já sabia que aquele tratante não prestava, só precisava de confirmação. Com o Jim, eu estava tentando conhecer os fatos, com a maior discrição possível. Além disso, Phoenix era muito menor do que Chicago, e as pessoas me conheciam. Eu era professora da escola, com uma reputação a zelar. Não queria ser pega transitando por ruelas ermas.

Então, contratei a ajuda da Rosemary.

— Mas mãe, não quero espionar o papai — disse ela, quando lhe expliquei a empreitada.

— Não se trata de espionar. Mas de investigar — falei. — Ele pode estar me enganando, mas a gente não tem certeza. Pode ser inocente. É isso que a gente espera e que vai tentar provar: que é inocente.

Como ela poderia se negar a fazer aquilo?

Achei que, se estivesse acontecendo alguma coisa entre Jim e a Lambisgoia, provavelmente, aproveitariam a hora do almoço. As consequências de ser pego no depósito com as calças arriadas eram graves demais.

As férias da primavera de Rosemary iam começar em breve. A minha ideia era que ela passasse sua semana de férias seguindo o Jim, durante a hora do almoço. Se ele e a lambisgoia estivessem tendo um caso, eles iam se ver pelo menos uma vez por semana. Se, durante aquela semana, não houvesse nenhuma atividade suspeita, resolvi que não me preocuparia mais.

No primeiro dia de investigação, fazia muito calor para ser primavera, e o dia de céu completamente sem nuvens era de um azul profundo, quase escuro. Estacionei o Kaiser a dois quarteirões do galpão. Falei para Rosemary esconder-se na ruela do outro lado da rua e seguir Jim quando ele saísse para sua hora de almoço, cuidando para que houvesse várias pessoas entre ela e o pai, caso ele olhasse para trás. Dei-lhe um lápis e uma caderneta.

— Anote tudo — falei.

Ela ficou com um ar resignado, pegou a caderneta e saiu do carro.

— Vai ser divertido. Somos detetives.

Sentei lá por meia hora, tentando ler o jornal, mas, essencialmente, olhando a hora no relógio de pulso e analisando os transeuntes. Então, Rosemary veio pela rua e entrou no carro.

— E aí, o que foi que aconteceu? — perguntei.

— Nada.

— Alguma coisa tem que ter acontecido.

Rosemary ficou lá, olhando para os sapatos.

— Papai almoçou. No parque. Sozinho.

Ela disse que o tinha seguido, que ele tinha entrado numa mercearia, saído com um saco de papel e andado até o parque, onde tinha se sentado num banco e retirado, do saco, um pacote de biscoitos salgados, um pedaço de mortadela, um naco de queijo e uma garrafinha descartável de leite. Tinha usado o canivete para cortar uma fatia de mortadela e uma de queijo para cada biscoito e tinha bebido o leite em pequenos goles, para que durasse até o fim dos biscoitos.

Rosemary sorriu ao dizer aquilo, como se a visão do pai sentado ao sol comendo biscoito com mortadela e queijo, e racionando o leite, tivesse feito com que ela se sentisse feliz por estar nesse mundo.

— Só isso? — perguntei.

— Quando acabou, limpou as migalhas dos dedos e enrolou um cigarro.

— Ótimo — falei. — Amanhã, faremos isso de novo.

No segundo dia, Rosemary saiu do carro com lápis e caderneta, e fiquei ali sentada durante algum tempo, tamborilando os dedos no volante, quando vi, dobrando a esquina, Jim e Rosemary. Ele estava segurando a mão da filha, e ela parecia muito mais feliz do que quando tinha descido do carro.

Jim se ajoelhou ao lado da janela.

— Lily, que diabos está acontecendo?

Pensei em inventar uma mentira complicada, mas Jim não era bobo, e eu sabia que o jogo tinha acabado.

— Estava tentando provar pra mim mesma e pra Rosemary o que espero ser verdade: que você é um marido fiel.

— Entendo. Vamos todos almoçar juntos — disse ele.

Ele nos levou até a mercearia, onde compramos mortadela, biscoitos salgados, queijo e leite, e fizemos um piquenique no mesmo parque.

Mas, de noite, quando chegou em casa, Jim me disse:

— Que tal se a gente tivesse uma conversinha, só nós dois?

Preparei um uísque com água para mim, e nos sentamos no quintal atrás da casa de adobe, onde pequenos frutos estavam começando a brotar nos galhos das laranjeiras.

— Eu não estava espionando. Só estava confirmando que tudo entre nós estava nos conformes. Não quero que você saia por aí me enganando com aquela lambisgoia.

— Lily, não estou te enganando. Mas faz parte da vida na cidade que os homens, de vez em quando, se vejam na companhia de mulheres que não são suas esposas. Pode confiar em mim.

— Não é que não confie em você. Mas não vou ficar parada, sem fazer nada, enquanto uma lambisgoia tenta roubar meu homem.

— Talvez todos estejamos nos sentindo meio presos nessa cidade. Talvez ela esteja nos deixando, a todos, meio malucos.

— Então, talvez a gente deva se mudar — falei.

— Talvez a gente deva.

— Então, tá resolvido.

— Agora, a gente só precisa saber pra onde vai.

IX

O PILOTO DA FORÇA AÉREA

Rex e Rosemary depois da cerimônia de casamento

Horse Mesa era um lugarzinho chinfrim, na verdade um antigo acampamento instalado para os homens que trabalhavam na Represa de Horse Mesa, que retém as águas do rio Salt, formado pelo lago Apache, que gera energia elétrica para Phoenix. Somente 13 famílias moravam em Horse Mesa, mas todas tinham crianças, e elas precisavam de uma professora. E, naquele verão, fui trabalhar lá.

Trocamos o elegante mas pouco fiável Kaiser fabricado na Califórnia por um bom e velho Ford fabricado em Detroit e, num dia de julho, colocamos nossas malas no porta-malas e rumamos para o leste, primeiramente para a bifurcação de Apache, depois, indo para Tortilla Flats, onde o asfalto acabava. Daí em diante, seguimos a Trilha Apache — uma estrada tortuosa de terra batida, até as montanhas Superstition que, francamente, eram ainda mais bonitas do que o Grand Canyon. Passamos por despenhadeiros colossais de arenito vermelho e dourado, suas camadas de sedimentos depositados tendo sido empurradas em ângulos retos, como se fossem uma série de livros inclinados e encostados uns nos outros numa prateleira. As montanhas eram crivadas de enormes cactos saguaro, cactos *staghorn* e figos-da-índia, que eram feios para caramba, mas admiráveis em sua habilidade para brotar até na mais seca, pedregosa e inóspita fresta de encosta — e, ainda por cima, conseguiam produzir frutos danados de gostosos.

Depois de vários quilômetros pela Trilha Apache, chegamos a uma estrada de terra ainda mais estreita, que seguia para o norte.

Nós a percorremos sobre um despenhadeiro e a descemos por uma série de viravoltas íngremes e ab-ruptas, passando debaixo de rochas inclinadas e ao redor de formações rochosas inacreditáveis. Jim estava ao volante e fazia o Ford avançar lentamente, rente à encosta das montanhas. Não havia acostamento, e o chão terminava tão repentinamente do outro lado que qualquer erro minúsculo nos faria mergulhar no abismo. Essa estrada se chamava Agnes Chora, em homenagem à primeira professora da cidade, que caiu em prantos ao ver o quão íngreme e tortuosa era a estrada, entendendo quão erma devia ser a cidadezinha. Porém, desde o primeiro instante em que coloquei os olhos naquela estrada, me apaixonei. Eu a considerava uma escadaria em meandros, que me tirava dos engarrafamentos, dos noticiários, dos burocratas, das sirenes antiaéreas e das portas trancadas da vida na cidade. Jim disse que devíamos renomear a estrada de Lily Canta.

Seguimos a Agnes Chora até o fundo do *canyon*, e, aí, chegamos a uma curva e vimos um lago azul e profundo, com paredes de arenito vermelho que se erguiam ao seu redor. Atravessando uma pequena ponte, encarapitada sobre um dos penhascos e com vista por sobre o lago, embaixo, estava Horse Mesa. O lugarejo era apenas um punhado de casas de estuque, e, de fato, era remoto — a Agnes tinha razão. Um caminhão trazia mantimentos duas vezes por semana do armazém da Barragem Roosevelt. Só tinha um telefone, no centro comunitário. Se a gente quisesse fazer uma ligação, tinha de solicitar à telefonista da subestação de Tempe, que marcava uma hora, e, no horário, realizava a ligação passando por Mormon Flats, e todos do centro comunitário ouviam a conversa.

Mas, desde o primeiro instante, ficamos felizes por estar em Horse Mesa. Como era verão, as crianças passavam o dia inteiro no lago, pulando dos penhascos dentro da água fria. O rio e o lago atraíam toda sorte de animais, e víamos carneiros selvagens, quatis, monstros-de-gila, cascavéis das montanhas Green e iguanas verdes.

Jim conseguiu um emprego no Departamento de Recuperação do Solo, dirigindo um caminhão de cascalho: enchia buracos na estrada e reconstruía escoadouros ao longo de toda a extensão da Trilha Apache, e o trabalho o satisfazia. Ele dirigia algo poderoso, ficava por conta própria, ao ar livre.

E eu estava de volta ao meu lugar, numa escola de uma turma única, sem nenhum burocrata com cara de peixe dando palpites, ensinando a meus alunos o que achava que precisavam saber.

A ESCOLA EM HORSE MESA SÓ IA ATÉ O ENSINO básico, por isso, naquele outono, pela terceira vez, tivemos de mandar as crianças para o internato. Matriculamos Rosemary na St. Joseph's — uma escola pequena e aristocrática em Tucson. Eu sabia que muitas das outras meninas eram de famílias ricas, então, antes de Rosemary partir, dei-lhe um presente.

— Pérolas! — exclamou ela, ao abrir o estojo. — Devem ter custado uma fortuna.

— Comprei com os selos do armazém-geral. E não são de verdade, são falsas.

Contei a ela, pela primeira vez, sobre meu ex-marido salafrário e sua outra família.

— O traste me deu um anel falso. Mas, durante vários anos, achei que era de verdade e agi como se fosse, e todos os outros também acharam.

Coloquei o colar em seu pescoço.

— O fato é que, se você erguer a cabeça bem alto, ninguém nunca vai ficar sabendo.

Com as crianças na escola, nossa vida em Horse Mesa acomodou-se numa rotina tranquila. A própria paisagem contribuía para isso. Viver lá era como estar numa catedral natural. Ao levantar, todas as manhãs, saía de casa e olhava para baixo, para o lago azul, e, depois, para cima, para os penhascos de arenito — aquelas camadas surpreendentes de rocha vermelha e amarela, esculpidas ao longo dos milênios, com dúzias de fendas listradas de preto, que, temporariamente, se transformavam em cachoeiras depois das tempestades. Durante uma chuva, contei 27 quedas-d'água.

Igualmente importante: todos em Horse Mesa se davam bem. Tínhamos que nos dar bem. Como trabalhávamos todos juntos e dependíamos uns dos outros, brigas eram um luxo que ninguém ali podia se permitir. Ninguém reclamava nem fazia fofoca. Só tínhamos sinais de rádio intermitentes, então, nos fins de tarde, enquanto as crianças brincavam, os adultos perambulavam entre as casas e visitavam-se. Nenhum de nós tinha muito dinheiro, então não falávamos sobre coisas de que as pessoas endinheiradas falavam. Conversávamos sobre coisas que nos interessavam — o tempo, o nível do lago, o peixe enorme que alguém pescou debaixo da ponte, a pegada de leão-da-montanha que outra pessoa tinha visto ao longo do *canyon* de Fish Creek. Para gente da cidade, devia parecer que não tínhamos grandes coisas a fazer; mas não era assim que nos sentíamos, e a rotina tranquila contribuía para o sossego de nosso pequeno acampamento à beira do penhasco.

Por mais pacífica que nossa vida tivesse se tornado, ainda tinha meus momentos de grande agitação. Sempre me interessara por política, mas só descobri que tinha mesmo talento para a coisa depois que o Departamento de Educação tentou fechar duas escolas em nossa área. Ativei o sindicato dos professores para impedir. Vi como era fácil conseguir que as coisas fossem feitas se a gente estivesse disposto a usar os braços e os pulmões, e quão facilmente certos políticos cediam quando a gente os pegava pela gravata ou cutucava seu peito com a ponta do dedo indicador.

Comecei a ir a Phoenix regularmente, para ter certeza de que aqueles políticos de duas caras cumpririam suas promessas de campanha e, de vez em quando, entrava pelo gabinete do governador, arrastando Rosemary, para reclamar com ele por não ter suprido o orçamento da educação com os devidos fundos. Quando ele ameaçou mandar me prender, eu disse que, se o fizesse, eu, uma pagadora de impostos, professora e amorosa mãe de família daria uma entrevista coletiva e lembraria a todos que ele era um filho da puta mentiroso.

Tornei-me a delegada do Partido Democrático de Horse Mesa. Sempre levava comigo fichas de inscrição eleitoral, e, nas mercearias, perguntava às pessoas na fila se tinham se registrado no cadastro de eleitores. Se não tivessem, dava-lhes uma ficha.

— Uma pessoa que pensa ser pequena demais para que possam contar para alguma coisa nunca foi picada por um mosquito — dizia eu a todos.

Fiz as 13 famílias de Horse Mesa se cadastrarem para votar, e, no dia da eleição, Jim me levou de carro até Tortilla Flats. Numa mão, segurava as cédulas, na outra, minha pistola de cabo de madrepérola, desafiando quem ousasse tentar assaltar a democracia roubando os 26 votos que me tinham sido confiados. Chegando, declarei:

— Espera aí, gente! Os votos de Horse Mesa estão aqui, e tenho orgulho de anunciar que temos cem por cento de participação.

Jim e eu também desenvolvemos um novo passatempo: prospecção de urânio. O governo precisava do minério para suas armas nucleares e estava oferecendo uma recompensa de cem mil dólares para quem descobrisse uma mina de urânio. Um casal miserável do Colorado tinha tropeçado numa e agora estava rico. Jim comprou um aparelho Geiger usado, e, nos fins de semana, íamos até o deserto em busca de pedras que fizessem tique-taque.

Fiquei surpresa de encontrar muitas por lá, sobretudo perto de um lugar chamado Frenchmans's Flat, e não levamos muito tempo para encher várias caixas. Levamos tudo a um analista em Mormon Flats, mas ele nos disse que aquilo não era, de fato, urânio — toda a radiotividade estava na superfície. As pedras, segundo ele, estavam naquela região quando o governo fez seus testes nucleares.

Achei que pedras que faziam tique-taque teriam de ter algum valor um dia; então, nós as estocamos debaixo da casa e, de tempos em tempos, recolhíamos mais.

Depois de terminarem a escola, tanto Rosemary quanto Pequeno Jim foram para o estado do Arizona. Com 1,93m de altura e noventa quilos, agora, Pequeno Jim estava maior do que o Grande Jim. Jogava futebol americano na faculdade e comia metade de uma caixa de cereais todas as manhãs, mas não era bom aluno. Em seu primeiro ano na faculdade, conheceu Diane, uma beldade de lábios carnudos, cujo pai era uma figura ilustre dos correios de Phoenix. Eles se casaram, Jim saiu da faculdade e entrou para polícia.

Um já foi, agora só falta o outro, pensei.

Achei que tivesse chegado a um acordo com Rosemary. Ou, ao menos, eu o considerava como um acordo: Rosemary ainda pensava que eu estava lhe impondo minha vontade. Mas concordamos que ela poderia estudar arte na faculdade, contanto que obtivesse um diploma de magistério. Depois da guerra, rapazes tinham ido ao Arizona, e Rosemary estava sempre sendo convidada para sair. Na verdade, vários homens já a tinham pedido em casamento. Eu lhe disse para esperar, que ela não estava pronta ainda. Mas eu tinha uma ideia precisa do homem de que ela precisava: uma âncora. Aquela menina ainda tinha a tendência de ser espevitada, mas, com um homem sólido a seu lado, eu já a imaginava se acomodando, dando aula na escola primária, tendo dois filhos e fazendo umas pinturas nas horas vagas.

Havia vários homens sólidos lá fora, homens como seu pai, e eu sabia que poderia lhe encontrar um.

NO VERÃO DEPOIS DO TERCEIRO ANO de faculdade, Rosemary e alguns amigos começaram a ir até o *canyon* Fish Creek para nadar. Um dia, ela chegou em casa com o que considerava um história engraçada. Um grupo de jovens pilotos da Força Aérea tinha ido ao *canyon*. Quando ela mergulhou de cima de um dos penhascos, um deles ficara tão impressionado que tinha pulado atrás dela e dito que ia se casar com ela.

— Eu disse a ele que 21 homens já tinham me pedido em casamento e que eu tinha recusado a proposta de todos, então, o que o fazia pensar que ia aceitar o pedido dele? Ele disse que não estava pedindo, mas informando que a gente ia se casar.

Alguém com esse tipo de topete, pensei eu, era ou um líder nato ou um vigarista de primeira grandeza.

— Como ele era? — perguntei.

Rosemary ficou pensando algum tempo antes de responder, como se estivesse tentando chegar a uma conclusão.

— Interessante — disse ela. — Diferente. Uma coisa estranha: não era bom nadador, mas saltou logo atrás.

O nome do saltador era Rex Walls. Crescera na Virgínia do Oeste e estava na Base Aérea de Luke. Rosemary voltou de seu primeiro encontro com ele praticamente explodindo de felicidade. Marcaram no restaurante mexicano de Tempe, e, quando um outro homem tinha tentado flertar com ela, Rex começara uma briga, que se transformou numa baderna generalizada, mas ela e Rex saíram agachados e correram de mãos dadas antes que a polícia chegasse.

— Ele chamou aquilo de escapadela *à la* Rex Walls — disse ela.

Exatamente o que ela precisava, pensei eu. Um baderneiro.

— Parece promissor — falei.

Rosemary ignorou o sarcasmo.

— Ele falou a noite toda. E tem um monte de planos. E está muito interessado em minha arte. Mãe, ele é o primeiro homem com quem saí que me levou a sério como artista. Até pediu pra ver uns quadros.

No fim de semana seguinte, Rex apareceu em Horse Mesa para dar uma olhada na arte da Rosemary. Era um sujeito esguio, com olhos escuros e apertados, um sorriso malicioso e cabelos pretos penteados para trás. Tinha maneiras gentis, retirava seu quepe da Força Aérea e apertava a mão de Jim vigorosamente, enquanto pressionava a minha apenas ligeiramente.

— Agora sei de onde vem a beleza de Rosemary — disse ele.

— Você sabe como usar isso — respondi.

Rex atirou a cabeça para trás e riu.

— E agora, também sei de onde a Rosemary tirou esse jeitinho atrevido.

— Sou apenas uma professora de escola. Porém, tenho belos dentes, isso sim.

Tirei a dentadura e mostrei a ele.

— Mãe! — disse Rosemary, completamente mortificada.

Mas Rex riu novamente.

— Ela é mesmo linda, mas eu também não fico atrás — disse ele, e tirou a sua própria dentadura.

Explicou que, quando tinha 17 anos, seu carro bateu contra uma árvore.

— O carro parou, mas eu continuei.

Esse sujeito tinha mesmo alguma coisa especial, pensei. O mínimo que se pode dizer é que alguém que ria de um acidente de carro que arrancou todos os seus dentes tinha alguma gana de viver.

Rosemary trouxe alguns de seus quadros — paisagens de deserto, flores, gatos, retratos do Jim —, e Rex segurou cada um, elogiando infinitamente a originalidade da composição, a inventividade das cores, a sofisticação da técnica e assim por diante. Mais papo furado, na minha opinião, no entanto Rosemary engoliu a lenga-lenga toda, do mesmo jeito que acreditara naquela baboseira existencial da professora de arte francesa, a Ernestine.

— Por que nenhum desses quadros está pendurado na parede? — perguntou Rex.

Na sala de estar, tínhamos dois quadros na parede, que eu tinha pendurado por causa do tom de azul do céu, que combinava perfeitamente com o azul do tapete no chão. Sem qualquer cerimônia, Rex retirou-os da parede e substituiu-os por dois dos quadros de Rosemary, que não tinham nada em azul.

— Pronto — disse ele. — Em exibição, como deveriam estar.

— Bem, eles são bonitos, mas não combinam com o tapete — falei. — Levei muito tempo pra encontrar quadros que tivessem exatamente esse tom de azul.

— E quem se importa com a combinação de tons? — disse Rex. — De vez em quando, é preciso misturar as coisas.

Apontou para meus quadros.

— Essas são meras reproduções. — E, apontando para os quadros de Rosemary: — Esses são originais e, não apenas isso, são verdadeiras obras de arte.

Olhei para Rosemary. Ela estava exultante.

NO FINAL DO VERÃO, REX E ROSEMARY JÁ estavam se vendo regularmente. Eu não sabia quão séria era a coisa, mas aquela raposa do Rex era mais que persistente. Achava que o entendia como a palma da minha mão. Ele era encantador, mas a maioria dos homens era, já que, antes de fisgarem a menina, precisavam ganhar sua confiança. O meu primeiro marido salafrário tinha me ensinado isso. Esse Rex aí tinha sempre uma piada na manga, sabia falar sobre qualquer assunto, distribuía elogios como quem distribui doces às crianças e fazia o interlocutor se sentir o centro do mundo. Mas não me inspirava nenhuma confiança.

Também tinha todo tipo de planos mirabolantes e estava sempre falando de novas fontes de energia — energia solar, energia térmica, energia eólica. Jim achava que Rex era puro papo-furado.

— Se desse pra gente recolher todo o vento quente que ele desprende quando liga aquele moinho de palavras, dava pra iluminar toda a cidade de Phoenix com a tal energia eólica — comentou Jim.

Não cheguei a desencorajar ostensivamente Rosemary a namorá-lo a sério, pois não havia maneira mais segura de fazer com que aquela garota voluntariosa encasquetasse com alguma coisa, mas tentei chamar a atenção para o fato de que ele talvez não fosse o par ideal para ela, a longo prazo.

— Ele não é exatamente uma rocha — falei.

— Não quero casar com uma rocha — disse ela.

Rosemary contou-me que o que ela admirava no Rex era que, quando estava por perto, sempre acontecia alguma coisa. Ele adorava puxar conversa com desconhecidos. Gostava de agir por impulso. Adorava brincadeiras e surpresas. Uma vez, escondido, ele colocou um dos quadros da Rosemary num museu de belas-artes em Phoenix, pendurou-o num prego vago, e, depois, convidou Rosemary para ir ao museu com ele. Ela nunca tinha tido uma surpresa — ou uma felicidade — tão grande como a de quando ele a levou até o quadro, fingindo estar espantado, e disse:

— Mas vejam só! É o quadro mais bonito de toda a exposição.

Algumas das coisas que aconteciam com o Rex eram estranhas, Rosemary explicou, outras eram excitantes, outras, engraçadas, outras, assustadoras, mas ele transformava tudo em aventura. Por causa do próprio temperamento indomado, ele tinha a capacidade de reconhecer essa característica nos outros, como se fossem maçons comunicando-se por meio de sinais secretos. Eles foram ao circo, conheceram os palhaços, a amazona equilibrista, o engolidor de espadas e acabaram indo a um bar beber umas rodadas com todos, depois do espetáculo; o engolidor de espadas mostrou como enfiar uma faca goela abaixo, a amazona equilibrista descreveu como os nazistas a tinham mandado para um campo de concentração porque era cigana, e, então, um dos palhaços — o dos olhos tristes — confessou que sua amada vivia perto dali e que ele nunca mais tinha se apaixonado de novo. Aí, todo mundo se espremeu dentro do carro para ir até a casa da tal amada e todos se viram, às quatro da manhã, parados, debaixo da janela de uma total desconhecida, fazendo uma serenata na esperança de conquistar o coração da moça para o palhaço de olhos tristes.

Numa manhã de sábado de outono, quando Rosemary estava em casa, num recesso da faculdade, Rex apareceu em Horse Mesa. Estava usando botas e chapéu de caubói. Rosemary, Jim e eu estávamos terminando o nosso mingau, sentados à mesa da cozinha. Perguntei a Rex se queria que lhe desse um prato também.

— Não, muito agradecido. Tenho um programa e tanto pra hoje e não quero me sentir pesado.

— E qual é o programa? — perguntei.

— Bom, vocês são todos cavaleiros, e achei que, como vou casar com essa filha de vocês aqui, tenho de mostrar a vocês que, apesar de nunca ter montado num cavalo antes na vida, tenho condição de fazer isso. Então, vou indo pra arranjar um cavalo, e se quiserem vir junto pra dar uns conselhos pra esse seu criado, ficaria muito agradecido.

Jim e eu nos entreolhamos. Esse sujeito não ia nos deixar em paz. Enquanto isso, Rosemary dizia que os Crebbs, que moravam num rancho aos pés das montanhas e que tinham dois filhos na minha turma, tinham uns cavalos quartos-de-milha e que não se incomodariam em nos deixar montar. Então, quando terminamos o mingau, enfiamos nossas botas, entramos no Ford e partimos para a casa dos Crebbs.

Ray Crebbs disse que os cavalos estavam no curral, que os arreios ficavam no estábulo e que podíamos selar os cavalos. Porém, não eram montados havia alguns meses e, por isso, poderiam estranhar. Escolhemos quatro cavalos, mas eles não queriam se separar dos demais nem vir conosco. Assim, Jim teve que laçar aqueles danados antes de podermos retirá-los do estábulo.

Rosemary tinha sempre que ficar com o cavalo mais agitado do bando e escolheu um pequeno cavalo baio. Eu estava de olho num cavalo manso e castrado para o Rex, mas ele disse que não andaria num cavalo com os bagos cortados nem por um decreto; então, dei-lhe a égua que tinha escolhido para mim, embora ela estivesse agindo um tanto ressabiada e tímida.

Depois de colocadas as selas, saímos até o curral. Rosemary e Jim começaram a trotar a esmo, para preparar os cavalos, e fiquei montada no meu, no centro do curral, para dar umas dicas a Rex. O pobre coitado estava sendo bastante esportivo com aquela história, mas dava para ver, de cara, que não era um cavaleiro nato. Esforçava-se demais. Estava todo tenso e inclinado para a frente, o que colocava todo seu peso sobre os ombros. Falei para relaxar, afundar na sela e tirar as mãos do pito — já que não era ele que ia salvá-lo da queda.

Em vez de relaxar, Rex não parou de tagarelar sobre como aquela coisa de montar era mamão com açúcar, como estava se divertindo a valer e como queria que aquele pangaré saísse galopando a toda.

— Como é que eu faço pra ela passar a terceira marcha? — perguntou.

— Primeiro, você tem que aprender a manter a bunda na sela — respondi.

Depois de algum tempo, deixei Rex trotar, mas ele não parava de quicar para cima e para baixo na sela, sacudindo-se todo. Ainda assim, insistiu em dizer que não desmontaria antes de ter galopado, porque, segundo ele, se a gente não galopa, não pode dizer que andou, realmente, a cavalo.

— Se você quer que ela galope, é só dar um chute nela — Rosemary gritou para ele.

E foi o que o Rex fez, dando um chute entre as costelas da égua. Ela acelerou, mas não entrou em passo de galope, provavelmente imaginando que não seria uma boa ideia com aquele cavaleiro trôpego. Mesmo assim, Rex ficou surpreso e começou a berrar "U-á! U-á!", puxando as rédeas com força. Toda aquela agitação assustou a égua, que, então, saiu galopando.

Enquanto a égua fazia um grande círculo pelo curral, gritei para que Rex se inclinasse para trás e se agarrasse à crina; mas ele estava tão fora de si e em pânico que não ouviu coisa alguma. Não parava de gritar para o cavalo, puxando as rédeas, mas o cavalo só fez abaixar a cabeça e acelerar o passo.

Jim e Rosemary correram para dentro do curral para sair do caminho da égua. Ela já tinha dado algumas voltas, estava desacelerando e pude ver que Rex estava começando a ficar descontrolado. Também percebi, só de olhar para os olhos da égua, que ela estava assustada, não zangada, e isso queria dizer que estava com vontade de parar, mas precisava de permissão para fazê-lo.

Pulei de meu cavalo e andei até um ponto bem no meio da trajetória da égua em pleno galope. Estava pronta a pular para o lado caso ela não parasse. Mas, quando ela foi se aproximando, levantei os braços, olhei bem para seus olhos e, em voz baixa, falei "Ôa". E, bem na minha frente, ela parou.

Na verdade, parou tão de repente que Rex foi com tudo para frente, agarrou-se ao seu pescoço por um instante, e, aí, caiu no chão.

Rosemary desmontou rapidamente e correu até ele.

— Você está bem? — perguntou ela.

— Ele tá ótimo — falei. — Só se borrou um pouco.

Rex ficou de pé e sacudiu a poeira das calças. Dava para ver que estava abalado, mas respirou fundo e passou os dedos entre os cabelos. E, com um baita sorriso na cara, declarou:

— Encontrei o acelerador. Agora, só preciso encontrar o freio.

Rex insistiu para montar novamente, o que me deixou contente, e todos demos uma boa volta pelo rancho dos Crebbs. Já era fim de tarde quando voltamos a Horse Mesa. Esquentei um pouco de feijão e, depois de comermos, sugeri que jogássemos uma partida de pôquer.

— A senhora não vai, nunca, me ouvir recusar uma proposta dessas — disse Rex. — Tenho uma garrafa de uísque no carro. E se eu pegasse pra gente tomar uns goles?

Rex pegou a garrafa, Jim trouxe os copos — inclusive um para si mesmo, só para ser educado — e todos nos sentamos à mesa da cozinha. Rex serviu dois dedos de uísque para cada um. Dei as cartas. Não havia melhor maneira para descobrir o caráter de um homem do que observá-lo jogando pôquer. Alguns jogavam com o objetivo de manter o que tinham, outros jogavam para limpar a mesa. Para alguns, era puro jogo de sorte e azar; para outros, era um jogo de estratégia, que envolvia riscos calculados. Para uns, era uma questão de números; para outros, de psicologia.

Rosemary, por exemplo, era uma péssima jogadora de pôquer. Não importava quantas vezes eu explicasse as regras, ela vivia fazendo perguntas que revelavam o que tinha na mão. Assim que dei as cartas, ela olhou bem e perguntou:

— Um *straight* vale mais que um *flush*?

— Você não vai ganhar nunca se continuar dizendo as cartas que tem dessa maneira — falei.

— Não se deve ganhar sempre — respondeu ela. — Se você ganhar o tempo todo, ninguém vai querer jogar com você.

Deixei passar dessa vez.

Ao continuarmos a partida, percebi que Rex era um bom jogador. Para ele, o jogo não era uma questão de lidar só com as cartas, mas com os parceiros, e, inicialmente, parecia saber exatamente a hora de sair da jogada e a hora de aumentar a aposta.

Mas ele tinha deixado a garrafa de uísque a seu lado, na mesa. Jim e Rosemary não tinham nem tocado em seus copos, e eu só tinha tomado uns golinhos do meu. Rex não parou de encher o seu e, entrando noite adentro, começou a jogar com desleixo, blefando demais, apostando demais, perdendo lances que não devia ter tentado ganhar e ficando irritado com as cartas, quando elas o deixavam na mão.

Depois de certo tempo, parou de servir novas doses no copo e começou a beber direto da garrafa. Foi aí que vi que ele estava no papo. Esperei até ter uma mão boa — um *full house* — e deixei que pensasse que eu ia pedir para ver suas cartas, mas não pedi e, logo, ele estava encalacrado.

Coloquei as cartas na mesa. Rex analisou-as, sua expressão ficou amarga, e ele jogou as suas no bolo da mesa. Depois de alguns segundos, ele riu.

— Bem, Lily, aquele cavalo capado não tinha bagos, mas você, minha cara, tem — disse ele.

Rosemary riu baixinho. Tive a impressão de que ela gostou da maneira como o namorado tinha sido atrevido com a mãe dela. Para falar a verdade, aquele era o primeiro sujeito que ela trazia para casa que não tinha nem um pouco de medo de mim.

Jim olhou para Rex e levantou as sobrancelhas.

— Veja lá como fala, piloto — falou Jim.

— Não me leve a mal. Estava fazendo um elogio à dama.

Jim encolheu os ombros.

— Ela já arrecadou muito salário de vaqueiro desse mesmo jeito — Jim acrescentou.

Rex pegou a garrafa para tomar mais um gole, mas já estava vazia.

— Acho que a gente já bebeu todas — disse.

— Você já bebeu todas — respondi.

— Acho que a gente já jogou o bastante — disse Rosemary.

Rex concordou com a cabeça. Colocou a garrafa sobre a mesa, levantou e adernou para o lado.

— Você está bêbado — falei.

— Só um pouco alto — disse ele. — Mas acho que já vou indo.

— Você não pode dirigir por essa estrada no estado em que está.

— Estou bem. Dirijo assim o tempo todo.

— Talvez a mamãe tenha razão — disse Rosemary.

— Você pode dormir na garagem — falou Jim.

— Já disse que estou ótimo — disse Rex, tentando achar as chaves no bolso.

— Escuta aqui, seu pinguço cabeça-dura — falei. — Você está bêbado demais pra dirigir, e eu não vou deixar.

Rex apoiou os dois punhos sobre a mesa.

— Escuta aqui, dona. Rex Walls não recebe ordens de ninguém, sobretudo de uma velha de cara enrugada e bunda seca. E, com isso, desejo a todos uma boa noite.

Ficamos todos lá, em silêncio, enquanto Rex se arrastava para fora, batendo a porta de tela mosquiteiro. Ouvimos quando deu a partida, acelerou, e, cantando pneu, embrenhou-se pela escuridão, pelas encostas da Agnes Chora.

NO DIA SEGUINTE, SENTI QUE PRECISAVA TER uma conversa séria com minha filha sobre seu namorado.

— Aquele mau elemento pode ser divertido — falei —, mas também é um perigo ambulante, pra si mesmo e pros outros.

— Ninguém é perfeito — retrucou ela. — Estamos todos um passo à frente das bestas e um passo atrás dos anjos.

— De fato, mas nem todos ficam exatamente no meio-termo. O Rex é instável. Você nunca terá segurança com ele.

— Eu não ligo pra segurança. E, de qualquer forma, acho que nunca terei segurança com quem quer que seja. Podemos morrer todos amanhã com uma bomba atômica.

— Então, você está me dizendo que o futuro não é importante? Que vai levar sua vida como se não houvesse amanhã?

— A maioria das pessoas passa tanto tempo se preocupando com o futuro que não desfruta o presente.

— E quem não se prepara pro futuro acaba levando uma rasteira dele. Espere o melhor, mas se prepare pro pior, era o que meu pai costumava dizer.

— Não dá pra gente se preparar pra tudo o que a vida pode aprontar — disse ela. — E não dá pra evitar o perigo. O mundo é um lugar perigoso, e, se a gente passar o tempo todo torcendo as mãos de nervoso, vai perder toda a aventura da vida.

Achei que havia muito mais a dizer sobre o tema "perigo". Poderia ter dado uma palestra sobre o perigo, falando sobre meu pai, com a cabeça deformada por causa de um coice de cavalo aos três anos de idade; sobre minha amiga Minnie, de Chicago, que morreu quando seus cabelos ficaram engatados numa máquina; sobre minha irmã, Helen, que acabou com a própria vida depois de ficar grávida sem querer. A vida oferecia toda a aventura e o perigo de que precisávamos. A gente não tinha de sair por aí buscando-os. Mas, no fundo, a verdade era que a Rosemary nunca mais tinha prestado atenção ao que eu dizia, desde aquela vez em que fomos à aldeia havasupai e lhe dei aquela surra de cinto por ela ter ido nadar com o Fidel Hanna.

— Não sei onde foi que errei em sua criação — falei. — Talvez eu tenha forçado a barra. Mas ainda acho que você precisa de uma âncora.

Mais tarde, naquele mesmo dia, ouvi uma batida à porta. Abri, e lá estava o Rex, de pé, do lado de fora. Tinha um enorme buquê de lírios brancos numa das mãos.

— Flores para uma flor, pra me desculpar — disse ele, entregando-me as flores. — Embora elas não sejam tão belas quanto a senhora.

— Não foi exatamente isso que você disse, ontem.

— O que eu disse é imperdoável, e sou o primeiro a reconhecer. Mas gostaria que a senhora me desse um desconto.

Tinha tido um dia duro, continuou ele, caindo daquele cavalo em disparada na frente da mulher que amava, e, depois, levando uma surra da mãe dela no pôquer — tudo isso o fizera beber uns golezinhos a mais.

— Mas, sabe, a senhora começou, ao me chamar de cabeça-dura — disse ele, e, depois de uma pausa: — E eu sei, sim, dirigir bêbado.

Balancei a cabeça e olhei para os lírios.

— Posso te dar todo o desconto que quiser, mas ainda acho que minha filha precisa de uma âncora.

— O problema é que, quando se está preso a uma âncora, fica muito difícil voar.

Que safado, pensei. Tinha de ter, sempre, a última palavra. Mas os lírios eram lindos.

— Vou colocar as flores na água.

— A senhora gosta de voar — acrescentou Rex. — Se a senhora fizer as pazes comigo, será uma honra levá-la para dar uma volta.

Fazia anos que eu não entrava num avião, e, embora ainda estivesse aborrecida com aquele arruaceiro, adorei a perspectiva e, claro, concordei. No domingo seguinte, quando Rex passou para me pegar, eu estava usando o meu traje de piloto, inclusive o capacete de couro.

Rex colocou o corpo para fora da janela do carro de Seu Ford de duas cores, que vivia pegando emprestado com um amigo, e gritou:

— Amelia Earhart! Não é que você está viva!

Rosemary queria vir também, mas Rex disse-lhe que o avião só tinha dois lugares.

— Esse passeio é só pra Amelia e eu.

Rex dirigia feito um demônio, como eu gostava, e, em pouquíssimo tempo, tínhamos descido os meandros da Agnes Chora, saído do *canyon*, e estávamos a caminho da Trilha Apache.

Perguntei a Rex sobre sua família.

— Dona, se tá procurando por algum *pedigree*, vai encontrar mais num vira-lata de beco.

Ele disse que crescera numa cidadezinha de mineração de carvão. Que sua mãe tinha sido órfã, seu pai tinha trabalhado como atendente na ferrovia. Seu tio fazia aguardente clandestina, e que ele, Rex, quando era moço, às vezes ia vender umas garrafas na cidade.

— Foi lá que você aprendeu a dirigir assim? — perguntei. — Tentando fugir da polícia federal?

— Que nada! A lei era nosso melhor cliente. E meu tio não me deixava correr com o carro. A bebida era de primeira, e ele me mandava dirigir com cuidado pra que ela chegasse inteira.

Contei-lhe sobre meus dias de vendedora de bebida clandestina, quando estocava as garrafas debaixo do berço, e como Rosemary tinha me tirado de uma enrascada ao abrir o berreiro, ao ver os policiais que tinham vindo investigar. Engatamos uma boa prosa, falando sem parar até chegarmos a uma área descampada, onde tinha um *trailer* todo desengonçado, rodeado de latas-velhas: eixos de carros, pias de metal, tonéis de carburante usados, pilhas de lonas dobradas e um caminhão enferrujando sobre quatro tijolos de concreto.

Rex pisou no freio de repente e entrou quase rodopiando no quintal na frente do *trailer*.

— Olha só toda essa traquitana! Sendo da Virgínia do Oeste, sou muito sensível a esses horrores de gente pobre e vou dizer poucas e boas ao dono desse lixo.

Ele saiu e começou a bater com força na porta.

— Será que o desqualificado que vive nesse monte de ferro-velho tem coragem de mostrar sua cara ordinária?

Um sujeito magricelo abriu a porta de supetão.

— A minha futura sogra tá dentro daquele carro — berrou Rex. — E ela tá cansada de passar por essa pocilga. Por isso, da próxima vez que eu transitar por essa estrada, quero ver tudo limpo e arrumado, entendeu bem?

Os dois homens se entreolharam durante algum tempo, e eu tinha certeza de que um ia dar um soco no outro, mas começaram a rir e a se abraçar, dando tapinhas nas costas um do outro.

— Rex, seu filho da puta desgraçado. Tudo bem?

Rex trouxe-o até o carro e apresentou-me a Gus, velho amigo da Força Aérea.

— Você deve estar pensando que estou acompanhado por Amelia Earhart, mas ela é a Lily Casey. Ela poderia dar umas aulas pra Amelia sobre pilotagem, e ela é, mesmo, a mãe da minha futura noiva.

— A senhora vai deixar esse imbecil filho de uma égua casar com sua filha? — gritou o Gus. — Tenha sempre um chicote à mão!

Eles acharam aquilo engraçadíssimo.

Rex explicou que, a rigor, era contra o regulamento que os pilotos da Força Aérea levassem civis em aviões militares — embora todos fizessem isso, o tempo todo, na base. Como não podiam decolar da própria base, na frente dos controladores, os pilotos pegavam os civis em campos gramados fora da base, onde costumavam praticar aterrissagens. Um desses campos de pouso ficava bem atrás do *trailer* de Gus; então, Rex ia me deixar com ele, decolar da base e voar com o avião até o *trailer*. Eu não me importava quando um homem ignorava regulamentos estúpidos, e Rex marcou mais um ponto positivo — embora os pontos negativos fossem em maior número.

Sentei-me no interior do *trailer* e fiquei batendo papo com Gus. Tinha uma biruta cor de laranja num mastro ao lado do campo de pouso, mas, como não tinha vento algum, estava caída lá em cima. Finalmente, o avião apareceu. Era amarelo, um monomotor de dois lugares, e um para-brisa que o Rex tinha baixado. Aterrissou e taxeou à nossa frente. Depois que Rex parou, Gus falou para eu tomar cuidado com o degrau debaixo da palheta. Subi me arrastando sobre a asa. Rex me fez sentar na frente, enquanto ia para o assento de trás. Coloquei os fones nos ouvidos e fiquei olhando as agulhas dos instrumentos de navegação do painel oscilarem com a vibração do motor. Rex acelerou, e fomos sacolejando pelo campo até decolarmos.

Ao ganharmos altura, mais uma vez, tive a sensação de ser um anjo, olhando os carros minúsculos andando sobre a marcação da estrada lá em baixo, olhando para a curva da Terra, a distância, e o infinito espaço azul ao fundo.

Voamos na direção de Horse Mesa, e Rex diminuiu a altura para passarmos perto de casa algumas vezes. Rosemary e Jim vieram correndo para fora, acenando como loucos, e Rex balançou as asas do avião. Rex voltou a subir, e seguimos a espinha dorsal das montanhas até o *canyon* de Fish Creek. Então, descemos pelo *canyon*, sobrevoando a linha d'água do rio tortuoso, com todas aquelas muralhas de arenito vermelho avançando rapidamente de ambos os lados, à nossa volta.

Quando saímos do *canyon*, fizemos um círculo sobre as terras planas, e Rex, que podia falar comigo pelo rádio, deixou-me assumir o controle. Virei para a esquerda, recoloquei o avião no nível, virei para a direita num grande círculo, subi e desci. Não tinha nada melhor na vida do que voar.

Rex reassumiu os controles. Começou um grande *loop*, e não tive como não me agarrar desesperadamente onde fosse possível para não cair quando ficamos de cabeça para baixo. Saindo do *loop*, demos um mergulho e depois um rasante a meros 15 metros acima do chão. Árvores, colinas e formações rochosas zuniam por nós, numa mancha de cores.

— A gente chama esse rasante de *flat-hatting*. Um amigo meu foi fazer isso na praia e, quando se inclinou pra fora, pra dar adeus às garotas, o avião entrou direto na água.

Então, voamos na direção de uma estrada ladeada de uma fileira de postes de fios de telefone.

— Olha só o que vou fazer! — Rex berrou pelo rádio.

Mergulhou com o avião ainda mais baixo, até quase tocarmos no chão.

Entendi que ia voar debaixo do fio do telefone.

— Rex, seu maluco! Você vai matar a gente! — gritei.

Rex deu uma gargalhada e, de repente, lá estava ele, alinhando para se enfiar entre dois postes de telefone; deu uma guinada, e passamos, com a mancha negra dos fios acima de nossas cabeças.

— Você é muito maluco!

— É por isso que sua filha me ama — berrou ele de volta.

Ele voltou a ganhar altitude, rumou para o norte, até encontrar o que queria: gado pastando. Desceu bem baixo, atrás do rebanho, e foi se aproximando, novamente, quase raspando no chão. O gado começou a correr desesperado, num galope pesado, desviando para os lados à medida que chegávamos perto, mas o Rex virou para a direita, em seguida para a esquerda, redirecionando o gado para o meio. Somente depois que tinha juntado o rebanho todo, subiu e distanciou-se.

— Não dá pra fazer isso num cavalo, dá? — perguntou.

Naquela primavera, Rex e Rosemary resolveram se casar. Ela me deu a notícia numa noite, depois do jantar, enquanto lavávamos a louça.

— Você precisa de alguém sério, estável — falei para ela. — Será que não lhe ensinei nada?

— Claro que sim. Foi só isso que você fez durante a vida toda. "Que isso te sirva de lição." "Que isso te ensine alguma coisa." Mas todos esses anos, você achou que estava me ensinando uma coisa e eu aprendia outra.

Ficamos lá, paradas, olhando uma para a cara da outra. Rosemary estava recostada na pia da cozinha, de braços cruzados.

— Então, você vai casar com ele, mesmo sem minha aprovação? — perguntei.

— Exatamente.

— Sempre pensei que nunca encontraria uma criança a quem eu não conseguisse ensinar. Acontece que me enganei. Essa criança é você.

Nessa época, Rex anunciou que seu tempo de serviço estava terminando e que tinha decidido não se realistar. A Força Aérea queria que pilotasse bombardeiros, e ele queria pilotar caças. Além do mais, não queria que Rosemary desperdiçasse sua vida criando um bando de filhos num *trailer* de base aérea. E, ainda por cima, tinha outros planos. Planos grandiosos.

O projeto todo era uma grande embrulhada.

— Onde é que vocês vão morar? — perguntei a Rosemary.

— Não sei. Não importa.

— Como assim, não importa? O lugar onde se mora, seu lar, é uma das coisas mais importantes na vida de uma pessoa.

— Sinto como se nunca tivesse tido uma casa de verdade desde que saímos do rancho. Acho que nunca mais vou ter uma casa novamente. Talvez a gente nunca se instale definitivamente em algum lugar.

Jim teve uma reação filosófica quanto à decisão da filha, achando que, já que ela estava decidida, nós só a voltaríamos contra nós se discutíssemos com ela.

— Sinto como se tivesse falhado — falei.

— Não se recrimine — falou Jim. — Ela pode não ter se tornado a pessoa que você tinha imaginado, mas isso não quer dizer que ela tenha dado errado.

Ainda estávamos sentados nos degraus na frente de casa. Tinha chovido horas antes. Os penhascos de rocha vermelha ao redor de Horse Mesa estavam molhados, e a água descia em cachoeiras pelas fendas altas, criando dúzias de pequenas quedas-d'água temporárias.

— As pessoas são como os bichos — continuou Jim. — Algumas ficam felizes quando estão presas, outras precisam perambular pelos espaços abertos. Você tem que ver qual é a natureza delas e aceitar.

— Então, isso é uma lição pra mim?

Jim deu de ombros.

— Nossa filha encontrou uma coisa de que gosta, a pintura, e alguém com quem quer estar, esse tal de Rex. Então, ela tem muito mais do que muita gente por aí.

— Acho que tenho que aceitar isso.

— Você será mais feliz se conseguir — disse Jim.

Disse a Rex e Rosemary que pagaria todas as despesas se eles se casassem numa igreja católica, e que faríamos tudo em grande estilo. Tinha a esperança de que um grande casamento tradicional lhes permitisse começar a vida com o pé direito, e, quem sabe, até levar a ter uma vida tradicional.

Alugamos um salão de festas no hotel Sands, que tinha acabado de ser construído no centro de Phoenix. Consegui um bom preço, pois o hotel era novo e estava tentando entrar no mercado. Ajudei Rosemary a escolher um vestido de noiva, a um bom preço, porque outra futura noiva o tinha devolvido quando o casamento foi cancelado. Mas ele ficou lindo em Rosemary.

Convidei quase todo mundo que conhecia: rancheiros e ajudantes de rancheiros, professores e antigos alunos, administradores, membros do Partido Democrático do Arizona, pessoas de minha vida passada, como Grady Gammage, que me arranjara aquele meu primeiro emprego em Red Lake, e Galo, que respondeu à carta de sua antiga professora de inglês dizendo que traria a jovem apache com quem tinha se casado. Queria usar meu vestido *E o vento levou*, mas Jim colocou areia no meu projeto. Disse que não queria que eu chamasse mais atenção do que a noiva.

— Onde vocês vão passar a lua de mel? — perguntei à Rosemary quando o casamento já estava próximo.

— Não vamos planejar nada. Foi ideia do Rex. Vamos simplesmente entrar no carro depois do casamento e ir até onde a estrada nos levar.

— Bem, minha querida, prepare-se para uma longa viagem.

Rosemary estava mesmo linda no dia do casamento. Seu vestido ia até o chão, com camadas de renda sobre seda branca, um grande véu de renda, luvas de renda que combinavam com o véu e que iam até os cotovelos. Usando aquele sapato de salto alto branco, estava quase tão alta quanto Rex, que estava lindo em seu terno branco e gravata-borboleta preta.

Rex e seus amigos beberam o dia todo, e as coisas ficaram meio fora de controle durante a festa. Rex fez um longo discurso, chamando-me de "Amelia Earhart", e ao Jim de "Caubói Paraquedista", e à Rosemary de "Minha Rosa Selvagem". Quando a música começou a tocar, ele rodopiou com a Rosemary pelo salão, fazendo-

-a girar e reclinar até o chão. Ela estava se esbaldando, levantando as saias de renda e mostrando os sapatos de salto alto brancos, parecendo uma dançarina de *cancan*. Então, Rex começou uma cobrinha pela pista, em ritmo de conga, e serpenteamos, dando voltas pelo salão, balançando os quadris e dando chutes para os lados.

No final, quando os recém-casados saíram do hotel, o Ford que Rex pegara emprestado estava esperando por eles na esquina. Era um fim de tarde em maio, e aquela luz dourada do Arizona inundava a rua. Todos nos aglomeramos nos degraus do prédio para dar adeus. Quando chegaram à calçada, Rex pegou Rosemary pela cintura, reclinou-a para trás e deu-lhe um beijo cinematográfico. Quase caíram, o que os fez rir tanto que ficaram com os olhos cheios de lágrimas. Quando Rosemary entrou no carro, Rex deu um tapinha no seu traseiro, como se fosse o proprietário, e, então, entrou pelo outro lado. Ainda estavam rindo quando Rex ligou o motor, numa arrancada, da maneira como costumava fazer.

Jim colocou o braço em volta de mim, e ficamos olhando enquanto eles desciam pela rua, rumando para os descampados, como dois cavalos que partiam.

EPÍLOGO

A CRIATURINHA

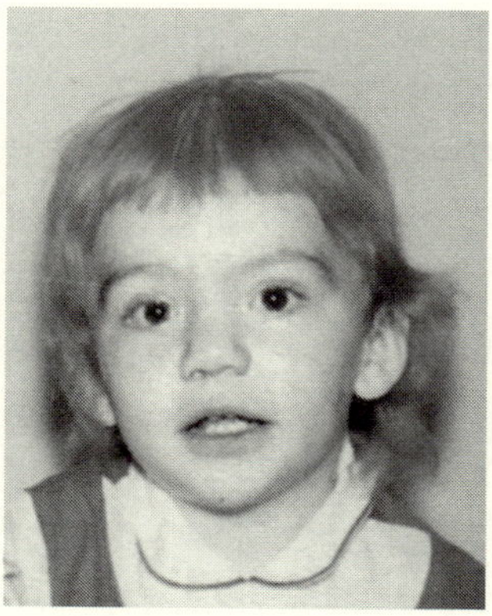

Jeannette Walls aos 2 anos

Jim e eu permanecemos em Horse Mesa. Ele já não era mais jovem e logo se aposentou, embora tenha se mantido ocupado na condição de prefeito não oficial do nosso pequeno acampamento — dando ao filho mal-educado de um dos nossos vizinhos a descompostura de que estava precisando e ajudando outro vizinho a consertar o telhado ou a desentupir o carburador sujo. Continuei dando minhas aulas. Como Jim, nunca ficava sem ter o que fazer, de pés para cima sobre o corrimão da varanda, e, saber que meus alunos estariam me esperando no dia seguinte me fazia levantar cedo todas as manhãs, cheia de gás.

Pequeno Jim e Diane instalaram-se num pequeno rancho, com uma casinha bem-arrumada, nos subúrbios de Phoenix, e tiveram dois filhos. Sua vida parecia bastante estável. Rex e Rosemary, entretanto, deslocavam-se pelo deserto. Rex fazia de tudo um pouco, em trabalhos temporários, enquanto trabalhava em vários projetos estrambóticos, bebendo cerveja e fumando cigarro, em meio a plantas de máquinas de prospecção de ouro e painéis gigantes para a captação de energia solar. Rosemary pintava como uma louca, mas também começou a fabricar bebês em profusão, e, todas as vezes que eles vinham nos visitar — o que faziam duas vezes por ano, ficando até que Rex e eu começássemos a berrar um com o outro, a ponto de quase nos pegarmos de tapas —, ou ela estava esperando outro, ou amamentando o que tinha acabado de nascer.

Os dois primeiros bebês de Rosemary foram meninas, mas a morte súbita levou a segunda antes que tivesse um ano de idade. O terceiro também foi menina. Rex e Rosemary estavam morando em Phoenix na época em que ela nasceu, na nossa casa na rua North Third, mas não tinham dinheiro para pagar a conta do hospital, e tive de ir até lá e fazer um cheque — e dizer umas palavras escolhidas a dedo para aquele imprestável do Rex. Rosemary batizou a menina de Jeannette e, provavelmente ainda sob a influência de sua antiga professora de arte, escreveu com dois "n", como os franceses fazem.

Jeannette não era uma grande beldade — pelo que fiquei muito grata —, com seus cabelos ruivos crescendo no topo de um corpo tão comprido e magricelo que, quando as pessoas a viam deitada no carrinho de bebê, aconselhavam Rosemary a dar-lhe mais comida. Mas tinha olhos verdes alegres e indícios de um queixo forte e quadrado, como o meu e, desde o início, senti uma ligação poderosa com aquela criança. Dava para ver que ela era tenaz. Quando a segurava nos braços e lhe mostrava um dedo, aquela criaturinha o agarrava e continuava presa a ele, como se nunca mais fosse largar.

Pela maneira como a vida conjugal de Rex e Rosemary estava se delineando, aquelas crianças passariam por uns maus bocados. Mas vinham de uma linhagem resistente, e achei que saberiam jogar com as cartas que tivessem nas mãos. Além disso, eu estaria rondando perto deles. Nem por um decreto, Rex e Rosemary iriam me impedir de agir, tratando-se de meus netos. Tinha umas coisinhas a ensinar àquelas crianças, e não havia ninguém no mundo que pudesse me impedir.

NOTA DA AUTORA

ORIGINALMENTE, ESSE LIVRO DEVERIA SER sobre a infância de minha mãe, que cresceu num rancho de criação de gado no Arizona. Mas, em minhas conversas com ela sobre aqueles anos, ela não parou de insistir no fato de que sua mãe era quem tinha tido uma vida verdadeiramente interessante e que o livro deveria ser sobre Lily.

Minha avó era — e digo isso com todo o respeito — uma figura e tanto. No entanto, inicialmente, resisti a escrever sobre sua vida. Embora tivesse sido chegada a ela na infância, tinha oito anos quando ela morreu, e a maior parte do que sabia sobre ela fora contada pelos outros.

Ainda assim, vinha ouvindo histórias sobre Lily Casey Smith por toda a minha vida: histórias que ela contou à mamãe, que as contou para mim. Lily era uma mulher vibrante, uma professora apaixonada e uma falastrona que explicava, com riqueza de detalhes, o que lhe acontecera, por que acontecera, o que ela fizera depois e o que aprendera como lição — tudo isso com a intenção de transmitir lições de vida à minha mãe. Minha mãe, que tem dificuldade em lembrar meu número de telefone, tem uma impressionante memória para os detalhes sobre sua mãe e seu pai, e sobre os pais deles, assim como um surpreendente conhecimento sobre a história e a geologia do Arizona. Ela nunca me disse o que quer que fosse — sobre a tribo havasupai ou a escarpa de Mogollon, o abate de bois ou o amansamento de cavalos — que eu não pudesse confirmar depois.

Enquanto entrevistava minha mãe e outros membros da família, deparei-me com dois livros: um sobre seu avô paterno, e outro, sobre o seu bisavô materno, que confirmaram as histórias de família: *Major Lot Smith, Mormon Raider*, de Yvan Battett, e *Robert Casey and the Ranch on the Rio Hondo*, de James Shinkle.

Embora esses livros tenham substanciado certos eventos, como o assassinato de Robert Casey e o litígio de seus filhos por causa do rebanho, contradisseram outros. Shinkle declarou que, enquanto escrevia seu livro, ele se deparou com versões distintas sobre os eventos e, frequentemente, foi incapaz de chegar a uma versão definitiva sobre os fatos. Estou contando a história de minha avó. Não aspirei a esse tipo de precisão histórica. Encarei o livro mais como algo da linha da história oral, um recontar de histórias transmitido de geração em geração em minha família ao longo dos anos, um relato com as tradicionais liberdades do contador de histórias.

Escrevi a história na primeira pessoa porque queria captar a voz peculiar de Lily, da qual me lembro bem. Ao escrever, não pensei no livro como uma ficção. Lily Casey Smith era uma mulher muito real, e dizer que a criei, ou que inventei os eventos de sua vida, é dar-me mais crédito do que mereço. Porém, como não ouvi as palavras da própria Lily, e como também me inspirei na minha própria imaginação para preencher os detalhes que estavam obscuros ou ausentes — além de ter mudado alguns nomes para proteger a privacidade das pessoas —, a coisa mais honesta a fazer é chamar o livro de romance.